九訂

地方公共団体

歳入歳出科目解説

月刊「地方財務」編集局●編

ぎょうせい

九訂版の刊行に当たって

本年六月、第三二次地方制度調査会から「二〇四〇年頃から逆算し顕在化する諸課題に対応するために必要な地方行政体制のあり方等に関する答申」が出されました。人口減少が深刻化し、高齢者人口がピークを迎える二〇四〇年頃にかけて生じることが見込まれる変化・課題を、人口構造、インフラ・空間、技術・社会等に分けて整理した上で、地方行政のデジタル化、公共私の連携、地方公共団体の連携、地方議会についての提言がなされています。

こうした時代の変化に対応して地方公共団体が住民福祉の向上により一層取り組んでいくためには、全ての施策の財政的な裏付けとなる予算の重点的・効率的運用、財務会計事務の厳正な処理がより一層、望まれることになります。

本書は、昭和五一年、地方自治関係の職員のご協力を得て、予算執行科目である「歳入科目」「歳出科目」について適正と判断される各科目の分類について、行政実例や質疑応答等を参照しつつ解説した初版をベースに、関係法令の改正等に伴い、随時、改訂版を発行してまいりました。

今回、四年ぶりに本書を全面的に見直し、必要な加筆・補正を行い、九訂版として刊行いたします。

本書が、日常の財務事務の適正な執行にいささかなりともお役に立てば幸いです。

令和二年九月

月刊「地方財務」編集局

凡　例

○本書では、（　　）内の法令名は、以下の略称を使用し、それ以外は原則として正式名称を用いました。

・地方自治法　⇒　自治法
・地方自治法施行令　⇒　自治令
・地方自治法施行規則　⇒　自治規
・地方財政法　⇒　地財法
・地方財政法施行令　⇒　地財令
・辺地に係る公共的施設の総合整備のための財政上の特別措置等に関する法律　⇒　辺地財特法
・地方公営企業法　⇒　地公企法
・地方税法　⇒　地税法
・地方税法施行令　⇒　地税令
・地方公務員法　⇒　地公法
・地方公務員災害補償法　⇒　地公災法
・労働基準法　⇒　労基法
・労働者災害補償保険法　⇒　労災法
・地方分権の推進を図るための関係法律の整備等に関する法律　⇒　地方分権一括法

○（　）内に示した根拠法令は、条は漢数字で、項はローマ数字で、号は○付きアラビア数字で示しました。

（例）地方自治法第一七〇条第二項第三号⇒（自治法一七〇Ⅱ③）

目　次

歳入科目の解説

序　説……3
第一節　都（道府県）税、市（町村）税……21
第二節　地方消費税清算金……39
第三節　地方譲与税……40
第四節　税交付金……47
第五節　地方特例交付金……53
第六節　地方交付税……54
第七節　交通安全対策特別交付金……62
第八節　分担金及び負担金……65
第九節　使用料及び手数料……77
第一〇節　国庫支出金、都（道府県）支出金……91

第一一節　財産収入……106
第一二節　寄附金……111
第一三節　繰入金……113
第一四節　繰越金……115
第一五節　諸収入……116
第一六節　地方債……128

歳出科目の解説

序　説……141
第　一　節　報酬……145
第　二　節　給料……157
第　三　節　職員手当等……165
第　四　節　共済費……189
第　五　節　災害補償費……192
第　六　節　恩給及び退職年金……195
第　七　節　報償費……199

第八節　旅費……205
第九節　交際費……223
第一〇節　需用費……233
第一一節　役務費……266
第一二節　委託料……287
第一三節　使用料及び賃借料……303
第一四節　工事請負費……311
第一五節　原材料費……324
第一六節　公有財産購入費……329
第一七節　備品購入費……338
第一八節　負担金、補助及び交付金……347
第一九節　扶助費……370
第二〇節　貸付金……372
第二一節　補償、補填及び賠償金……376
第二二節　償還金、利子及び割引料……385
第二三節　投資及び出資金……390

第二四節　積立金……392
第二五節　寄附金……394
第二六節　公課費……395
第二七節　繰出金……396

歳入科目の解説

序　説

地方自治法第二一六条においては歳入予算の科目の区分を、「その性質に従って款に大別し、かつ、各款中においてはこれを項に区分（中略）しなければならない」とされ、そして執行科目である目節は、省令に示す区分を基準として各地方公共団体の規則で定めることとされている。

歳入科目は、税その他の公課を負担する者である住民が理解しやすいように、いかなる性質の歳入がどれだけ収入されるかということを明らかにすることが第一の要請である。地方自治法が歳入科目の款を性質により分類すると定めたのはこの趣旨によるものである。

しかし、他方、歳入予算は歳出予算の財源の見積りを示すものであるから、性質別に編成された歳入を歳出予算との関係で、どのように充当していくかということを示す必要がある。通常、特定財源となる国庫支出金、都道府県支出金、分担金及び負担金、使用料及び手数料、地方債においては、この点、特に必要なことである。このため、省令に示す区分の基準をみても理解されるように、項又は目については必ずしも性質別の区分を採らず、歳出予算の目的別の区分に合わせた区分が採られることとなる。これと併せて、歳出予算の事項別明細書、その他の説明書においても、財源内訳が重視された様式になっていることに注意すべきである。

歳入予算の款は、都道府県にあっては都道府県税から都道府県債に至る一五ないし一六の款、市町村にあっては市町村税から市町村債に至る二一ないし二五の款に分けられるが、これ以外の歳入科目は原則としてないものであって、あらゆる歳入は、上記のいずれかの科目に区分されることになる（「歳入予算の款項の区分及び目の区分」参照）。

歳入予算の款項の区分及び目の区分

歳入					
都道府県			市町村		
款	項	目	款	項	目
1 都（道府県）税			1 市（町村）税		
				1 市町村民税	
	1 道府県民税				
					1 個人
		1 個人			2 法人
		2 法人		2 固定資産税	
		3 利子割			
	2 事業税				1 固定資産税
		1 個人			
		2 法人			2 固有資産等所在市町村交付金及び納付金
	3 地方消費税				
		1 譲渡割			
		2 貨物割			
	4 不動産取得税				
				3 軽自動車税	
		1 不動産取得税			
					1 環境性能割
	5 道府県たばこ税				
					2 種別割
				4 市町村たばこ税	
		1 道府県たばこ税			
					1 市町村たばこ税
	6 ゴルフ場利用税				
				5 鉱産税	
		1 ゴルフ場利用税			1 鉱産税
				6 特別土地保有税	
	7 軽油引取税				
					1 特別土地保有税
		1 軽油引取税			

歳入					
都道府県			市町村		
款	項	目	款	項	目
	8　自動車税			7　入湯税	
					1　入湯税
		1　環境性能割		8　事業所税	
		2　種別割			1　事業所税
	9　鉱区税				
		1　鉱区税		9　都市計画税	
	10　固定資産税				
					1　都市計画税
		1　固定資産税			
				10　水利地益税	
		2　国有資産等所在都道府県交付金及び納付金			
					1　水利地益税
				11　共同施設税	
					1　共同施設税
	11　狩猟税			12　何　税	
		1　狩猟税			1　何　税
	12　水利地益税			13　旧法による税	
		1　水利地益税			1　何　税
	13　何　税				
		1　何　税			
	14　旧法による税				
		1　何　税			
2　地方消費税清算金					
	1　地方消費税清算金				
		1　地方消費税清			

歳入					
都道府県			市町村		
款	項	目	款	項	目
		算金			
3 地方譲与税			2 地方譲与税		
	1 特別法人事業譲与税			1 地方揮発油譲与税	
		1 特別法人事業譲与税			1 地方揮発油譲与税
	2 地方揮発油譲与税			2 自動車重量譲与税	
		1 地方揮発油譲与税			1 自動車重量譲与税
	3 石油ガス譲与税			3 地方道路譲与税	
		1 石油ガス譲与税			1 地方道路譲与税
	4 自動車重量譲与税			4 森林環境譲与税	
		1 自動車重量譲与税			1 森林環境譲与税
	5 地方道路譲与税				
		1 地方道路譲与税			
	6 森林環境譲与税				
		1 森林環			

歳入					
都道府県			市町村		
款	項	目	款	項	目
		境譲与税			
4　地方特例交付金					
	1　地方特例交付金				
		1　地方特例交付金			
5　地方交付税					
	1　地方交付税		3　利子割交付金		
				1　利子割交付金	
		1　地方交付税			1　利子割交付金
			4　配当割交付金		
				1　配当割交付金	
					1　配当割交付金
			5　株式等譲渡所得割交付金		
				1　株式等譲渡所得割交付金	
					1　株式等譲渡所得割交付金

歳入					
都道府県			市町村		
款	項	目	款	項	目
			6　法人事業税交付金		
				1　法人事業税交付金	
					1　法人事業税交付金
			7　地方消費税交付金		
				1　地方消費税交付金	
					1　地方消費税交付金
6　交通安全対策特別交付金			8　環境性能割交付金		
	1　交通安全対策特別交付金			1　環境性能割交付金	
		1　交通安全対策特別交付金			1　環境性能割交付金
			9　地方特例交付金		
				1　地方特例交付金	

歳入					
都道府県			市町村		
款	項	目	款	項	目
					1　地方特例交付金
			10　地方交付税		
				1　地方交付税	
					1　地方交付税
			11　交通安全対策特別交付金		
				1　交通安全対策特別交付金	
					1　交通安全対策特別交付金
7　分担金及び負担金			12　分担金及び負担金		
	1　分担金			1　分担金	
		1　農林水産業費分担金			1　農林水産業費分担金
		2　何費分担金			2　何費分担金
	2　負担金			2　負担金	
		1　土木費負担金			1　土木費負担金
		2　何費負担金			2　何費負担金
8　使用料及び手数料			13　使用料及び手数料		

歳入					
都道府県			市町村		
款	項	目	款	項	目
	1　使用料			1　使用料	
		1　民生使用料			1　民生使用料
		2　何使用料			2　何使用料
	2　手数料			2　手数料	
		1　総務手数料			1　総務手数料
		2　何手数料			2　何手数料
9　国庫支出金			14　国庫支出金		
	1　国庫負担金			1　国庫負担金	
		1　民生費国庫負担金			1　民生費国庫負担金
		2　何費国庫負担金			2　何費国庫負担金
	2　国庫補助金			2　国庫補助金	
		1　土木費国庫補助金			1　土木費国庫補助金
		2　何費国庫補助金			2　何費国庫補助金
	3　委託金			3　委託金	
		1　総務費委託金			1　総務費委託金
		2　何費委託金			2　何費委託金
			15　都（道府県）支出金		

歳入					
都道府県			市町村		
款	項	目	款	項	目
				1　都（道府県）負担金	
					1　民生費都（道府県）負担金
					2　何費都（道府県）負担金
				2　都（道府県）補助金	
					1　土木費都（道府県）補助金
					2　何費都（道府県）補助金
				3　委託金	
					1　総務費委託金
					2　何費委託金
10　財産収入			16　財産収入		
	1　財産運用収入			1　財産運用収入	
		1　財産貸付収入			1　財産貸付収入
		2　利子及び配当金			2　利子及び配当金
	2　財産売払収入			2　財産売払収入	

歳入					
都道府県			市町村		
款	項	目	款	項	目
		1　不動産売払収入			1　不動産売払収入
		2　物品売払収入			2　物品売払収入
		3　生産物売払収入			3　生産物売払収入
11　寄附金			17　寄附金		
	1　寄附金			1　寄附金	
		1　一般寄附金			1　一般寄附金
		2　何寄附金			2　何寄附金
12　繰入金			18　繰入金		
	1　特別会計繰入金			1　特別会計繰入金	
		1　何特別会計繰入金			1　何特別会計繰入金
	2　基金繰入金			2　基金繰入金	
		1　何基金繰入金			1　何基金繰入金
				3　財産区繰入金	
					1　何財産区繰入金
13　繰越金			19　繰越金		
	1　繰越金			1　繰越金	
		1　繰越金			1　繰越金
14　諸収入			20　諸収入		
	1　延滞金、加算金及び過料等			1　延滞金、加算金及び過料	

歳入					
都道府県			市町村		
款	項	目	款	項	目
		1　延滞金			1　延滞金
		2　加算金			2　加算金
		3　過料等			3　過　料
	2　都（道府県）預金利子			2　市（町村）預金利子	
		1　都（道府県）預金利子			1　市（町村）預金利子
	3　公営企業貸付金元利収入			3　公営企業貸付金元利収入	
		1　何公営企業貸付金元利収入			1　何公営企業貸付金元利収入
	4　貸付金元利収入			4　貸付金元利収入	
		1　何貸付金元利収入			1　何貸付金元利収入
	5　受託事業収入			5　受託事業収入	
		1　何受託事業収入			1　何受託事業収入
	6　収益事業収入			6　収益事業収入	
		1　宝くじ収入			1　宝くじ収入
		2　何　々			2　何　々
	7　利子割精算金収入			7　雑　入	
					1　滞納処分費

歳入					
都道府県			市町村		
款	項	目	款	項	目
		1　利子割精算金収入			2　弁償金 3　違約金及び延納利息
	8　雑　入				4　小切手未払資金組入れ
		1　滞納処分費 2　弁償金 3　違約金及び延納利息 4　小切手未払資金組入れ 5　雑　入			5　雑　入
15　都（道府県）債			21　市（町村）債		
	1　都（道府県）債			1　市（町村）債	1　土木債 2　何　債
		1　土木債 2　何　債			

備考　1　航空機燃料譲与税法第1条の空港関係都道府県又は地方税法第485条の13第1項の規定の適用を受けることとなる都道府県にあっては、都道府県の欄の款の欄中「4　地方特例交付金」を「5　地方特例交付金」とし、以下順次1号ずつ繰り下げ、

「

3　地方譲与税		
	1　特別法人事業譲与税	
		1　特別法人事業譲与税
	2　地方揮発油譲与税	
		1　地方揮発油譲与税

を

	3　石油ガス譲与税	1　石油ガス譲与税
	4　自動車重量譲与税	1　自動車重量譲与税
	5　地方道路譲与税	1　地方道路譲与税
	6　森林環境譲与税	1　森林環境譲与税

」

「

3　地方譲与税	1　特別法人事業譲与税	1　特別法人事業譲与税
	2　地方揮発油譲与税	1　地方揮発油譲与税
	3　石油ガス譲与税	1　石油ガス譲与税
	4　自動車重量譲与税	1　自動車重量譲与税
	5　地方道路譲与税	1　地方道路譲与税
	6　森林環境譲与税	1　森林環境譲与税
	7　航空機燃料譲与税	1　航空機燃料譲与税
4　市町村たばこ税都道府県交付金	1　市町村たばこ税都道府県交付金	1　市町村たばこ税都道府県交付金

」と

すること。

2　特別とん譲与税法第１条の開港所在市町村、航空機燃料譲与税法

第１条の空港関係市町村、地方自治法252条の19第１項の指定都市、道路法第７条第３項に規定する指定市、地方税法第103条に規定するゴルフ場所在市町村又は国有提供施設等所在市町村助成交付金に関する法律第１項の規定の適用を受けることとなる市町村にあっては、市町村の欄の款の欄中「９　地方特例交付金」を「13　地方特例交付金」とし、以下順次４号ずつ繰り下げ、

「２　地方譲与税			
	１　地方揮発油譲与税		
		１　地方揮発油譲与税	
	２　自動車重量譲与税		
		１　自動車重量譲与税	
	３　地方道路譲与税		
		１　地方道路譲与税	
	４　森林環境譲与税		
		１　森林環境譲与税	
３　利子割交付金			
	１　利子割交付金		
		１　利子割交付金	
４　配当割交付金			
	１　配当割交付金		
		１　配当割交付金	
５　株式等譲渡所得割交付金			を
	１　株式等譲渡所得割交付金		
		１　株式等譲渡所得割交付金	
６　法人事業税交付金			
	１　法人事業税交付金		
		１　法人事業税交付金	
７　地方消費税交付金			
	１　地方消費税交付金		
		１　地方消費税交付金	

8　環境性能割交付金		
	1　環境性能割交付金	
		1　環境性能割交付金　」

「

2　地方譲与税		
	1　地方揮発油譲与税	
		1　地方揮発油譲与税
	2　自動車重量譲与税	
		1　自動車重量譲与税
	3　地方道路譲与税	
		1　地方道路譲与税
	4　森林環境譲与税	
		1　森林環境譲与税
	5　特別とん譲与税	
		1　特別とん譲与税
	6　航空機燃料譲与税	
		1　航空機燃料譲与税
	7　石油ガス譲与税	
		1　石油ガス譲与税
3　利子割交付金		
	1　利子割交付金	
		1　利子割交付金
4　配当割交付金		
	1　配当割交付金	
		1　配当割交付金
5　株式等譲渡所得割交付金		
	1　株式等譲渡所得割交付金	
		1　株式等譲渡所得割交付金
6　分離課税所得割交付金		
	1　分離課税所得割交付金	

		1　分離課税所得割交付金	と
7　法人事業税交付金			
	1　法人事業税交付金		
		1　法人事業税交付金	
8　地方消費税交付金			
	1　地方消費税交付金		
		1　地方消費税交付金	
9　ゴルフ場利用税交付金			
	1　ゴルフ場利用税交付金		
		1　ゴルフ場利用税交付金	
10　環境性能割交付金			
	1　環境性能割交付金		
		1　環境性能割交付金	
11　軽油引取税交付金			
	1　軽油引取税交付金		
		1　軽油引取税交付金 2　旧法による軽油引取税交付金	
12　国有提供施設等所在市町村助成交付金			
	1　国有提供施設等所在市町村助成交付金		
		1　国有提供施設等所在市町村助成交付金	」

すること。

3　国庫支出金等の過年度分については、雑入の項中に「過年度収入」

の目を設けることができること。

4　1又は数個の使用料又は手数料のみを証紙による収入の方法により歳入する市町村にあっては、「13　使用料及び手数料」の款中「2　手数料」の項の次に次のように項及び目を加えることができること。

3　証紙収入

1　証紙収入

5　特別会計に係る歳入予算の款項の区分及び目の区分については、普通地方公共団体の長が定めた区分によること。

歳入予算に係る節の区分

款の区分	節
都（道府県）税、市（町村）税	1　現年課税分 2　滞納繰越分 ただし、歳入予算の項の区分を地方消費税とするもの及び項の区分を軽自動車税とし目の区分を環境性能割とするものについては、目と同一とする。
地方消費税清算金 地方譲与税 利子割交付金 配当割交付金 株式等譲渡所得割交付金 法人事業税交付金 地方消費税交付金 環境性能割交付金 地方特例交付金 地方交付税 交通安全対策特別交付金 繰入金 繰越金	目と同一とする。
その他の歳入科目	歳出予算の項の区分等に対応して普通地方公共団体の長が定めた節の区分による。

（地方自治法施行規則第15条関係）

第一節　都（道府県）税、市（町村）税

都道府県税及び市町村税は、地方公共団体がその行政に要する一般経費を賄うために、当該地方公共団体の住民等から強制的に徴収する課徴金であって、地方公共団体の財政収入の中心である。

地方公共団体が地方税を賦課徴収することができる賦課徴収権は、憲法第八四条及び地方自治法第二二三条にその根拠をおいている。これに基づき地方税法においては税目、税率、賦課徴収方法等が規定されている。

現行の地方税法では、地方税には、普通税と目的税とがある（地税法四、五）。地方税の実際の賦課徴収は、当該地方公共団体の議会において議決された条例の定めるところによって行われることとされている。地方税の賦課徴収の直接の根拠は条例によっているが、税目及び賦課徴収等基本的事項は全て地方税法で規定する制度が採られている。これは、国民の租税負担能力から国税と地方税の区分、体系が必要であること及び地方公共団体相互間における課税権の行使について明確に定める必要があること等の事由によるものである。

地方税は、租税の一般原則である負担の均衡、経済発展に対応することのほか、特に、地方公共団体の行政運営に要する経費を賄うものであるから、収入が十分であることを必要とし、そのほか、税収入について普遍性、安定性、伸張性、伸縮性、負担分任性等があることが要請されるものである。

地方自治の本旨からは、地方税の賦課徴収については、地方公共団体の行政の内容と住民の意思に委ねるのが理想的であるかもしれないが、税目によっては、国民の税負担及び国の施策等の観点から、ある程度の規制をする必要があるので、地方税法において、地方公共団体がとるべき税率について、標準税率、制限税率、一定税率、任意税率、準拠税率の方式を定めている。

標準税率とは、地方公共団体が課税する場合において、通常よるべき税率として決定されている税率であって、その地方公共団体は財政上必要があるときは、これと異なる税率を定めることができるものである。

制限税率とは、地方公共団体が課税する場合に、超えてはならないものとして法定されている税率である。

一定税率とは、地方公共団体が課税する場合にこれ以外の税率によることが許されないものとして法定されている税率である。

任意税率とは、法律上は税率の定めをせず、地方公共団体が任意に定めることができる税率である。

準拠税率とは、地方税法で定める課税標準額の区分及び当該区分ごとの金額に応じて順次適用されるべき率に準じて、当該地方公共団体の条例で定めるものである。

地方税は、地方公共団体がその区域内の納税義務者から直接賦課徴収するが、課税団体の区分からみると都道府県と市町村とに分かれる。その使途による区分においては、普通税と目的税に分けられるが、普通税は、収入された税が使途を制限されることなく自由に使用できる税であって、一般財源の代表的なものである。目的税は、当該税収入の全てを特定の目的のために使用しなければならない税であって目的財源である。また、地方税法で税目が法定されている税以外のもので、都道府県又は市町村は、総務大臣に協議し、その同意を得て法定外普通税及び法定外目的税を課することができる。従来、法定外普通税については、総務大臣の許可制の下に規定されていたが、地方分権一括法により協議制に移行され、その新設又は変更については、総務大臣に協議し、その同意を要することとされた。さらに、都道府県又は市町村が、条例で定める特定の費用に充てるための法定外目的税が創設され、その新設又は変更に当たっては、法定外普通税と同様に総務大臣に協議し、その同意を得るものとされた。

地方税法は徴収方法として、普通徴収、申告納付、特別徴収及び証紙徴収の四つの方法を規定している。

普通徴収は、徴税吏員が納税通知書を納税者に交付することによって地方税を徴収することをいい、課税権者が一方的に租税債権の内容を具体的に確定させる行政処分を行うことによって徴収する方法である。納税通知書には、課税の法的根拠、税額算定の基礎及び不服の申立ての方法等を記載しなければならないものとされている。

申告納付は、納税者が、その納付すべき地方税の課税標準額及び税額を申告し、その税額を納付することをいい、普通徴収のように課税権者の決定を待たずに納税者が自らの計算に基づいて申告し、税を納付するものである。

特別徴収は、地方公共団体が地方税の徴収について便宜を有する者を特別徴収義務者として指定し、その者に納税義務者から税金を徴収させ、その徴収すべき税金を納入させることをいう。例えば、住民税において、給与所得者に課せられた住民税は、給与の支払をしている者をして給与の支払時に徴収させるものとしている例がある。

証紙徴収は、地方公共団体が納税通知書を交付しないで、その発行する証紙をもって、地方税を納入させることをいうものである。

地方税の滞納がある場合は、強制徴収することになるが、納税者の個別の実情を考慮しなければならない場合もあるので、徴収猶予、換価の猶予及び滞納処分の停止等の徴収緩和措置が設けられている。

地方公共団体の徴収金は、国の徴収金と同順位の先取特権を与えられ、原則として他の全ての債権又は公課に優先するものとされている。

地方税は歳入予算においては、原則として各税目を「項」とすることにより、議会の議決の対象とされている。道府県民税、事業税、市町村民税については、個人と法人とではその課税の方法を異にしており、かつ、特に法人分については経済変動の影響を受ける度合が強く、経済の景況に応じた予算計上がなされるように、個人と法人の目に区分することとされている。節については現年度分と過年度分とを統合して現年課税分とされている。したがって、現年課税分には、当該年度分として課税されるもの及び過年度において課税すべきであった税について、未申告、調整不十分等のため課税していない税について、当該年度において課税されるものをあわせて計上することになる。滞納分には既に課税されているが、納入が終わっていない税について、当該年度に収入される見込みのものを計上することとなる。

地方税の財源区分の取扱いについては、目的税は、その使途が制限されているので、財政的見地における財源区分としては目的財源である。しかし、「歳入歳出予算事項別明細書」の財源内訳として記載する場合には、目的税の全てを特定財源として「特定財源欄」に記載しないで、「一般財源欄」に記載することとされている。一般財源欄は地方財政法第四条の三にいう一般財源のほか、狩猟税、入湯税、都市計画税等の目的税をも含めて記載することになるので予算書等資料作成に際して留意する必要がある。

なお、平成元年度からシャウプ税制以来の税制改革が行われ、税制全体としての負担の公平に資するため、消費に広く薄く負担を求める「消費税」が創設された。これに伴い、地方間接税において負担の調整等がなされた。その概要は、①道府県（市町村）たばこ消費税を「道府県（市町村）たばこ税」とし、従量税化した。②娯楽施設利用税は、課税対象施設をゴルフ場に限定し、税率を引き下げ、名称を「ゴルフ場利用税」に改めるとともに、ゴルフ場所在市町村交付金の交付率を引き上げた。③料理飲食等消費税を「特別地方消費税」に改め、税率の引下げ等がなされた。④電気税、ガス税、木材引取税は廃止された。⑤地方公共団体の財源の安定的な確保に資するため、消費税の収入額の一定割合を地方公共団体に譲与する「消費譲与税」が創設された。その後、平成六年の税制改正に伴い、活力ある豊かな福祉社会の実現を目指す視点に立って、地方税において、所得、消費、資産等の間における均衡がとれた税体系を構築し、併せて地方分権、地域福祉の充実等のため地方税源の充実を図る観点から、消費譲与税を廃止し、地方消費税が創設され、平成九年四月一日から実施されている。

さらに、地方分権を一層推進することとし、平成一六年度を実質的に初年度とする三位一体改革（国庫補助負担金の改革、税源移譲、地方交付税の見直し）が平成一八年度まで進められ、国庫補助負担金の整理合理化等による四兆円超の改革により、三兆円規模の税源移譲が実施された。

なお、この税源の移譲は、所得税から個人住民税への恒久措置として平成一九年度分から適用されている。したがって、平成一六年度から三年度間については段階的な措置として、「税源移譲予定特定交付金」の対応（一六～一七年度）、「所得譲与税」の創設（一六～一八年度までの間）が図られてきた。

(1)　道府県民税

道府県の行政経費の一部を広く一般住民に負担させ、道府県民税を通じて負担分任の精神を浸透させようとするものである。

道府県民税は、①道府県内に住所を有する個人で、その所在市町村から市町村民税を課される者については、均等割額及び所得割額を、②道府県内に事務所、事業所又は家屋敷を有する個人で、その所在市町村から市町村民税を課される者については均等割額を、③道府県内に事務所又は事業所を有する法人については均等割額及び法人税割額を、④道府県内に事務所又は事業所を有する法人とみなされない人格のない社団等については均等割額を、⑤道府県内に寮、宿泊所、クラブ等のみを有する法人又は人格のない社団等については均等割額を、⑥利子等の支払又はその取扱いをする者の営業所等で都道府県内に所在するものを通じて利子等の支払を受ける者については利子割額を、⑦特定配当等（租特法第九条の三第一項各号に掲げる配当等）の支払を受ける個人で当該特定配当等の支払を受けるべき日現在において都道府県内に住所を有する者については配当割額を、⑧所得税において源泉徴収を選択した特定口座にかかる当該特定口座内において保管されていた上場株式等の譲渡の対価又は当該特定口座内で処理された上場株式等の信用取引及び発行日取引にかかる差金決済の差益の支払を受ける個人で、当該譲渡の対価又は当該差金決済にかかる差益に相当する金額の支払を受けるべき日の属する年の一月一日現在において都道府県内に住所を有する者については株式等譲渡所得割額を、それぞれ課することとされている。

課税標準は、所得割については、前年度の所得について算定した総所得金額、退職所得金額又は山林所得金額であり、法人税割については法人税額で、利子割については、支払を受けるべき利子等の額で所得税法その他の所得税に関する法令の規定の例によって算定される額である。配当割については、支払を受けるべき特定配当等の額で、株式等譲渡所得割については、特定株式譲渡所得金額で、それぞれ所得税法その他の所得税に関する法令の規定の例によって算定される額である。

徴収方法は、個人分については当該道府県内の区域内の市町村が、当該個人の市町村民税の賦課徴収の例により、当該市町村の賦課徴収とあわせて行うものとされている。法人分については、申告納付の方法によるものである。また、利子割については、都道府県内に営業所等を有する利子等の支払又はその取扱いをする者を特別徴収義務者として、特別徴収の方法により行うものとされている。配当割については、納税義務者に対して特定配当等の支払をする者を特別徴収義務者として、特別徴収の方法により行う。株式等譲渡所得割については、選択口座が開設されている証券業者で当該選択口座に係る特定口座内保管上場株式等の譲渡の対価又は当該選択口座において処理された上場株式等の信用取引等に係る差金決済に係る差益に相当する金額の支払を受けるべき日の属する年の一月一日現在において都道府県内に住所を有する個人に対して当該譲渡の対価又は当該差金決済にかかる差益に相当する金額の支払をする者を特別徴収義務者として、特別徴収の方法により行うものとされている。

予算計上は、（目）として「個人」「法人」「利子割」に区分することとされている。

(2)　事業税

事業税は、事業に対し、その事業を行う者に対して課する税である。これは、事業自体に経済価値の収得力があること等の事由による。その事業は道府県の道路、港湾、衛生等の諸施設を利用して収益活動を行っているので、これらの施設に要する経費を分担すべきであるとする応益負担に立脚した税である。

納税義務者は、事業を行う法人又は個人であり、課税標準は各事業年度の収入金額又は所得である。

二以上の道府県に事務所又は事業所を設けて事業を行う者は、関係道府県ごとにその課税標準額総額を固定資産の価額又は従業者数等によって按分した額によって納付されるものである。

予算計上は、（目）として「個人」と「法人」とに区分して行う。

(3) 地方消費税

平成六年の抜本的な税制改正において、地方分権の推進、地域福祉の充実等のため、地方税源の充実を図ることとし、「消費譲与税」に代えて、消費に広く負担を求める「地方消費税」が道府県税として創設され、平成九年四月から実施されている。

本税は、事業者の行った課税資産の譲渡等（法律又は条約の規定により消費税を課さないもの及び免除されるものを除く。）については、当該事業者（消費税法の規定により消費税を納める義務が免除される事業者を除く。）に対し、道府県が「譲渡割」によって、課税貨物（法律又は条約の規定により消費税を課さないもの及び免除されるものを除く。）については、当該課税貨物を保税地域から引き取る者に対し、当該保税地域所在の道府県が「貨物割」によって、それぞれ課税することとしている。

課税標準については、納税者の事務負担等を勘案し、譲渡割の課税標準は消費税額とし、貨物割の課税標準は、消費税について申告納税方式が適用される課税貨物については課税標準額に対する消費税額を、賦課課税方式が適用される課税貨物については徴収すべき消費税額とそれぞれ規定されている。

予算計上は、（目）として「譲渡割」と「貨物割」とに区分して行う。

本税の税率は、消費税額を課税標準とし、七八分の二二パーセント（消費税率換算で二・二パーセント、軽減税率が適用される場合一・七六パーセント）とされている。したがって、国の消費税（七・八パーセント、軽減税率が適用される場合、六・二四パーセント）と地方消費税を合わせた消費税の税率は十パーセント（軽減税率が適用される場合八パーセント）となる（商品価格一〇〇とした場合の実効税率は、国の消費税額一〇〇×七・八パーセント＝七・八、地方消費税額二・二×一〇〇パーセント＝二・二となり、（七・八＋二・二）÷一〇〇＝十パーセントとなる。軽減税率が適用される場合は、商品価格一〇〇とした場合の実効税率は、国の消費税額一〇〇×六・三パーセント＝六・三、地方消費税額一・七×一〇〇パーセント＝一・七となり、（六・三＋一・七）÷一〇〇＝八パーセントとなる。）。

軽減税率は、飲食料品の譲渡、定期購読契約が締結された週二回以上発行される新聞の譲渡に適用され、令和元年一〇月一日に消費税率が八パーセントから一〇パーセントに引き上げられた際に設けられた。

地方消費税の賦課徴収は、納税者の事務負担の軽減等を勘案して、当分の間、国が消費税と併せて行ったうえ、地方消費税に相当する額を国から道府県に払い込むものとされている。なお、道府県は、市町村の財政基盤の充実のため地方消費税に係る収入の一定割合を市町村に交付するものとされている。

地方消費税は、最終消費地に税が帰属すべきであるとする国税の消費税と同様に、消費に負担を求める税であることから、各道府県の地方消費税について、消費に関連した指標（商業統計による小売年間販売額、サービス業基本統計によるサービス業対個人事業収入額、国勢調査による人口、事業所統計による従業者数）を基準として清算することとされ、道府県は、この清算後の金額の二分の一を県内の市町村に対し交付するものとされている。

この交付時期は、六月、九月、一二月及び三月の年四回とされている。

(4) 不動産取得税

不動産取得税は、不動産（土地、家屋）の取得に対し、その取得者に課する一種の流通税である。土地、家屋の取得時における不動産の価格を課税標準とし、地方税法で標準税率が定められている。徴収は、普通徴収の方法によって行われ、納期は条例の定めるところによるものである。

(5) 道府県（市町村）たばこ税

たばこ税は、製造たばこの売渡し又は消費等に課する税である。納税義務者は製造たばこの製造者、特定販売業者又は卸売販売業者（以下「卸売販売業者等」という。）である。課税は、卸売販売業者等が製造たばこを小売販売業者に売り渡す場合に、製造たばこの当該売渡し等の小売定価及び売渡し等に係る製造たばこの本数を基礎として卸売販売業者等に課される。税率は道府県及び市町村において製造たばこ一〇〇〇本についてのそれぞれ一定税率で、徴収は申告納付の方法による。

なお市町村は、当該市町村に納付され当該年度のたばこ税の額が、前々年度の全国のたばこ税の総額に当該市町村のたばこ消費基礎人口の一定割合が全国の当該消費基礎人口の割合を超える場合は、その超える部分に相当する額を翌年度に都道府県に交付するものとされている。

(6) ゴルフ場利用税

ゴルフ場利用税は、ゴルフ場においてその施設を利用する者に対し、利用行為について課されるものである。地方税法で標準税率を定めており、徴収は特別徴収の方法によるものとされている。なお、道府県は、ゴルフ場所在の市町村に対し、当該道府県に納入された当該市町村に所在するゴルフ場に係るゴルフ場利用税の一定額を交付することとされている。

(7) 軽油引取税

軽油引取税は、特約業者又は元売業者からの軽油の引取に対して課税される道府県税である。徴収は、原則として特別徴収の方法により、税率は地方税法で定める一定税率によって課される。

なお、軽油引取税も、道路特定財源の見直しにより、平成二一年度から目的税から普通税に改め、使途制限を廃止することとされた。また、課税免除については、平成三〇年（二〇一八年）三月三一日まで延長された。

(8) 自動車税

自動車税には、環境性能割と種別割がある。

自動車税種別割は、自動車の所有者に対して課するもので、納税義務者は四月一日現在の自動車の所有者である。地方税法で標準税率の定めがあり、徴収は普通徴収の方法による。また、四月一日以降年度途中において取得した場合においては取得月数によって月割課税が行われる。

環境性能割は、令和元年一〇月の消費税率の引上げ（八パーセントから一〇パーセント）に伴い自動車取得税が廃止されたことに伴い、導入された。環境性能割は自動車を取得した際に課税され、自動車の取得価額（取得価額五〇万円超の車に限る。）に税率を掛けて計算され、自動車の燃費性能に応じて税率が決められている。

(9) 鉱区税

鉱区税は、鉱区に対し、面積を課税標準として、鉱区所在の道府県において、その鉱業権者に対して課される税である。地方税法で定める一定税率により、普通徴収の方法で課される。

(10) 固定資産税

（項）固定資産税には、（目）固定資産税と（目）国有資産等所在都道府県（市町村）交付金（以下「交付

金」という。）に区分されるが、後者は都道府県においてはほとんどない。

①　固定資産税

土地、家屋及び償却資産に対して課される一種の財産税である。この税は全ての地方公共団体を通じて普遍性があり、変動が少なく、かつ、安定性に富む税で、特に市町村における有力な財源となっている。

固定資産税は、本来市町村税であるが、固定資産税のうち工場、発電施設等、大規模の償却資産に対して、課税の特例があり、一の納税義務者の所有する償却資産の合計額が一定額を超える場合には、道府県に課税権が生ずるものとされている。したがって、市町村については全団体、道府県については特別課税に該当する償却資産がある道府県について、予算計上が行われるものである。

納税義務者は、原則として固定資産の所有者であるが、例外的に使用者に対して課することがある。

税率は、地方税法で標準税率の定めがあるが、標準税率を超えて課す場合においても、地方税法に定める制限税率を超えることはできないものとされている。徴収は、普通徴収の方法による。

②　交付金及び納付金

国及び地方公共団体が所有する固定資産については、現行制度上固定資産税が課されていない。

しかしながら、これらの固定資産といえども、当該資産の所在市町村の消防、道路その他の事業や施設によって受益していることは、現に固定資産税を課されている固定資産と全く同様である。そこで国及び地方公共団体が所有する固定資産のうち、特にその性格、使用の実態及び市町村との受益関係が現に固定資産税の課税客体である固定資産に類すると認められる貸付資産、空港の用に供する固定資産、国有林野の土地、発電所、変電所又は送電施設の用に供する固定資産及び水道施設又は工業用水道施設の用に供する土地について、他の同種の固定資産との均衡を考慮して、これらの固定資産の所有者たる、国及び地方公共団体に対して固定資産税に相当する負担を求めることとしたわけである。

国及び地方公共団体は、毎年度、当該年度の初日の属する年の前年の三月三一日現在において所有する固定資産について、当該固定資産所在の市町村に対して、国有資産等所在市町村交付金及び納付金を交付するものとされている。

交付金の金額は、それぞれの算定標準額に一〇〇分の一・四を乗じて得た額とされている。交付金の算定標準額は、固定資産の価格であり、原則として国有財産台帳又は地方公共団体の財産台帳に記載された当該固定資産の価格によることとされている（特例がある。）。

交付金の交付方法は、各省庁の長又は地方公共団体の長は、台帳価格を前年の一一月三〇日までに当該固定資産の所在地の市町村長に通知する。当該市町村長は毎年四月三〇日までに交付金交付請求書を送付するものとされている。交付金の交付は、毎年六月三〇日までに、当該固定資産所在の市町村に対して交付しなければならないものである。

交付金はいずれも使途は限定されていない一般財源である。

⑾　市町村民税

市町村民税は、道府県民税と同様に、広く一般住民に対し負担分任の精神に基づいて課されるものである。固定資産税とともに市町村収入の主要財源となっている。市町村民税は、均等割・所得割及び法人税割によって課することとされている。

均等割は、均等の額によって課されるものであるが、個人分については市町村の人口規模によって、行政施設水準に差があること等に伴う受益の差を考慮して税率に差が設けられている。

所得割の課税標準は、前年の所得により算定した総所得金額、退職所得金額又は山林所得の金額で、道府県民税の課税標準額と同様である。課税の方式としては、総所得金額から地方税法に定める諸控除をした課税総所得金額を課税標準とするものである。

法人税割は、法人税額を課税標準として課税されるものである。

市町村民税の徴収方法は、個人の給与所得者のうち、均等割及び給与所得に係る所得割を納める者は特別徴収の方法により、個人の給与所得者以外の者は普通徴収の方法により、法人等は申告納付の方法によって行われるものである。

税率は、地方税法に基づき条例で定めることとされている。

⑿　軽自動車税

軽自動車税には種別割と環境性能割がある。

種別割は従来の軽自動車税と同様であり、軽自動車、原動機付自転車、二輪の小型自動車及び小型特殊自動車の所有者に対して、その主たる定置場所在の市町村において課するものである。車種排気量の大小により地方税法に標準税率が定められている。徴収は普通徴収の方法によるが、当該自動車等の所有者に標識を交付する際は、証紙徴収の方法によることもできることとされている。

環境性能割は、令和元年一〇月一日に自動車取得税（都道府県税）が廃止された際に導入されたものであり、取得価格（五〇万円を超える車両）に税率を掛けて計算され、軽自動車の燃費性能に応じて税率が決められている。

(13) 鉱産税

鉱産税は、鉱物の掘採の事業に対し、鉱物の価格を課税標準として市町村が課す税である。事業所が二以上の市町村にわたる場合は、関係市町村が協議して課税標準の分割を行うこととされている。徴収は、申告納付の方法により行い、地方税法に標準税率の定めがある。

(14) 特別土地保有税

特別土地保有税は、政府の土地対策の一環として投機的な目的で土地を保有し又は取得する者に対してこれを抑止する趣旨で課されるもので昭和四八年度に創設されたものである。土地又はその取得に対し、当該土地所在の市町村において、当該土地の所有者又は取得者に対し課税されるものである。ただし、平成一五年度からは新規課税が停止されている。

徴収は、申告納付の方法により行い、税率は地方税法において、土地の保有に対するもの一〇〇分の一・四、土地の取得に対するもの一〇〇分の三とされている。

(15) 狩猟税

狩猟税は、鳥獣の保護及び狩猟に関する行政の実施に要する費用に充てるため、当該都道府県知事の狩猟者の登録を受ける者に対して課するものである。狩猟税の賦課期日、納期は当該道府県の条例で定めるものとされ、徴収は、当該道府県の条例の定めるところによって、普通徴収又は証紙徴収の方法による。納付された税は目的財源として鳥獣行政の費用に充当しなければならない。

なお、本税は、従来の狩猟者登録税（普通税）と入猟税（目的税）を平成一六年に統合し、新たに目的税である狩猟税としたものである。

(16)　水利地益税

目的税として、水利に関する事業、都市計画法に基づいて行う事業、林道に関する事業その他土地又は山林の利益となるべき事業の実施に要する費用に充てるため当該事業により特に利益を受ける土地又は家屋に対し、その価格又は面積を課税標準として都道府県又は市町村が課するものである。水利地益税の課税額は、当該土地又は家屋が前述の事業により特に受ける利益の限度を超えることができないものとされている。納付された税は、目的財源として水利事業等の費用に充当されなければならない。

(17)　入湯税

入湯税は環境衛生施設、鉱泉源の保護管理施設、観光施設及び消防施設その他消防活動に必要な施設の整備並びに観光の振興（観光施設の整備を含む。）に要する費用に充てるため、鉱泉浴場における入湯客の入場行為に対して市町村が課する目的税である。この税は目的税であるので、納入された税は環境衛生施設、観光施設等の整備に充てられる目的財源となるものである。徴収は特別徴収の方法による。

(18)　事業所税

事業所税は、指定都市等における都市環境の整備及び改善に関する事業に要する費用に充てるための目的税として、指定都市等が市内に所在する一定規模以上の事業所・事務所等に対して課するものであり、事業所床面積を課税標準とする資産割と従業者給与総額を課税標準とする従業者割がある。徴収は、申告納付の方法により行い、税率は地方税法で定める一定税率による。

(19)　都市計画税

都市計画整理事業に要する費用に充てるため、これらの事業によって利益を受ける都市計画区域内の土地又は家屋の所有者に対して市町村が課する目的税である。納付された都市計画税は目的財源として、都市計画事業等の事業費に充当されなければならない。課税客体、納税義務者、課税標準等は固定資産税の場合と同様である。

⑳　**共同施設税**

市町村は、共同作業場、共同倉庫、共同集荷場、汚物処理施設その他これらに類する施設に要する費用に充てるため、当該施設により特に利益を受ける者に対して共同施設税を課することができるものとされている。共同施設税は目的税であり、目的財源として共同作業場等の費用に充当されなければならない。

㉑　**宅地開発税**

市町村は、宅地開発に伴い必要となる道路、水路その他の公共施設の整備に要する費用に充てるため、市街化区域のうち公共施設の整備が必要とされる地域として条例で定める区域内で権原に基づき宅地開発を行う者に対し、当該宅地開発に係る宅地の面積を課税標準として、宅地開発税を課することができるものとされている。

宅地開発税は目的税として宅地開発に伴い必要となる道路、排水路、公園等で日常生活に最小限必要とされる公共施設の整備に要する費用に充てるための財源として付与されたものであり、税率は、当該公共施設による受益の状況等を参酌して条例で定めるものである。

㉒　**国民健康保険税**

国民健康保険を行う市町村は、国民健康保険に要する費用に充てるため、国民健康保険の被保険者である世帯主に対し、国民健康保険税を課することができるものとされている。国民健康保険税は目的税であり、標準課税総額を一定の方式により按分して課税される。

㉓　法定外普通（目的）税（何々税）

法定外普通（目的）税を都道府県又は市町村が徴収している場合は、原則として（項）として計上するものである。

現在徴収されているものとして、法定外普通税は、都道府県において核燃料税、核燃料等取扱税、核燃料物質等取扱税、石油価格調整税が、市町村において別荘等所有税、砂利採取税、使用済核燃料税等があり、法定外目的税としては、都道府県において産業廃棄物税、産業廃棄物処理（埋立処分場）税、宿泊税等が、市町村においては、環境未来税、使用済核燃料税等がある。なお、これらの法定外税は、総務大臣の同意を得ることとされている。

㉔　旧法による税

地方税法の改正等により、税目の廃止等があり、現行法上は存在しない税について、課税権があり、当該年度において収納される税を計上するものである。（目）の予算計上については、原則として税目区分ごとに（目）として計上することとなるが、金額が極めて小さい場合においては、○○税等として一括する方法によることも差し支えないであろう。通常滞納繰越分が多いが、賦課もれで過年度分としての現年課税分もある。

第二節　地方消費税清算金

地方消費税は、その消費課税としての性格に鑑み現行の国の消費税の課税根拠との整合性を図り、消費地と課税地を一致させるため、「消費に相当する額」に応じて道府県間において清算する仕組みにより、消費者の負担した地方消費税相当額をその道府県の収入とすることとしている。具体的には、指標の正確性、客観性等を考慮して、指定統計に基づく「商業統計に基づく小売年間販売額」と「サービス業基本統計に基づくサービス業対個人事業収入額」の合計額を七五パーセントとし、「国勢調査に基づく人口」を一七・五パーセント、「事業所統計に基づく従業者数」を七・五パーセントとして算定することとしている。

なお、道府県間の清算の時期は、交付月の前月の五月、八月、一一月及び二月とされている。

第三節　地方譲与税

地方譲与税としては、現行制度上は特別法人事業譲与税、地方揮発油譲与税、石油ガス譲与税、特別とん譲与税、自動車重量譲与税、航空機燃料譲与税及び森林環境譲与税の種類がある。これらはそれぞれ特別法人事業譲与税、地方揮発油譲与税法、石油ガス譲与税法、特別とん譲与税法、自動車重量譲与税法、航空機燃料譲与税法及び森林環境税及び森林環境譲与税に関する法律によって、国が国税として徴収し、一定の基準によって地方公共団体に譲与することとされているものである。

⑴　特別法人事業譲与税

地域間の財政力格差の拡大、経済社会構造の変化等を踏まえ、県内総生産の分布状況と比較して大都市に税収が集中する構造的な課題に対処し、都市と地方が支え合い、共に持続可能な形で発展するため、平成三一年一〇月一日に特別法人事業税及び特別法人事業譲与税が創設された。

特別法人事業譲与税は、国税である特別法人事業税の税収の全額（特別法人事業税の全額に加えて、令和二年二月以後に都道府県から国に払い込まれた地方法人特別税の収入額を特別法人事業税の収入額とみなして譲与することとされている。）が都道府県に譲与される。譲与の基準は人口であるが、財源超過団体に対する譲与制限（当初算出額の二五パーセントを保障し、残余の七五パーセントを制限（制限は財源超過額を上限とする。））が設けられている。使途に制限はない。

譲与時期は、五月、八月、一一月、二月であり、令和二年度から譲与されている。

(2) 地方揮発油譲与税

当該譲与税は、従来の地方道路譲与税の名称を改め、地方揮発油税法の規定による地方揮発油税の収入額に相当する額を都道府県及び市町村（特別区を含む。）に対して譲与するものである。譲与の方法は、その総額のうち、一〇〇分の五八に相当する額が都道府県及び道路法第七条第三項に規定する指定市に、毎年四月一日現在における各都道府県及び指定市の区域内（指定市を包括する都道府県にあっては、当該指定市の区域を除いた区域）内に存する一般国道及び都道府県道（当該都道府県又は指定市がその管理について経費を負担しないもの、その他総務省令で定めるものを除く。）の延長及び面積にそれぞれ二分の一ずつ按分して譲与され、一〇〇分の四二に相当する額が市町村に対し、その区域内の市町村道の延長及び面積にそれぞれ二分の一ずつ按分して譲与される。その他省令で除かれるものとしては、渡船施設、路面幅員二・五メートル未満（橋りょうを除く。）の道路及び道路整備特別措置法の規定によって料金を徴収する道路である。譲与時期は、毎年度六月、一一月、三月の三回に分けて譲与される。なお、三月において譲与すべき譲与額は一一月から二月までの収入額とされている。

地方交付税算定上の基準財政収入額が基準財政需要額を超える都道府県及び指定市については、当該超過額の一〇分の二（ただし、三分の二に相当する額を超える場合は当該三分の二に相当する額とする。）を通常の場合、当該団体の地方揮発油譲与税として算定される交付予定額から控除するものとする。

ここで当該税の財源となる地方揮発油税は、国税である揮発油税とあわせて地方揮発油税法に基づき一定税率によって随時に徴収される。その課税客体は、製造場から移出する揮発油又は保税地域から引き取る揮発油であり、納税義務者は、製造場から揮発油の移出を行う製造業者又は保税地域からの揮発油の引取人であり、全て揮発油税と同じ方法によって徴収されるものである。

なお、当該譲与税及び後述の石油ガス譲与税、自動車重量譲与税については、道路特定財源の見直し（一般財源化）により平成二一年度より使途の制限が廃止された。

(3) 石油ガス譲与税

石油ガス譲与税は、石油ガス税法の規定による石油ガス税の収入額の二分の一に相当する額を都道府県及び道路法第七条第三項に規定する指定市に対し、当該都道府県及び指定市の区域（指定市を包括する都道府県にあっては、当該指定市の区域を除いた区域）内に存する一般国道、高速自動車国道及び都道府県道（当該都道府県又は指定市がその管理について経費を負担しないものその他総務省令で定めるものを除く。）の延長及び面積にそれぞれ二分の一ずつ按分して譲与する。

なお、譲与時期は、毎年度六月、一一月、三月であり、地方揮発油譲与税と同様とされている。

(4) 特別とん譲与税

特別とん譲与税は、使途は制限されない一般財源である。

これは、特別とん譲与税法によって地方公共団体に交付されるものであり、その譲与の総額は、特別とん税の収入額の全額であり、特別とん税法第二条の開港に係る港湾施設が設置されている市町村で、総務大臣が指定するものに対して譲与される。したがって、開港所在市町村以外ではこの「項」はないものである。

この譲与の基準は、開港への入港に係る特別とん税の収入額に相当する額を譲与することになっている。

特別とん税は、とん税にあわせて随時に徴収され、外国貿易船の開港への入港により、当該外国貿易船の純トン数に応じて、当該船の船長が納税義務者となって徴収されるもので、税率は二つの場合があり、一開港への入港ごとに納付する場合純トン数一トンまでごとに二〇円、開港ごとに一年分を一時に納付する場合は純トン数一トンまでごとに六〇円として徴収されるものである。譲与時期は、毎年度九月、三月となっている。

(5)　自動車重量譲与税

自動車重量譲与税は、自動車重量税法により、国税として徴収される自動車重量税の収入額の一〇〇〇分の三四八に相当する額（当分の間、一〇〇〇分の三四八を一〇〇〇分の四二二に引き上げる。）を都道府県を通じて市町村に譲与されるものである。

自動車重量税の課税標準は、自動車検査証を受ける車及び車両番号の指定を受ける軽自動車の数量として、その税率は自動車の車種ごとにその車両重量に応じて定められている。

譲与金の算定方法は、一つは市町村に譲与すべき額の総額の二分の一の額を市町村道の補正後の数値の延長に按分した額とし、残りの二分の一の額は市町村道の補正後の面積に按分した額を配分するものとされている。

算定の基礎となる数値は、前年の四月一日現在において道路法第二八条に規定する道路台帳に記載されている道路の延長及び面積を基礎とするものとされている。譲与時期は、毎年度六月、一一月、三月となっている。

(6)　航空機燃料譲与税

最近における航空輸送需要の急速な増大による航空機の大型化、運航回数の増加等に伴い、空港の整備が急がれる反面、航空機騒音による障害防止対策あるいは空港の周辺の整備等の問題が生じてきている。このような現状に鑑み、空港整備等の財源として、国税である航空機燃料税が昭和四七年度に創設されたのに際し、その一三分の二に相当する額（平成二三～二八年度の間、一三分の二を九分の二に引き上げる。）をもって航空機燃料譲与税が創設され、空港関係市町村に譲与されることになったものであり、さらに昭和五四年度に空港関係都道府県における航空機騒音対策等の経費が多額であることに鑑み、また税率の引上げに伴い、新たに空港関係都道府県に対しても譲与することとされた。

　譲与の基準は、空港関係市町村（空港が所在する市町村及びこれに隣接する市町村で総務大臣により指定される。）及びこれらの市町村を包括する空港関係都道府県に対し譲与するものであり、総額の五分の四の額は空港関係市町村に、五分の一の額は空港関係都道府県に譲与される。市町村分の総額の二分の一の額は、空港所在市町村に対し、国内航空に従事する航空機に係る着陸料収入額に按分し、総額の二分の一の額は、航空機の騒音が特に著しい空港の所在する市町村及びその隣接市町村に対し、総務省令で定める騒音地区内の世帯数に按分して譲与される。また、都道府県分については、その総額の二分の一の額を前述の着陸料の収入額で、二分の一の額を前述の騒音地区内の世帯数でそれぞれ按分して譲与される。

　なお、空港関係市町村に係る着陸料の収入額及び世帯数は、空港の管理の態容、航空機の騒音により生ずる障害の程度その他の事情により補正がなされるが、空港関係都道府県につきその設置する空港があることその他特別の事情がある場合には、空港関係都道府県の区域内の空港関係市町村に係る当該着陸料の収入額又は世帯数を、当該特別の事情を参酌して総務省令で定めるところにより、さらに補正することができることとされている。航空機燃料譲与税の使途は、航空機の騒音により生ずる障害の防止、空港の整備、維持管理及び空港に関連する上下水道、清掃施設、道路、消防施設等空港対策に関する費用に充てなければならないものである。

譲与時期は、毎年度九月及び三月となっている。

⑺　森林環境譲与税

パリ協定の枠組下におけるわが国の温室効果ガス排出削減目標の達成や災害防止を図るため、森林整備等に必要な地方財源の安定的な確保の観点から、平成三一年度（令和元年度）に森林環境税及び森林環境譲与税が創設された。

森林環境税は、令和六年度から国内に住所を有する個人に対して課税される国税であり、市町村が個人住民税均等割と併せて一人年額千円を課税する。賦課徴収した森林環境税は、都道府県を経由して全額が国の譲与税特別会計に払い込まれ、総額の九割が市町村に、一割が都道府県に森林環境譲与税として譲与される。使途は、市町村は間伐や人材育成・担い手の確保、木材利用の促進や普及啓発等の森林整備及びその促進に要する費用に、都道府県は森林整備を実施する市町村の支援等に要する費用に充てられる。

森林環境税の課税は令和六年度からであるが、森林整備が喫緊の課題であることから、森林環境譲与税は令和元年度から譲与されている。令和五年度までの森林環境譲与税の財源は交付税及び譲与税配付金特別会計における借入金を充てることとされていたが、令和二年度より、災害防止・国土保全機能強化等の観点から、森林整備を一層促進するため、地方公共団体金融機構の公庫債権金利変動準備金を活用し、交付税特別会計における譲与税財源の借入れを行わないこととした上で、森林環境譲与税の譲与額を前倒しで増額することとされた。

譲与時期は、毎年度九月及び三月となっている。

第四節　税交付金

現在、都道府県の徴収した税の一部を市町村に対し交付するものとして、道府県民税の利子割交付金、配当割交付金、株式等譲渡所得割交付金、法人事業税交付金、地方消費税交付金、環境性能割交付金、ゴルフ場利用税交付金及び軽油引取税交付金が設けられている。

なお、税交付金は、都道府県が徴収した税を市町村に対し、税交付金の原資となる税目の課税対象に着目し、市町村がその行政サービスを行う上で必要な財源を補うため、また徴税事務の簡素合理化の観点から事務負担の増大を防ぐ趣旨などから一種のいわゆる共同税的な性格を有している。また、厳密な意味での税交付金には該当しないが、基本的に市町村が課税権を持つ固定資産税の身替り的性格を有する国有提供施設等所在市町村助成交付金がある。

(1)　利子割交付金

都道府県は、当該都道府県に納入された利子割額に相当する額に、所要の調整を加えた後、政令で定める率（九九パーセント）を乗じて得た額の五分の三を、当該市町村に係る個人の都道府県民税の額に按分して、当該都道府県内の市町村（特別区を含む。）に対し利子割交付金として交付するものとされている。これは、利子割が本来住民税の一部として利子所得を課税するものでありながら、市町村に課税せず道府県税のみとしていることによるものであり、すなわち、利子割に係る徴収制度を極力簡素化して特別徴収義務者

（金融機関等）の事務負担を増大させない趣旨から都道府県のみが課税し、市町村に対しては、利子割の一部を利子割交付金として交付することにより調整を図ることとしたものである。

交付時期は、毎年度八月、一二月及び三月となっている。

(2) 配当割交付金

都道府県は、納入された配当割額に相当する額に、政令で定める率（九九パーセント）を乗じて得た額の五分の三に相当する額を市町村に交付する。また、各市町村に対しては、当該市町村から都道府県に納入された個人の道府県民税（均等割及び所得割）の額に按分して交付する。

交付時期は、利子割交付金と同様（八月、一二月、三月）となっている。

(3) 株式等譲渡所得割交付金

都道府県は、納入された株式等譲渡所得割額に相当する額に、政令で定める率（九九パーセント）を乗じて得た額の五分の三に相当する額を市町村に交付する。また、各市町村に対しては、当該市町村から都道府県に納入された個人の道府県民税（均等割及び所得割）の額に按分して交付する。株式譲渡所得割とは上場株式等の譲渡による所得に係る税で、税率は五パーセントである。

交付時期は、三月となっている。

(4) 法人事業税交付金

都道府県は、納入された法人事業税額（超過課税分を除く。）の七・七パーセント（令和二年度は三・四パーセント）を市町村に交付する。各市町村へは、従業者数を基準として交付される。なお、経過措置として、令和二年度は法人税割額、令和三年度は三分の二が法人税割額、三分の一が従業者数、令和四年度は三分の一が法人税割額、三分の二が従業者数、を基準として交付される。

年度間の税収変動や偏在性が大きい市町村分の法人住民税法人税割の一部を、外形標準課税が導入され、税収の安定が図られてきた法人事業税の交付金に置き換えることにより、市町村の税源の偏在是正と財政運営の安定化に寄与するものである。

交付時期は、八月、一二月、三月となっている。

(5)　地方消費税交付金

都道府県は、都道府県間における清算後の地方消費税収入額の二分の一に相当する額を、当該都道府県内の市町村に対して交付することとしており、その交付の基準としては、交付額の二分の一を人口で、他の二分の一を経済センサスによる従業者数で按分して交付されるが、令和元年一〇月一日の地方消費税率の引上げ分（一・七パーセント→二・二パーセント）に係る交付金については、社会保障財源化することを踏まえ、全額人口により按分して交付される。

交付時期は、毎年度六月、九月、一二月及び三月の四回とされている。

(6)　環境性能割交付金

自動車の取得（取得価格五〇万円超）に対して当該自動車の環境性能に応じて課税される都道府県税である自動車税環境性能割の収入額の九五パーセントの額の一〇〇分の四三に相当する額が、都道府県から市町村に対して、二分の一の額を市町村道の延長で、二分の一の額を市町村道の面積で案分して交付される。旧自動車取得税交付金に代わるものである。なお、令和元年度から令和三年度までは、自動車税環境性能割の収入額の九五パーセントの額の一〇〇分の四七に相当する額とされている。また、指定市を包括する道府県は、自動車税環境性能割の収入額の九五パーセントの額の一〇〇分の三五に相当する額を、指定市に対して、二分の一の額を区域内の一般国道、高速自動車国道及び都道府県道の延長で、二分の一をその面積で按分して交付する。交付時期は、毎年度八月、一二月及び三月で、三回に分けて交付される。

(7) ゴルフ場利用税交付金

ゴルフ場利用税交付金は、ゴルフ場所在の市町村に対し、道府県が収納した当該ゴルフ場に係るゴルフ場利用税額の一〇分の七に相当する額を、道府県からその市町村に対して交付されるものである。ゴルフ場の利用に係るゴルフ場利用税収入は、交付金相当額分も含めて、全額が道府県のゴルフ場利用税の収入科目に収入されるものであり、交付金の都道府県の歳出科目は、款を諸支出金、項、目をゴルフ場利用税交付金、節を負担金、補助及び交付金とし、市町村の歳入科目は、款、項、目、節ともゴルフ場利用税交付金としてそれぞれ処理することとされる。交付時期は、毎年度八月、一二月及び三月となっている。

(8) 軽油引取税交付金

軽油引取税交付金は、地方税法第一四四条の六〇の規定により道府県から地方自治法第二五二条の一九による指定市に対して交付されるものである。指定市に交付される額は、指定市を包括する道府県が収納した軽油引取税額の一〇分の九に相当する額（地税令四三の二〇）に、当該指定市の区域内に存する道路の面積の当該指定市を包括する道府県の区域内に存する道路の全面積に対する割合を乗じて得た額である。この場合、道路面積の数値は、幅員による種別、自動車一台当たりの道路の延長その他の事情により、補正されるものである。

交付時期は、八月、一二月及び三月となっている。なお、この財源となる軽油引取税は道府県の目的税として、元売業者等から軽油の引取を行う場合、その容量を課税標準として、当該元売業者の営業所所在の道府県において、その引取を行う者に対し（その他販売業者又は自動車の保有者に課する場合がある。）課税するものである。

⑼　国有提供施設等所在市町村助成交付金

国は、その所有する固定資産のうち、日本国とアメリカ合衆国との間の相互協力及び安全保障条約第六条に基づく施設及び区域並びに日本国における合衆国軍隊の地位に関する法律第二条の規定により使用させている固定資産、自衛隊が使用する飛行場、演習場、弾薬庫などの用に供する固定資産が所在する市町村に対し、当該固定資産の価格及び当該市町村の財政状況等を考慮して、国有提供施設等所在市町村助成交付金を交付することとしている。本交付金は、厳密な意味での税交付金には該当しないが固定資産税の身替り的性格と基地所在市町村への財政援助的な性格を併せ有するものである。

当該市町村助成交付金の額は、総額の一〇分の七に相当する額を所在する土地、建物及び工作物の価格の合算額に按分し、一〇分の三に相当する額を、土地、建物又は工作物の種類及び用途、当該市町村の財政状況等を考慮して総務大臣が配分することとなっている。この交付金の使途については、条件又は制限を付けてはならないとされているが、地方交付税の算定上では、基準財政収入額に合算されないものである。

⑽　市町村たばこ税都道府県交付金

当該市町村に納付された当該年度のたばこ税の額が、前々年度の全国のたばこ税の額の総額に当該市町村のたばこ消費基礎人口（最近の国勢調査の結果による該当市町村の二〇歳以上の人口及び当該市町村以外に居住する者であって当該市町村において従業し、又は当該市町村へ通学する者のうち二〇歳以上のものの合計）に三を乗じて得た数を全国のたばこ消費基礎人口の合計で除して得た割合を乗じて得た額を超える場合には、当該超える部分の額を、当該市町村を包括する都道府県に対して翌年度の七月末日までに交付するものとされている。

なお、当該算定額に錯誤があった場合には、当該錯誤を発見した日の翌月末日までに清算しなければならない。

〈運用例〉

《国有資産等所在市町村交付金法関係》

問　Ａ市にある国有港湾施設（普通財産）は、貸付資産として国からＢに貸し付けられており、毎年、国からＡ市に対して市町村交付金が交付されている。ところが、当該港湾施設は、この度の災害により甚大な被害を受け、機能停止状態になっている。

このように、機能停止状態の貸付資産たる港湾施設は市町村交付金の交付の対象になるのか。

答　災害によって明らかに当該港湾施設が機能停止状態にあり、それに伴って民間倉庫等も使用不能の状態にあり、かつ、賃借料の免除をせざるを得ない状況にあり、それが長期にわたるような状況であれば、市町村交付金の交付の対象としないものとして取り扱って差し支えないものと考えられる。

第五節　地方特例交付金

個人住民税における住宅借入金等特別税額控除の実施に伴う地方公共団体の減収を補塡するために個人住民税減収補塡特例交付金を交付することとされている。

また、令和元年度及び令和二年度においては、自動車税の環境性能割及び軽自動車税の環境性能割の臨時的軽減による地方公共団体の減収を補塡するため、自動車税減収補塡特例交付金及び軽自動車税減収補塡特例交付金を交付することとしている。

交付の対象は、都道府県、市町村及び特別区である。なお、軽自動車税減収補塡特例交付金の交付対象は市町村及び特別区である。

個人住民税減収補塡特例交付金は、各地方公共団体の住宅借入金等特別税額控除見込額で按分され、自動車税減収補塡特例交付金は、各都道府県及び各都道府県内市町村の自動車税の環境性能割の減収見込額並びに市町村道等の延長及び面積に応じて按分される。軽自動車税減収補塡特例交付金は、各市町村の軽自動車税の環境性能割の減収見込額で按分される。

普通交付税の算定に際しては、地方特例交付金の交付額の七五パーセントが基準財政収入額に算入される。

地方特例交付金の交付時期は、毎年度四月と九月の二回とされている。

第六節　地方交付税

　地方公共団体が、地方自治の精神に沿って、その創意と責任において住民福祉の向上のために自主的に仕事を行うためには、その裏付けとなるにふさわしい十分な財源が必要である。福祉国家の要請が高まるにつれて、地方公共団体の行政事務の分量が増えるとともに、その内容においても画一化される傾向にあり、他方、住民の意識も社会経済の進展に伴って向上してきている。地方公共団体としては地方自治の見地から、それぞれの特殊性が発揮されるべきであるにしても、その基本線においては必要最小限の行政水準はいかなる地方公共団体においても確保されていなければならない。しかし、資本主義の発展は人口及び富の都市集中化をもたらし、税源は著しく偏在するに至っている。

　このような状況の下において、全ての地方公共団体に対して、それぞれの財政需要に即して必要な財源を確保するために、国民の負担する租税を国と地方公共団体のそれぞれの財政需要の状況によって配分することにより、地方公共団体の財源保障を確保するとともに、地方公共団体に与えるべき財源のうちの一部についての地方公共団体の財源調整制度として行われているものが地方交付税である。しかし、これは国庫支出金のごとく、特定の事務、事業の経費に充てることが義務付けられ、その使途が限定されているものではなく、交付された地方公共団体の一般財源として使用されるものである。

　ここで留意すべき点は、その使途が当該地方公共団体の意思に委ねられているとはいえ、地方財政法第二六条の規定による制限は受けるものであるということである。すなわち、地方公共団体が法令の規定に違背して著しく多額の経費を支出した場合においては、地方交付税の額を減額し、その額の一部を返還させられることがある。また、この財源と一般の地方税収入との関係についてみると、地方交付税は、後に述べるごとく基準財政需要額から基準財政収入額を控除して算定されるものであるから、地方税収入の増収が予想される団体においては、交付税額は、それだけ他の交付団体との関係において、相対的に減少することとなる。したがって地方交付税収入の予算計上に当たっては、相当慎重な分析、検討が必要となり、ただ単に前年度分との比較によって機械的に予算計上されることのないよう留意する必要がある。

なお節の区分については、地方交付税は、後に述べるごとく普通交付税と特別交付税からなっている関係から、節をこの二者に分けて計上する方法が考えられる。しかし地方交付税法及び地方自治法上もこれに関する何らの規定もなく、まったく当該団体の運用の問題であるが、この両者の当該団体としての性格内容からは、これを区分する実益があまり考えられないところから、これは両者を別の節として予算計上する必要がないものとされたと解される。

地方交付税法第六条第一項により地方交付税の総額は、所得税及び法人税の収入額のそれぞれ一〇〇分の三三・一、酒税の収入額の一〇〇分の五〇、消費税の収入額の一〇〇分の一九・五、地方法人税の収入額の金額と定まっている。各年度における地方交付税は所得税、法人税、酒税、消費税の収入見込額を基準として算定するので、決算額と当該収入見込額とが相違した場合には、その増減差額を翌年度以降の地方交付税の総額に加減して精算する建前をとっている。したがって、毎年度分として交付すべき交付税の額は、当該年度における所得税及び法人税の三三・一パーセント、酒税の五〇パーセント、消費税の一九・五パーセント、地方法人税の一〇〇パーセントに相当する額に、その年度の前年度以前の年度における過不足額を加減した額となる。なお、地方交付税は普通交付税と特別交付税とに区別され、その比率は九四対六とされている。

(1) 普通交付税

地方交付税の本質上、その算定は全ての地方公共団体について正確に、客観的に、かつ簡明でなければならず、したがって、普遍的に利用し得るもので、公表され、確定した資料を基礎として画一的に算定されるものである。その算定方法は、基準財政需要額から基準財政収入額を控除した額を基準として普通交付税額を算出することとなる。なお、普通交付税の総額は、地方交付税総額の九四パーセントに相当する額とされている。

① 基準財政需要額

地方公共団体が合理的、かつ妥当な水準において行政を行い、又は施設を維持するために必要な財政需要を、各行政項目ごとに算定した額の合算額であり、各行政項目ごとの基準財政需要額は、行政項目ごとの測定単位の数値に一定の補正係数を乗じ、その得た数値に単位費用を乗じて得た額であり、これを合算することとなる。

算定方法の抜本的な簡素化を図り、交付税の予見可能性を高める観点から、平成一九年度より「包括算定経費（新型）」として「人口」と「面積」を基本とした簡素な算定方法を導入することとした。

この算定に当たっては、地方公共団体の財政運営に支障を生じないように変動額を最小限にとどめるよう、①「国の基準づけがない、あるいは弱い行政分野」（基準財政需要額（公債費除き）の一割程度）の算定について導入、②人口規模や宅地、田畑等土地の利用形態による行政コスト差を反映、③算定項目の統合により従来型の「個別算定経費」の項目数を三割削減、④離島過疎など真に配慮が必要な地方公共団体に対応する仕組みを確保（「地域振興費」の創設）するなどの制度設計がなされている。

なお、福祉や教育など国の基準づけがある行政分野に係る財政需要については、従来の交付税の枠組みの中で的確な算定を行うこととしている。

この包括算定経費の測定単位は、「人口」及び「面積」とし、補正係数の適用については、「人口」は、人口が少ない団体ほど一人当たり行政コストが割高になることを反映し、「面積」は、宅地や田畑等の土地利用形態による行政コスト差を反映するため種別補正を、それぞれ適用することとしている。

従来の経常経費のうち、企画振興費、その他の諸費及び道路橋りょう費・港湾費を除く投資的経費を「包括算定経費」に移行し、投資的経費について道路橋りょう費・港湾費を除き、原則として「包括算定経費」に算定することとし、経常経費と投資的経費の区分を廃止することとしている。

単位費用は、道府県又は市町村の各行政項目ごとに、標準的条件を備えた地方公共団体を想定し、その団体が合理的かつ妥当な水準において地方行政を行う場合、又は標準的な施設を維持する場合に要する補助金、負担金、手数料、使用料、分担金等のいわゆる特定財源を控除して一般財源所要額を算定し、これをその標準団体の測定単位の数値で除して算定するものである。

補正係数は、各地方公共団体の規模、位置、構造の差による財政需要の差を反映させるためのもので、種別補正、段階補正、密度補正及び態容補正並びに寒冷補正などがある。

種別補正は、測定単位のうち種別があって、その種別ごとに単位当たりの費用に差があるものについて行う補正であって、例えば高等学校費についてみれば、生徒一人当たりの経費は、全日制課程と定時制課程とでは差があり、また同じ全日制課程でも普通課程と工業課程、農業課程とでは差がある。したがって、本来は各課程別に需要額を出すべきであるが、それでは算定事務が複雑となるので、これを避けるために、測定単位としては、これらを包括した高等学校の生徒数を用い、各種別ごとの数値は、それぞれについて算定される単位当たり費用と高等学校費について定められた単位費用との比率に基づいて定められる補正率によって補正することとされているのである。

段階補正は、測定単位の数値の増減に応じて、単位当たり費用が割安又は割高になる点を補正するものである。

密度補正は、当該行政に要する経費が人口密度その他これに類するものの増減に応じて、逓減又は逓増する場合に、これを補正するためのものである。例えば、人口密度が低くなればなるほど、交通その他の関係で、行政施設費が割高となり、単位当たりの費用が逓増するのが一般的であるから、これを基礎とする測定単位の数値に影響させ、補正を行うわけである。

態容補正は、市町村の態容に応じて、すなわち、都会地的か、農山漁村的かで、その必要経費が割高となり、また割安となるので、これを補正するものである。普通態容補正は、行政の質及び量の差の補正（例えば、都市と田園町村との行政差。これは、人口集中地区人口、経済構造、中核都市までの距離、人口減少率等により種地区分する。）と行政権能の差の補正（例えば衛生費であれば、保健所設置市とそうでない市町村では当該行政費の単価に差が生じるのは当然で、これを補正する。）とがある。経常態容補正は、地方公共団体ごとの人口の年齢別構成等市町村の種地別又は級地と関係のない態容に基づく行政経費の差異のうち経常経費に係るものを測定するための補正である（例えば小中学校費における教職員の年齢構成差による給与の差を反映させる。）。また投資態容補正は、行政施設の整備状況その他の態容に基づいて、投資的経費の必要度を、一定の指標を用いて測定する補正である。

寒冷補正には、寒冷地手当差による補正、寒冷度による補正及び積雪度による補正がある。

その他の補正には、人口・義務教育学校の学級数が急増した場合に適用される数値急増補正、人口など特定の測定単位の数値が急激に減少した場合の激変を緩和するために適用される数値急減補正、公債費を算定する場合の財政力補正、合併市町村における施設整備費の増嵩分を算入するための合併補正などがある。

以上の算定から各行政項目の需要が算出されるため、歳出予算編成上の一つの目安に使用し得ることは事実であるが、地方交付税の客観的算定の基礎として使用するものであり、各地方公共団体の特殊性からいっても、一般財源たる地方交付税の性質からいっても、歳出予算の計上に拘束的性格を有するものではない。

②　基準財政収入額

基準財政収入額とは、各地方公共団体の基準税率（道府県、市町村ともに一〇〇分の七五）をもって算定した普通税（法定外普通税を除く。）及び目的税、地方譲与税、交通安全対策特別交付金並びに基準税率をもって算定した国有資産等所在都道府県（市町村）納付金及び交付金のそれぞれの収入見込額の合算額をいう。

ここで基準税率一〇〇分の七五としているのは、財政収入額について収入見込額の一〇〇パーセントを算入するとすれば、当然これに見合う財政需要額についても、地方公共団体の行うあらゆる行政に要する経費を完全に把握して算入しなければならないこととなる。このような算定方法によると、事実上国が、各地方公共団体の歳入、歳出の割当を行うような結果となり、財政運営上の弾力性が失われ、地方公共団体の自主性を阻害することとなるおそれがあるためである。

なお、算定の基礎として用いられるものは、住民税、事業税は納税義務者数、課税標準額、所得金額等を用い、自動車税、ゴルフ場利用税等は自動車の台数、施設の利用物件等客観的な課税客体の数値により、固定資産税、事業所税等はその他の客観的指標によって算定されている。

普通交付税の交付額の決定は、各地方公共団体ごとに、基準財政需要額及び基準財政収入額を算定し、前者から後者を控除した額（財源不足額）がその地方公共団体に交付されるべき普通交付税の額となる。ただし、財源不足額の合算額が、普通交付税の総額を超える場合においては、各地方公共団体に交付すべき普通交付税の額は、財源不足額の合算額が普通交付税の総額を超える額を、財源不足団体の基準財政需要額に按分して減額した額となる。この場合の按分率を調整率と呼んでいる。

(2)　特別交付税

特別交付税は、客観性を特に重視する普通交付税の算定上必然的に生ずる画一性と時期的な理由によって、基準財政需要額又は基準財政収入額の算定に際し、反映することのできなかった具体的な事情を考慮して交付されるものであり、いわば普通交付税の機能的な不備を補充し、地方交付税全体としての具体的妥当性を確保するための制度である。

したがって、普通交付税の基準財政需要額の算定方法によって、捕捉されなかった特別の財政需要がある場合、基準財政収入額のうちに著しく過大に算定された財政収入がある場合、普通交付税の算定期日後に生じた災害等のため、特別の財政需要がある場合にこれらの事情を各地方公共団体ごとに考慮して交付されるものである。

すなわち、当該年度中の財政上の特別の事情によって交付されるものであるから、普通交付税と異なり、予算計上に際しては、おのずから制限を受けるものである。また、その性格からして年度当初から多額の計上をしたり、前年度実績を期待したり、補正予算における財源不足をこれによって補うこと等のないよう十分留意しなければならない。

なお、特別交付税の総額は、地方交付税総額の六パーセントに相当する額とされている。

また、一二月中に特別交付税総額の三分の一以内の額を、残りの額については三月中に決定、交付することとされている。

第七節　交通安全対策特別交付金

交通安全対策特別交付金は、現下の激増する交通事故に対処するため、地方公共団体が必要な道路交通安全施設の設置及びその管理に要する経費に充てるため創設された財政制度であり、道路交通法第一二八条第一項の規定により納付される交通反則金に係る収入見込額から郵政取扱手数料相当額、通告書送付費支出金相当額を控除した金額が都道府県及び市町村に交付されるものである。

交付金の交付額の算定は、各地方公共団体の区域内における過去二か年間の警察庁調による交通事故発生件数（人身事故に限る。）の平均値、最近の国勢調査による人口集中地区人口及び前年四月一日現在における国土交通省の道路施設現況調書による改良済道路の延長（規格改良済道路延長から有料道路の供用延長を控除した数値をいう。）の三つの指標により、交通事故発生件数二：人口集中地区人口一：改良済道路延長一とした割合を配分の基準として行っている。

都道府県基準額は、当該都道府県における交通事故発生件数、人口集中地区人口及び区域内の改良済道路延長と全国における交通事故発生件数、人口集中地区人口及び改良済道路延長の割合（四分の二：四分の一：四分の一以下同じ。）を交付金総額に乗じて得た額である。

指定都市については、当該指定都市を包括する都道府県（関係都道府県）の都道府県基準額に、当該指定都市の交通事故発生件数、人口集中地区人口及び区域内の改良済道路延長と関係都道府県の交通事故発生件数、人口集中地区人口及び区域内の改良済道路延長に対するそれぞれの割合を乗じて、指定都市基準額を算定する。

指定都市以外の市町村については、当該市町村を包括する都道府県（関係都道府県）の都道府県基準額から関係都道府県の区域内の指定都市の指定都市基準額の合算額を控除して得た額に、当該市町村の交通事故発生件数、人口集中地区人口及び管理する改良済道路延長と関係都道府県の指定都市以外の市町村における交通事故発生件数の合計数、人口集中地区人口の合計数及び管理する改良済道路延長の合計数に対するそれぞれの割合を乗じて、市町村基準額を算定する。

以上の方法によって、都道府県基準額は、指定都市及びそれ以外の各市町村ごとに、指定都市基準額及び市町村基準額として分割算定されることとなる。

この基準額によってそれぞれの交付額が定められている。指定都市分については、指定都市がその区域内の指定区間外国道及び都道府県道を管理しているという特質を考慮して、その交付額は指定都市基準額の四分の三とされ、指定都市以外の市町村については、市町村基準額の三分の一をその交付額としている。都道府県分の交付額は、都道府県基準額からその区域内の指定都市及びそれ以外の市町村の交付額の合算額を控除した額、すなわち指定都市基準額の四分の一及び市町村基準額の三分の二の合算額相当額となる。

なお、市町村に交付すべき交付金の額を算定する場合において、当該年度の九月に交付すべき交付金の額が二五万円未満となるときは、当該年度においては、当該市町村の交付金は交付されないこととされている。

交付金は、地方公共団体が行う単独事業で、信号機、横断歩道橋、歩道、道路標識、踏切道の舗装、緊急自動車道路標示、反面鏡、区画線等道路交通安全施設の設置及び管理に要する費用に充てなければならないものである。

なお、昭和五八年度において、交通安全対策特別交付金制度の改正が行われている。

その概要は、①同交付金が多額になり、かつ地方公共団体の普遍的な財源となっていることから、地方譲与税と同様に、普通交付税の算定に用いる基準財政収入額に算入することとした。②地方財源としての交通反則金収入の性格をより明確化する必要等から交付税及び譲与税配付金特別会計に直納し、同特別会計を通じ地方公共団体に交付することとした。③費用充当対象範囲を「設置に要する費用」から「設置及び管理に要する費用」まで拡大することとした。その後においても、交付金の使途の拡大及び交付基準の改正が行われている。

交付金の交付時期は、毎年度九月、三月となっている。

第八節　分担金及び負担金

(1) 分担金

分担金は、一般的に地方公共団体が特定の事業に要する経費に充てるため、当該事業によって利益を受ける者に対し、その受益を限度として公権力に基づいて賦課徴収する金銭である。

分担金は、地方自治法第二二四条の規定に基づき、「条例」によって賦課するものである。原則的には条例によって徴収されるものであるが、例えば、海岸法第三三条の規定による受益者負担金の徴収等のように、地方自治法の分担金の規定を準用している例もあるので、条例によって徴収するものが、全て分担金であるとはいえない場合もある。このような場合において分担金と負担金の区分をする実益はあまりないといえよう。

地方自治法第二二四条に規定する分担金は、数人又は普通地方公共団体の一部に対し利益のある事件に関し、その必要な費用に充てるため、当該事件により特に利益を受ける者から、その受益の限度において、徴収するものである。このゆえに、数人又は地方公共団体の一部に対し賦課するものであるから、不特定多数又は地方公共団体全部を利する学校教育のように一般的受益の性格のものについては、分担金を徴収することができないものである。

分担金の徴収については、当該費用と分担金とが直接関係があり、その利益を受けることが客観的に明らかであることが必要条件である。この場合の利益については、積極的な利益に限られず、防火、防水、防潮等の防災のような消極的利益がある場合においても分担金を徴収することができるものである。また、必要な経費については、建設事業のような投資的経費だけでなく、維持補修費的なものから物件費的なものも対象とすることができる。

分担金は、公権力により徴収する点において税と類似しているが、受益関係があること、報償的であること、特定財源として使途が特定されていること等から税とは異なるものである。

分担金を徴収するには、必ず当該地方公共団体の条例によらなければならない。その分担金徴収条例には、分担金の種類、分担金の徴収を受ける者の範囲及び受益者に分賦する方法を具体的、かつ、明確に定めることが必要である。分担金条例は、分担金を徴収すべき事件ごとに制定すべきもので、あらかじめ一般的に分担金を徴収する場合を予定して分担金徴収条例を設定しておくことは、その性質上適当でなく、必要に応じて議会で十分審議して、賦課徴収されるべきものである。

分担金は、当該住民に対して賦課するのが通例であるが、例外的に住民以外の者で、当該地方公共団体内に土地、家屋等の資産を有し、受益関係がある場合においては、当該地方公共団体の住民と同様に分担金を徴収することができるものである。このゆえに、分担金は必ずしも当該地方公共団体の住民であることを要しないものである。その場合における賦課徴収については、分担金徴収条例に明確にその範囲を規定しておくことが必要である。

分担金徴収条例の制定については、議会の審議が必要条件であり、あらかじめ、公聴会を開き利害関係者又は学識経験者から意見を聞くことは必要ではない。

分担金の徴収方法は、もちろん、条例で明確に規定することとなるが、この場合の賦課金額の決定方法は、税と異なり所得等の応能原則によって決定することは適当でなく、利益を受ける度合いを基準にした応益原則の見地から決定されるべきものである。このゆえに、受益の厚薄により、分担金の賦課を一律にすることなく、不均一にすることは当然である。

応益原則によって賦課されるものであることから、応益原則による目的税としての水利地益税又は共同施設税を課しているとき、また地方税法第七条の規定により不均一の課税をしているときは、同一の事件に関しては分担金を徴収することはできない（自治令一五三）。分担金は、特定財源的性格からして、目の区分は、歳出の款又は項に合わせて区分すべきである。

分担金の収納手続は、他の一般歳入の手続と同様である（自治法二三一）。その収納については、納入通知書によって行い、納入通知書には、所属年度、歳入科目、納入金、納期限、納入場所、納入請求の理由等を記載しなければならないものである。

詐偽その他の不正行為により、分担金の徴収を免れた者については、条例でその徴収を免れた金額の五倍に相当する金額まで過料を科することができるほか、その他について一万円以下の過料を科することができることとされている。

分担金を未納、延納している者については、納期限を指定して督促することができ、指定期限までに納付しないときは、地方税の滞納処分の例により処分することができることとされ、過料の規定とあわせて分担金徴収の公正の確保が図られている。分担金の例としては、次のようなものがある。

①　農林水産業費分担金

○土地改良事業費分担金　土地改良法第九一条の規定に基づいて都道府県が市町村に対し分担金として徴収

するものである。

○防災ダム事業費分担金　地方自治法第二二四条に基づいて賦課徴収する分担金である。

○農業施設災害復旧事業費分担金

○地盤変動対策事業費分担金

○大規模老朽ため池事業費分担金

② 災害復旧事業費分担金

○災害耕地復旧事業費分担金

(2) 負担金

分担金と負担金の用語の意味は、必ずしも明確でなく法令上も混同して用いられる場合が多い。

負担金を根拠法令によってみると、地方財政法第二七条によるものと関係法令によるものとに区分され、また内容的には受益者負担金、原因者負担金、損傷者負担金等に区分することができる。

負担金は、一般的には分担金と同様の意味において用いられていると解される場合が多いが、中には社会福祉施設の利用に対する実費弁償費的な性格を有するものも広義の負担金に含まれてくる。これについては、諸収入において弁償金として歳入とする場合もあるが、収納目的が明確であり、恒久的な制度として納入されるものについては、負担金の中に含めて差し支えないものである。

負担金の徴収は、地方財政法又は関係法律の定めるところによって賦課徴収されるものである。その徴収方法は、地方自治法第二二四条の分担金の規定を準用し、条例によって行う場合と、関係法律の政令、規則又は議会の議決によって行う場合等、それぞれ異なった規定がなされている。

都道府県が行う建設事業に対する市町村からの負担金の徴収は、地方自治法第二二四条に規定する分担金としてではなく、地方財政法第二七条に規定するところにより、負担金として徴収するものである。

都道府県が行う土木その他の建設事業でその区域内の市町村を利するものについては、都道府県は、当該建設事業による受益の限度において、当該市町村に対し、当該建設事業に要する経費の一部を負担させることができるものである（地財法二七）。

これは、都道府県の行う土木その他の建設事業についても、その建設事業のもたらす受益に応じ当該受益市町村がその経費の一部を負担することは不合理ではないとの見地によるものであって、地方自治法上の分担金は、地方公共団体が受益者である個人から徴収することを規定しているが、都道府県がその区域内の市町村に対しても一般住民と同様の分担金を徴収できるかどうか地方自治法上明確でなかったので、都道府県と市町村の負担区分を明確にするためこの規定が設けられたものである。

したがって、都道府県が特定事業について市町村から受益者負担金として徴収する場合は、地方財政法第二七条によって行うものであり、地方自治法第二二四条の分担金として徴収することはない。

ただし、砂防法、土地区画整理法、河川法、海岸法、地すべり防止法等のような都道府県が市町村に対して分担金又は負担金を徴収することができるとされているものについては、その限りにおいて地方財政法によらず、関係法令に基づいて徴収することになるものである。

市町村から他の市町村又は府県から他の府県のように地方公共団体が並列的な立場において徴収する分担金については、地方自治法及び地方財政法上明確な規定がないが、このようなものがあった場合の歳入科目区分については、分担金及び負担金として歳入するのが適当である。

負担金の目の区分についての分担金と同様、特定財源の性格からして、歳出予算の款又は項に合わせて行うべきである。

次に、負担金の具体例について、目の区分ごとに掲げておく。

①　民生費負担金

○身体障害者負担金　身体障害者福祉法第三八条に基づくもので障害福祉サービスの提供、障害者支援施設等への入所等が行われた場合において、身体障害者又はその扶養義務者から徴収するものである。

○知的障害者費負担金　知的障害者福祉法第二七条に基づくもので、知的障害者施設を設置する都道府県又は市町村長が、当該施設に入所中の知的障害者又はその扶養義務者から、その負担能力に応じて入所中に要する費用の全部又は一部を徴収するものである。

○老人福祉費負担金　老人福祉法第二八条の規定に基づくもので、居宅における介護、老人ホームへの入所等に要した費用について、これを支弁した市町村長が当該者又はその扶養義務者から、その負担能力に応じて、その費用の全部又は一部を徴収するものである。

○児童福祉費負担金　児童福祉法第五六条の規定に基づくもので、児童福祉施設等に入所させる措置をとった場合に要する費用を本人又はその扶養義務者から徴収するものである。

○生活保護費負担金　生活保護法第七七条の規定に基づくもので、被保護者に対して、民法の規定により扶養の義務を履行しなければならない者があるとき、その義務の範囲内において保護費を支弁した都道府県又は市町村の長が、その費用の全部又は一部をその者から徴収するものである。

○災害救助費負担金　災害救助法第二〇条の規定に基づき、他の府県において行われた救助につきなした応援のため支弁した費用について、救助の行われた他の都道府県に対して、求償するものである。

② 衛生費負担金

○麻薬中毒患者措置費負担金　麻薬及び向精神薬取締法第五九条の四の規定に基づいて、都道府県知事が、麻薬中毒の措置入院者、その配偶者又は扶養義務者から、その負担能力に応じて費用の全部又は一部を徴収するものである。

○精神障害者措置入院費負担金　精神保健及び精神障害者福祉に関する法律第三一条の規定に基づき、都道府県知事が入院させた精神障害者又はその扶養義務者から、入院に要する費用を負担することができると認めたとき、その費用の全部又は一部を徴収するものである。

○下水道事業費負担金　下水道法第一八条の規定に基づいて、公共下水道の施設を損傷した行為により必要を生じた公共下水道の施設に関する工事に要する費用について、その必要を生じた限度において、その行為をした者にその全部又は一部を負担させるものである。

③ 農林水産業費負担金

○漁港整備費負担金　漁港漁場整備法第二〇条の三の規定に基づき、漁港施設で他の工作物と効用を兼ねるものの特定漁港漁場整備事業の費用の負担について、事業施行者と当該工作物の管理者とが協議して徴収するものである。

④ 商工費負担金

○公園整備費負担金　自然公園法第五八条の規定に基づき、公園事業の執行により著しく利益を受ける者がある場合に、その受益の限度において、その公園事業の執行に要する費用の一部を負担させるものである。

⑤　土木費負担金

○道路橋りょう費負担金　道路法第六一条の規定に基づき、道路工事によって著しく利益を受ける者がある場合において、その利益を受ける限度において、当該工事に要する費用の一部を負担させるものである。

○河川費負担金　河川法第七〇条の規定に基づき、河川工事により著しく利益を受ける者がある場合において、その利益を受ける限度において当該河川工事に要する費用の一部を負担させるものである。

○ダム建設費負担金　特定多目的ダム法第九条の規定に基づき、多目的ダムの建設によって著しく利益を受ける者がある場合において、その者から流水を一定の用途に供する者（政令で定めるもの以外のもの）があるとき、その者から都道府県知事が、その利益を受ける限度において多目的ダムの建設に要する費用の一部を負担させるものである。

○ダム管理費負担金　特定多目的ダム法第三三条の規定に基づき、多目的ダムの維持、修繕その他の管理に要する費用について、ダム使用権者から都道府県知事が徴収するものである。

○海岸施設事業費負担金　海岸法第三三条の規定に基づき、海岸管理者としての都道府県知事が管理する海岸保全施設に関する工事によって著しく利益を受ける者がある場合において、その利益を受ける限度において、当該工事に要する費用の一部を負担させるものである。

○地すべり防止事業費負担金

ア　地すべり等防止法第三〇条に基づき、地すべり防止工事によって他の都府県が著しく利益を受けるときに、他の都府県知事と協議して、他の都府県の利益を受ける限度において当該都府県知事の統括する都府県の負担すべき負担金の一部を著しく利益を受ける他の都府県に分担させるものである。

イ　都道府県が負担する費用のうち、その地すべり防止工事又は地すべり防止施設の維持が当該都道府県の区域内の市町村を利するものについて、当該工事又は維持による受益の限度において、当該市町村に対し、その工事又は維持に要する費用の一部を負担させるものである。

○砂防工事費負担金

ア　砂防法第一五条の規定に基づいて都道府県が市町村に対して、砂防工事に要する費用の一部を負担させるものである。

イ　同法第一七条の規定に基づくもので、砂防工事で他の都道府県又は他都道府県内の市町村において著しく利益を受ける場合において、その都道府県又はその都道府県内の市町村をしてその費用の一部を負担させるものである。

ウ　一定量以下の下水を排除することができる排水施設が設けられることにより、公共下水道の改築を行うことが必要となったときも同様である。

○港湾改修等工事費負担金　港湾法第四三条の四の規定に基づき、港湾工事によって著しく利益を受ける者があるとき、港湾管理者がその者から、その利益を受ける限度において、その港湾工事の費用の一部を負担させるものである。

○都市計画事業費負担金　都市計画法第七五条の規定に基づき、都市計画事業により著しく利益を受ける者をして、その受ける利益の限度においてその事業の費用の一部を負担させるものである。

○土地収用費負担金　土地収用法第一二八条の規定に基づき、市町村長が土地又は物件を引き渡し、又は物件を移転するに要した費用をその者から徴収するものである。

○土地区画整理事業費負担金
ア　土地区画整理法第一一九条の規定に基づき、土地区画整理事業の施行により利益を受ける市町村に対し、その利益を受ける限度において、その事業に要する費用の一部を負担させるものである。
イ　施行地区内の宅地の所有者又は借地権を有する者で、同事業の施行により著しく利益を受ける者がある場合において、その者から、その利益を受ける限度において、その事業費の一部を負担させるものである。
○住宅地区改良費負担金　住宅地区改良法第二六条の規定に基づき、不良住宅の除却により著しく利益を受ける場合において、条例で定めるところにより、それらの者にその利益を受ける限度において除却に要した費用の全部又は一部を負担させるものである。
○新住宅市街地開発費負担金　新住宅市街地開発法第三五条の規定に基づき、幹線街路、終末処理場その他の重要な公共施設で他の施行者の施行する新住宅市街地開発事業に係る事業地内の居住者の利便に供されることとなるものの整備に要する費用について、当該他の施行者に対し、その一部の負担を求めるものである。
○建設業紛争処理費負担金　建設業法第二五条の二三の規定に基づき、紛争処理の手続に要する費用は、当事者が当該費用の負担について別段の定めをしないときは、各自これを負担するものである。
○都市公園事業費負担金　都市公園法第一三条の規定に基づき、都市公園に関する工事以外の工事又は都市公園を損傷した行為若しくは都市公園の現状を変更する必要を生じさせた行為により必要を生じた都市公園に関する工事に要する費用については、その必要を生じた限度において、当該他の工事又は他の行為についてその全部又は一部を負担させるものである。

〔運用例〕

《保育所に係る収入・支出の予算科目》

問　町が設置している保育所の保育児童分の保育料（児童福祉法第五六条の規定により徴収）の歳入科目並びに同保育所に係る経費の歳出科目について、次のうちいずれが適当か。

● 歳入
①「分担金及び負担金」「負担金」「民生負担金」
②「使用料及び手数料」「使用料」「民生使用料」

● 歳出
①「民生費」「児童福祉費」「児童措置費」
②「民生費」「児童福祉費」「児童福祉施設費」

答　児童福祉法第五一条では市町村の支弁とする費用が示されており、この市町村の支弁する費用については、同法第五六条で、「本人又はその扶養義務者から……徴収することができる」ことになっている。

この徴収金の性格については、法令上必ずしも明確でなく、使用料であるという説と負担金であるという説に分かれる。

使用料とする説は、市町村が設置する保育所は、地方自治法に規定する公の施設に該当するので、その利用の対価として徴収するものは使用料にほかならないとし、これに対して、負担金とする説は、徴収金は、公の施設の利用の対価として徴収するものでなく、入所に要する費用、入所後の保護に要する費用を本人又は扶養義務者に負担させるので、一種の負担金であるとしている。

両説は、いずれも成り立つものであるが、市町村長が市町村以外の者が設置した保育所に措置した場合においても徴収金を徴収するところからみて、同法第五六条の徴収金は負担金の性格をもつものと考えざるを得ないであろう。したがって、歳入科目は①の「分担金及び負担金」とするのが適当である。

歳出科目については、地方自治法施行規則に歳出科目が定められているので、これを基準として市町村で定めることになるが、目の「児童措置費」は児童福祉法第五一条第四号の経費を、「児童福祉施設費」は同条第七号の経費をそれぞれ計上するものである。したがって、保育所に要する経費については、二つの目に分類して計上することが適当である。

第九節　使用料及び手数料

使用料及び手数料は、いずれも地方公共団体が特定人のため何らかの便益を与えることによる特定人の受益に着目して、その事務のため地方公共団体が支弁する経費の全部又は一部を応益的に特定人に負担させる地方公共団体の歳入であり、その点で通常、この歳入はその歳入の原因となった地方公共団体の当該事業に要する経費の財源に充てるべき目的財源（そして通常、その年度の歳入がその年度の歳出の財源に充てられるであろうから特定財源ともなる。）たる性格を有する。

したがって、都市計画税、入猟税などの目的税と同様、使用料及び手数料の収入は、必ずしも当該年度の歳出の財源に充てる必要はないと考えられるが、少なくとも純粋な一般財源（普通税、地方交付税等）のごとき取扱いは誤りであり、財政運営上その財源の行方については慎重な取扱いが望まれる。

使用料及び手数料は、地方公共団体の事務（活動）の中で受益した特定人が納入するものであるが、その歳入の原因となった地方公共団体の行為は、法律的に説明される場合には、当該特定人との対等の立場からするものでなく、行政主体としての一方的な行政行為であって、それに伴う使用料又は手数料収入はいわゆる公法的収入の一部となる。したがって、使用料及び手数料収入の時効は地方自治法第二三六条第一項の規定により五年となり、同法第二三一条の三第一項及び第二項の規定により督促し、また督促手数料及び延滞金を条例の定めるところにより徴収することができる。

ただし、同条第三項に規定する地方税の例による滞納処分又は地方税に次ぐ先取特権の順位については、徴収の技術的理由、私権との調整の関係から、それぞれ関係法律で滞納処分の例によることを規定し、又は同条同項の規定の例によることを規定している使用料又は手数料のみがその適用を受ける歳入となる。

なお、使用料及び手数料については、証紙による収入の方法によることができる（自治法二三一の二Ⅰ）。

(1) 使用料

使用料とは、特定の受益を有する特定人がその実費負担的な意味で徴収される地方公共団体の収入であるが、手数料に比較した場合、受益の態様が地方公共団体が所有し又は管理する物的施設の利用に主眼が置かれたものといえよう。物的施設の利用に地方公共団体からの役務の提供を伴うことは必ずしも異例ではないが、物的施設の利用ということが最小限本質的な要素として加わっている事務の態様であることを要する。この点で、例えば地方公共団体が徴収する清掃手数料などは、場合によっては使用料に近い性格を有する歳入といえよう。

普通地方公共団体は、地方自治法第二三八条の四第七項の規定による許可を受けてする行政財産の使用又は公の施設の利用につき使用料を徴収することができる（自治法二二五）。

使用料を徴収できる根拠としては、前記の地方自治法第二二五条に規定する場合の使用料（これが一般的な使用料の根拠規定となる。）のほか、同法第二二六条の行政財産の旧慣使用の場合の使用料又は加入金、地方財政法第二三条に規定する国の営造物でその管理に要する経費を地方公共団体が負担しているものについての使用料、その他公営企業における料金収入があげられる。いずれも条例又は関係法令で特に定めるものについては規則にあらかじめ徴収の根拠（使用料の額を含む。）が定められていなければ徴収できない。したがって、行政財産の目的外使用を許可した場合の使用料のごとく雑多な使用の態様が考えられるものであっても、予想される使用の態様を適当な区分に分類して使用料の額の基準（一日当たり○○円、一平方メートル当たり○○円など）を条例に定めておく必要がある。何らの基準を定めず規則等に委任することはできないものと解され、そのような場合の使用料は徴収できない。

使用料は、当該使用に係る物的施設（行政財産、公の施設等）の維持管理費の全部又は一部を特定人が特定の利益を受けるという点に着目して、当該特定人に負担させることをその根拠とするもので、原則として受益の程度に応じ実費弁償的に必要な最低限度の金額にとどめるべきであり、同様の理由で貧富の差など応能的な見地から差等を設けることはできない。

使用料の目的財源的性格からして、使用料の科目の区分（目又は節）も、歳出予算の款、項又は目等の経費の区分に対応させるべきである。

なお、普通財産、その他公有財産に含まれない財産（地方公共団体の所有ではないが管理又は使用している不動産等）、物品を行政目的に支障のない範囲で貸し付ける場合は、使用料としてではなく財産収入に含めて計上すべきである。行政行為としての使用許可処分は行政事務の遂行上重要とみなされた行政財産又は公の施設の規制上特に認められた地方公共団体の権限と解すべきであり、それ以外の財産又は施設については普通財産の手続の例により、また準じた手続により使用収益させることが容認されていると解すべきであり、またそれゆえにその収入は公法上の収入たる使用料とは区別すべきものであるからである。

使用料を必要に応じて条例に定めるところにより減免することはできる。国に対して地方公共団体の財産又は公の施設の使用をさせる場合も同様であって、原則として国と地方公共団体の負担分任の明確化から徴収すべきであるが、特に公益上の必要から無償又は適正な対価なくして使用させるときは、議会の同意を得る必要がある（地財法二四）。なお、この点は普通財産の場合も同様である。

次に使用料の主なものについて目の区分ごとに若干の説明を加えておく。なお、同一の財産について、公の施設としての使用料、目的外使用としての使用料又は旧慣使用の使用料若しくは加入金が同時に計上される場合、これを節の区分においてそれぞれ区分しておく必要は必ずしもないと考えられる。

①　総務使用料

使用料の目の区分は原則として歳出科目の款の区分に合わせて分類することになるが、行政財産の目的外使用に対する使用料等は、教育用財産、農業行政関係財産、商工行政関係財産等に応じて当該行政財産の経費の計上する歳出科目に合わせて歳入科目を考えることが、技術的に又は金額の上で無理な場合もあると考えられ、そのような場合は便宜上総務使用料に一括計上しても差し支えない。総務使用料に区分される主なものを掲げると次のとおりである。

○庁舎等使用料　庁舎、船舶、土地等の行政財産のうち、共通的な財産として維持管理費が歳出予算の（款）総務費に計上されているようなものの目的外使用に対する使用料である。

○公会堂等使用料　公の施設のうち、その運営に係る経費が総務費の款に計上される公会堂、県（市）民会館、その他特定の行政目的をもたない会館、宿泊施設等に対する使用料である。

②　民生使用料

歳出予算の（款）民生費に計上される財産に対する使用料で、通常、社会福祉施設（公の施設）関係の使用料であるが、民生関係行政財産の目的外使用の使用料も含まれることは考えられる。

○社会福祉施設使用料　老人ホーム、養老施設、身体不自由者施設、各種民生相談所、民生休暇施設等の施設のうち有料であるものの使用料である。

○民生住宅使用料　引揚者等のための特別の住宅についての使用料で、通常、公営住宅の使用料は土木使用料に含まれるものである。

③　衛生使用料

歳出の（款）衛生費にその運営費が計上される公の施設の利用に係る使用料である。なお、特別会計関係として病院、上水道、簡易水道、公共下水道の使用料がある。

○保健所使用料　検診、予防等のため保健所、診療所等の施設を利用する場合の使用料である。

○保健衛生施設等使用料　母子衛生施設、療養所、墓園、と畜場等の保健衛生施設、環境衛生施設の利用についての使用料である。

○衛生関係養成所使用料　保健師養成所、衛生検査技師等衛生関係の資格者養成所等の授業料である。講習会の受講料等の手数料は含まれない。

④　農林水産業使用料

農林水産業関係の行政財産、公の施設に係る使用料で、牧野農場使用料、種畜使用料、防除器具等農業用施設使用料、家畜保健衛生所使用料、家畜市場使用料、漁港施設使用料、占用料等が含まれる。

⑤　商工使用料

歳出予算の（款）商工費にその運営に要する経費が計上される施設の使用料で、工業試験等使用料、物産陳列所使用料、市場使用料、自然公園及び娯楽施設等使用料などが考えられる。なお、特別会計関係として工業用水道使用料がある。

⑥　土木使用料

歳出予算の（款）土木費にその管理運営に要する経費が計上される施設等の使用料で、行政財産の目的外使用に係るものもかなり含まれる。

○道路占用料　道路法第三二条から第三九条までの規定に基づく道路占用料で、地方公共団体が条例で定める使用料であり、公の施設の目的外使用に対するものである。

○河川敷占用料　流水占用、工作物の設置、土石の採取・占用等の河川法の規定による河川又はその附属物（行政財産）の目的外使用に対する使用料である。

○港湾使用料　地方公共団体の管理する港湾の施設（荷役施設、岸壁、敷地、しゅん渫船等を含む。）の利用又は占用に対する使用料（入港料を含む。）である。

○公営住宅使用料　公営住宅に係る家賃である。

その他都市公園施設使用料、空港使用料、特別会計関係で有料道路の料金等がある。

⑦　教育使用料

歳出予算の（款）教育費にその管理運営に要する経費が計上される施設の使用料である。

○諸学校授業料　地方公共団体立の高等学校、大学その他諸学校又はその通信教育に対する授業料、入学金又は受講料などの条例に定める使用料である。

○社会教育施設使用料　図書館、公民館、その他社会教育施設の使用料である。

○体育施設使用料　体育館、各種競技場、グラウンド、プール等の体育施設の使用料である。

(2) 手数料

特定人に地方公共団体が提供する役務について、その役務の受益が特定人に限られてくることに着目して、その役務を提供するために要する経費の全部又は一部を負担させるための収入で、一方的賦課行為による収入である点で委託金と、役務に対するものである点で分担金又は負担金とに区別される。使用料との区別は、手数料は役務の提供が本質的な要素となり、仮に物的要素が伴うとしても役務の材料となるにすぎない点である。例えば、薬物、鉱物等の分析検査によりその結果を依頼者に報告するという役務については手数料が徴収され、港湾における荷役施設等を利用する場合に当該施設を操作する者が地方公共団体に使用させた場合でも、使用料が徴収されると考えるべきであろう。

普通地方公共団体は、当該普通地方公共団体の事務で特定の者のためにするものにつき、手数料を徴収することができる（自治法二二七）。

手数料徴収の基本的根拠規定は地方自治法第二二七条にあるが、直接の根拠規定は地方自治法第二二八条第一項の規定により、条例でこれを定めなければならないとされている。従来は、機関委任事務が国の事務であることから、手数料の根拠・金額等が地方公共団体手数料令や個別の法律又はこれに基づく政令にあり、これらに対応して、地方公共団体でも手数料規則を定めていたところであるが、地方分権一括法により機関委任事務制度が廃止され、地方公共団体の事務となることにより条例で手数料に関する事項（徴収根拠、対象事務、金額等）を定めるものとされた。この場合において、手数料について全国的に統一して定めることが特に必要と認められるものとして政令で定める事務（標準事務）について手数料を徴収する場合は、当該標準事務に係る事務のうち政令で定める事務（手数料を徴収する事務）につき、政令で定める金額の手数料を徴収することを標準として条例で定めなければならない。このため、手数料に関する標準事務、手数料を徴収する事務、金額についての「地方公共団体の手数料の標準に関する政令」が制定され、平成一二年四月一日から施行されたところである。

なお、この標準政令は、いわゆる全国どこでも申請でき、資格効果が同一の試験・免許であるもの、また同種の事務についても国の手数料を徴収するものなど、全国的に統一して定めることが特に必要な事務を標準として定めたものである。この政令で標準事務・金額が示されない事務については、手数料の徴収を行うか否か、手数料徴収の対象事務の範囲、金額等について地方公共団体の自主的判断で条例を制定しその徴収を行うこととなるので、関係する個別法令、事務処理基準をもとに、従来の金額、他の手数料との比較等を充分に踏まえた上で決定すべきであろう。これに伴い従来の地方公共団体手数料令（昭和三〇年政令第三三〇号）は廃止された。

手数料も、使用料の場合と同様特定財源的性格からして、目又は節の区分も歳出予算の款、項、目の区分に合わせて分類すべきである。

なお、使用料で述べたと同様に、手数料の額は、特定人に対する役務の受益の程度に応じ、それに要する経費の実費弁償的なものとして最低限の金額の範囲内にとどめるべきものであり、定め方においても応能的な考慮をもって定めるべきではない。ただし、条例の定めがある場合には必要に応じて減免することは差し支えない。

目の区分ごとに主な手数料を例示すると、次のとおりである。

①　総務手数料

戸籍関係証明手数料、住民登録関係証明手数料、危険物取扱関係手数料、行政書士関係手数料、印鑑証明手数料及び納税証明手数料などがある。

科目の区分上若干問題となる督促手数料と各種証明事務関係手数料等について説明を加えると、まず督促手数料の計上については、原則として督促の原因となった歳入に係る賦課徴収の経費を計上する歳出科目に合わせてそれぞれの歳入科目に分けて計上するという考え方もあるが、督促手数料を徴収するのは公法上の収入で、特に地方税について件数も多く、目的財源的性格が他の手数料に比べて薄いので、総務手数料に一括計上しても差し支えないと考える。

各種証明事務については、地方公共団体の通常の事務を通じて確認し得る事項を証明する場合の手数料がある。なかには身元証明等容易でないものもあるが、通常、特に経費を要するものも少なく、したがってそれぞれの証明事務に対する特定財源的性格が希薄なものもあり、特に歳出予算経費の計上の仕方と関連して区別すべきものを除き、一括総務手数料に計上することも考えられる。行政事務条例関係の許可検査手数料は、これと異なり当該行政事務の特定財源的性格が強いので、歳出予算の科目の区分に対応して歳入予算の科目を区分すべきであろう。

なお、②以下のいずれにも区分しがたい例えば船員法関係などの手数料は、便宜上総務手数料として計上されると考えられる。

②　民生手数料

保育士試験・登録関係手数料、老人保健施設関係手数料などがある。

③　衛生手数料

保健師・助産師・看護師関係試験手数料、毒物及び劇物製造業等登録手数料、覚せい剤取扱者指定関係手数料、栄養士免許関係手数料、調理師免許関係手数料、温泉法関係許可申請手数料、旅館業許可手数料、浴場業許可手数料、受胎調節実施指導員関係手数料、食品衛生法関係手数料、クリーニング業法関係手数料、理容師・美容師試験関係手数料、狂犬病予防関係手数料、大麻取扱者免許関係手数料、薬局等医療品販売業許可関係手数料、診療エックス線技師・歯科技工士試験関係手数料、衛生研究所等における各種検査手数料などがある。

④　労働手数料

職業能力開発法関係で職業訓練指導員免許・試験手数料及び技能検定試験手数料などがある。

⑤　農林水産業手数料

大豆なたね集荷業者登録手数料、養ほう転飼許可手数料、狩猟免許関係手数料、肥料登録手数料、家畜伝染病予防法関係手数料、標準鶏認定・ふ化業者登録関係手数料、漁船法関係手数料などがある。

⑥　商工手数料

電気工事士免状関係手数料、火薬類取締法関係手数料、高圧ガス保安法関係手数料、液化石油ガス保安関係手数料、計量検査関係手数料などがある。

⑦　土木手数料

宅地建物取引業登録等手数料、建設業許可関係手数料、二級建築士・木造建築士免許等手数料、砕石法業務管理者試験手数料、砂利採取許可関係手数料、不動産鑑定業者登録手数料、屋外広告物関係手数料などがある。

⑧　警察手数料

銃砲刀剣類所持許可・登録等手数料、質屋営業許可関係手数料、古物営業許可関係手数料、風俗営業許可関係手数料、運転免許関係手数料、道路使用許可等手数料などがある。

⑨　教育手数料

教員免許関係手数料、高等学校等入学考査料などがある。

(3)　証紙収入

使用料及び手数料の徴収については、条例の定めるところにより、証紙による収入の方法によることができる旨規定され、当該収入金は証紙売りさばきの時点で歳入、したがって歳計現金として取り扱われることとなった（自治法二三一の二）。しかし、既に述べたように使用料及び手数料は特定財源的性格が強く、その歳入を明らかにする必要性から考えて証紙収入という一本の科目で歳入を計上することは適当でなく、売りさばき代金をもって歳入としたことは当該収入金を経理上明確化する技術的な要請に基づくものであるため、特に証紙による収入の方法を定めた場合は、次官通達をもって証紙収入の特別会計を設けるのが適当であるとされている。ここにいう特別会計は、証紙売払収入、前年度からの繰越金を歳入とし、証紙の消印実績高に応じた各手数料、使用料の額の繰出金を歳出（これを受け入れる一般会計では必ずしも繰入金とせず、各使用料、手数料として歳入してよい。）とする一種の振替的な特別会計で、証紙売りさばき手数料、証紙印刷代、人件費等は含まない（これらの経費は、一般会計予算に計上する。）もので、証紙が住民の手に保管されている額は、本格的な財源でないとして一般会計に繰り入れず、当該特別会計の繰越金として翌年度に繰り越される。この特別会計を設けた場合には、証紙の亡失、偽造等が容易に発見される実益を伴う。こうした特別会計を設けた場合は、証紙収入の項は不要である。

証紙による収入の方法を数個の使用料又は手数料のみに採用した場合（又はこれに準ずる場合として、一又は数個の使用料又は手数料ごとに別種類の証紙を発行する場合）は、先に述べた証紙収入特別会計を設けなくとも大した弊害もないので、この場合には省令に示されたような証紙収入の項、目及び節（二以上の別種類（単に券面額が異なるものをいくつか発行することではない。）の証紙を発行する場合は、その証紙の種類ごとに節を区分することになるが、一の種類の証紙を発行する場合に、目又は節を例えば総務証紙収入、衛生証紙収入等と計上するのは自己矛盾である。）をたててもよいとされる。この場合、証紙収入は目的財源の性格が不明確にはなるが、財政運営上は消印実績により目的財源としての歳入歳出の関係を把握しておく必要がある。

なお、動物園、競馬場等で発売する入場券は、通常、単に領収書的な証拠証券にすぎず、ここにいう証紙（金券）とは異なるものである。

〔運用例〕

《道路占用許可に関する手数料徴収の可否》

問　道路管理者は、道路法第三二条の規定に基づく道路の占用を許可する場合、当該道路の占用が同法第三三条に定める道路の占用の許可基準に適合するかどうか調査し、適合する場合に限り、許可を与えることができるとされている。この許可基準に適合するかどうかを調査するにつき多額の経費を要するため、それを賄うために地方自治法第二二七条の規定に基づき手数料を徴収することは可能か。

答　手数料は、特定の者のためにする事務につき、その費用を償うため又は報償として地方公共団体が徴収する料金である。ここで、特定の者のためにする事務とは、一私人の要求に基づき、主としてその者の利益のために行う事務をいい、その事務は一私人の利益又は行為のため必要となったものであることを要し、もっぱら普通地方公共団体自体の行政上の必要のためにする事務については手数料は徴収できないと解されている（昭二四・三・一四行実）。営業許可等、一般には許可等を受けなければ、営業を禁止されているような場合において、その禁止を解除する行為もまた、これにより当該個人は反射的利益を受けることとなるので、特定個人のためにする事務として手数料を徴収し得るものである。

市町村についてみると、市町村道の管理は、その路線の有する市町村が行うこととされ（道路法一六Ⅰ）、お尋ねの道路の占用許可は、上記の管理の一形態であり、この許可を受けることによって、一般的に禁止されている工作物等の設置、道路の継続的使用が可能になるものであって、いわゆる団体事務であり特定の者のためにする事務であると考えられる。また、道路法第三九条に規定する占用料は、道路の占用につき徴収するものであって、占用許可に要する経費を考慮して定めているとは考えられないので、設問の手数料と重複するものではなく、設問の手数料は条例で定めるところにより徴収し得るものと考えられる。

《公舎敷地内の土地の貸付と使用料の徴収》

問　市職員公舎敷地内に電力会社が電柱を設置することを許可した場合、電柱の敷地料はどの収入科目により歳入すべきか。

答　公舎敷地が普通財産の場合は、財産に対する所有権、管理権を失うことなく貸付等の方法により他人に財産を使用収益させ、その対価として受け取る賃貸料は財産収入（財産運用収入）となる。設問の場合は土地建物貸付収入となるが、賃貸借契約を締結し適正な価額で貸し付けることが必要である。

公舎敷地が行政財産の場合は、土地使用許可申請書を電力会社より徴収し、許可したものについては、地方自治法第二二八条に基づく使用料条例による使用料を徴収することになる。

第一〇節　国庫支出金、都（道府県）支出金

地方公共団体又は地方公共団体の機関が行う国、他の地方公共団体その他の事務についてなんらかの必要性に基づき、国又は他の地方公共団体から当該地方公共団体の当該事務に係る財源の全部又は一部として相当の反対給付なしに交付される歳入をいう。国庫支出金は国の歳出予算の支出手続により直接国庫から当該地方公共団体に交付される歳入であり、都（道府県）支出金は都（道府県）の歳出予算の支出手続により当該都道府県から交付される歳入をいう。なお、都道府県が直接補助事業者で市町村が間接補助事業者となる、いわゆる奨励的、財政援助的な補助としての国庫支出金があるが、当該支出金が都道府県の歳入歳出予算に計上され、都道府県の予算執行という形態をとる場合には、当該歳入は都（道府県）支出金として取り扱うことが適当であろう。

国庫支出金又は都（道府県）支出金は、その目的ないし性格により負担金、補助金及び委託金の三つに分類される。現実の国庫支出金は、補助金、負担金、交付金、補給金、援助金、委託費等の名称が用いられ、名称の使い分けは十分統一されているとはいえず、負担金の性格のものが補助金という名称を付されている場合も少なくない。したがって、現実に国庫支出金、都（道府県）支出金を計上する場合は、その性格に従って三つのいずれかに区分する必要がある。もちろん、国と地方公共団体又は地方公共団体相互の負担区分を明確化する意味からも、補助金等の名称の区分整理は大切なことであるが、国の補助金等合理化の実施

をみても分かるように、理論的な割り切り方で直ちに改めることは容易でないので、例えば、都（道府県）支出金の名称を独自に整理することも現実には困難であり、差し当たっては、国庫支出金の整理に合わせて都（道府県）支出金の名称の整理を図っていくべきであろう。

　省令に示された国庫支出金又は都（道府県）支出金は、負担金、補助金及び委託金の三つの項からなるが、これは上記の負担区分の明確化の要請から歳入をその性質によって正確に区分すべきであるとの趣旨に立脚するもので、他の交付金等の不正確な名称の項を排除する趣旨と解すべきである。したがって、現実の国庫支出金又は都（道府県）支出金は、その性質に従い、負担金、補助金又は委託金のいずれかの項に区分されることとなる。

　国庫支出金及び都（道府県）支出金は、補助金等に係る予算の執行の適正化に関する法律（以下「適正化法」という。）の適用を受けるものが多いが、適正化法の適用の有無にかかわらず、当該支出金の対象となる事務又は事業に対する当該地方公共団体の支出を要件とし、その財源の全部又は一部として交付されるいわゆる特定財源である。したがって、国庫支出金及び都（道府県）支出金の計上総額は、歳出予算の事項別明細書の特定財源欄中に原則として含まれるものである。しかし、過年度事業分の国庫支出金又は都（道府県）支出金等当該年度においてもはや特定財源たる性質を有しないものも含まれることがあり、この場合においては、その部分は予算上一般財源として取り扱うことになる。なお、過年度収入たる国庫支出金又は都（道府県）支出金は特にこの款に計上せず、諸収入の款の（項）雑入に過年度収入の目を設けてその科目に計上してもよいとされた（省令別記様式中歳入科目の表の備考3）が、この点については諸収入の説明を参照されたい。

国庫支出金は国庫負担金、国庫補助金及び委託金の三つの項から、都（道府県）支出金は都（道府県）負担金、都（道府県）補助金及び委託金の三つの項からなり、性質別に区分されるが、目及び節の科目は、歳出予算の財源説明との関連から、原則として目は歳出予算の款、節は歳出予算の項の区分に対応して定めることになるが、節については国の補助金が細かすぎる関係もあって、単に歳出予算の項に対応してのみ定めることのできない場合も多いかと思われる。しかし、原則的な考え方としては歳出予算に対する財源説明の便宜から考えて、節も原則として歳出予算の項（場合によっては目）に対応した科目に統合し、具体的な補助金の名称、金額等の説明は、事項別明細書の説明欄を使用すべきである。

国庫補助負担金については、地方分権推進計画（平成一〇年五月閣議決定）に基づき国庫補助金と国庫負担金の区分に応じて、事務事業の内容を勘案し、地方公共団体の事務として同化、定着、定型化しているもの、人件費補助に係る補助金、交付金等について、一般財源化等を進めると共に、国と地方の役割分担の見直しに併せて積極的な整理合理化等が図られてきたところである。さらに、「地方にできることは地方に」という理念の下、国の関与を縮小し、地方の権限・責任を拡大して地方分権を一層推進することを目指し、平成一八年度までを目途とした国庫補助負担金改革・税源移譲・地方交付税見直しといった三位一体の改革が「政府・与党合意」及び累次の「経済財政運営と構造改革に関する基本方針」を踏まえて進められた。その結果、国から地方へ交付する四兆円超の国庫補助負担金改革に併せ概ね三兆円規模の税源移譲が行われた。

(1)　国庫負担金・都道府県負担金

国庫負担金又は都（道府県）負担金の性格を明確に定義づけることは、簡単なことではないが、一応次のように説明される。すなわち、現行の国と地方公共団体又は地方公共団体相互の事務配分及び財源配分（税源配分及び財源調整のための地方交付税、地方譲与税の配分を含む。）を前提とした場合、法令によって当該地方公共団体又は地方公共団体の機関に実施を義務づけられた事務のうち、その事務の性格としては地方公共団体の利害に関係のある事務であるが、その事務の経費の全部又は一部が効率的な事務実施の要請、沿革的要素又は技術的要素等の理由により財源配分の際の国（又は都道府県）に留保されるものとみなされ、したがって現実の事務実施に際してはその部分が財源として交付される必要があるものとされる（国庫負担金又は都（道府県）負担金は、現実の事務実施に際して配分される財源に相当することになる。）。

負担金は以上のように定義づけられるが、具体的な国庫支出金又は都（道府県）支出金のうち何が国庫負担金又は都（道府県）負担金であるかは、地方財政法第一〇条から第一〇条の三までの規定により定められている。地方公共団体又は地方公共団体の機関が行う事務に要する経費は原則として全額を当該地方公共団体が負担する（地財法九）のであるが、前に説明したような理由で同法第一〇条から第一〇条の三までに規定する経費はその全部又は一部が国と地方公共団体の財源配分にあたって考慮されていないと考えられるため、特に国庫負担金を交付するものと規定されたのである。

すなわち、地方財政法第一〇条は国と地方公共団体相互に利害を有する事務のうち、円滑な運営のため国庫負担金の交付を必要とする経費を、第一〇条の二は効率的な執行のため、国の総合的な計画に従って実施される事業の経費を、第一〇条の三はあらかじめ財源配分で考慮できない災害復旧又は災害救助の事務の実施に要する経費を規定している。個々の経費については、立法論としてはなお検討を要するものであるが、予算編成に当たっての国庫負担金に含まれるか否かの判断は前記三条に規定する経費であるかどうかによって判断すればよいと考えられる。

国庫支出金のうち負担金と称しているものは少なく、多くは補助金の名称を付しているが、ここにいう負担金はその名称のみで判断すべきではない。都（道府県）負担金は、地方財政法第一〇条から第一〇条の三に掲げる経費について、法令に基づいて都道府県を経て市町村に交付されるもの及び地方自治法第一五三条の規定に基づいて、都道府県又は都道府県知事が、その事務を市町村又は市町村長若しくは市町村の職員に行わせる場合に地方財政法第二八条第一項の規定に基づいてその経費の一部の財源として交付されるもの（もっぱら都道府県の利害に関する事務に対するものを除く。）が考えられる。

なお、都道府県が国庫負担金をうけて間接補助事業者としての市町村の都（道府県）支出金を交付する場合に、法令の負担の根拠とは別に単独補助をプラスするような場合は、その部分は都（道府県）負担金とは別に後に述べる都（道府県）補助金に区別して計上すべきであろう。

次に、国庫負担金の内容を目ごとに区分して主なものを例示として掲げ若干説明を加えておく。ただし、国の予算上国庫支出金では国庫負担金の部分と国庫補助金とを区分せずに一括した科目としているものもあるので、計上に当たって必ずしも明確に区分できないことも考えられる。

①　総務費国庫負担金

ア　地籍調査費負担金　国土調査法の規定に基づいて都道府県又は市町村が行う地籍調査に要する経費に対する国庫負担金（同法九の二、地財法一〇㉔）

イ　緊急消防援助隊活動費負担金　消防組織法に基づき、出動した緊急消防援助隊の活動により増加し、又は新たに必要となる消防に要する費用に対する国庫負担金（地財法一〇㉗）

ウ　国民保護訓練費負担金　武力攻撃事態等における国民の保護のための措置に関する法律に基づき、共

同訓練に係る費用で地方公共団体が支弁した経費に対する国庫負担金（地財法一〇㉘）

②　民生費国庫負担金

ア　生活保護費負担金　生活保護法の規定に基づく都道府県又は市町村が支弁した保護費、保護施設事務費及び委託事務費に対する国庫負担金（同法七五、地財法一〇④）

イ　身体障害者保護費負担金　身体障害者福祉法の規定により市町村及び都道府県が支弁した行政措置に要する費用に対する国庫負担金（同法三七の二、地財法一〇⑨）

ウ　婦人保護費負担金　売春防止法の規定により婦人相談所の行う一時保護に要する費用に対する国庫負担金（同法四〇、地財法一〇⑩）

エ　知的障害者施設訓練等支援費等負担金　知的障害者福祉法により運営及び行政措置に要する経費に対する国庫負担金（同法二六、地財法一〇⑪）

オ　保健事業費負担金　高齢者の医療の確保に関する法律の規定により市町村が支弁する医療等以外の保健事業に要する経費に対する国庫負担金（同法九三、地財法一〇⑫）

カ　児童保護費等負担金　児童福祉法に基づき都道府県又は市町村が支弁する児童保護措置費、児童相談所の運営費、児童一時保護に要する経費又は里親委託費等の経費に対する国庫負担金（同法五三、地財法一〇⑭）

キ　児童扶養手当給付費負担金　児童扶養手当法に基づき手当の支給に要する経費に対する国庫負担金（同法二一、地財法一〇⑲）

ク　療養給付費等負担金　国民健康保険法に基づき、市町村（保険者）が療養の給付並びに入院時食事療養費、特定療養費、療養費、訪問看護療養費、特別療養費、移送費及び高額療養費の支給等に要する経費に対する国庫負担金（同法七〇・七二、地財法一〇⑯）

ケ　社会福祉施設等設備整備費負担金　生活保護法、児童福祉法、身体障害者福祉法、及び知的障害者福祉法の規定により都道府県又は市町村が設置する各種社会福祉施設の設置に支弁する経費に対する国庫負担金（生活保護法七五、児童福祉法五三、身体障害者福祉法三七の二、知的障害者福祉法二六、地財法一〇の二⑤）

コ　災害救助費等負担金　災害救助法の規定により都道府県が応急対策として救助に要した経費（事務費を含む。）及び武力攻撃事態等における国民の保護のための措置に関する法律の規定に基づき都道府県が支弁に要した経費に対する国庫負担金（災害救助法二一・国民保護法一六八、地財法一〇の三①）

③　衛生費国庫負担金

ア　保健衛生施設等設備整備費負担金　精神保健及び精神障害者福祉に関する法律に基づく都道府県又は市町村が設置する精神病院、精神保健福祉センター、精神障害者生活訓練施設・精神障害者入所授産施設の設置及び運営に要する経費に対する国庫負担金（同法七・一九の一〇、地財法一〇⑦）

イ　感染症予防事業費負担金　都道府県が感染症の予防及び感染症の患者に対する医療に関する法律に基づき、感染症入院患者の医療に要する費用及び検疫法に基づき保健所長がとる措置に要する費用に対する国庫負担金（同法六一、地財法一〇⑤）

ウ　予防接種対策費負担金　予防接種法の規定に基づき、市町村が予防接種のため支弁した経費及び市町村支弁に要する都道府県に対する国庫負担金（同法二七、地財法一〇⑥）

エ　精神障害者措置入院費負担金　精神保健及び精神障害者福祉に関する法律に基づく精神障害者の入院に要する費用等に対して都道府県・指定都市が負担する経費に対する国庫負担金（同法三〇、地財法一〇⑦）

オ　麻薬中毒者入院措置費負担金　麻薬及び向精神薬取締法の規定に基づき、都道府県が麻薬中毒者の入院に要する経費に対する国庫負担金（同法五九の二、地財法一〇⑧）

④　労働費国庫負担金

ア　職業能力開発校設備整備費等補助金　職業能力開発促進法の規定に基づき都道府県が職業能力開発校又は障害者職業能力開発校の施設及び設備に対する国庫負担金（同法九四、地財法一〇⑳）

⑤　農林水産業費国庫負担金

ア　家畜伝染病予防費負担金　家畜伝染病予防法の規定に基づいて都道府県知事又は家畜防疫員が家畜の伝染病の発生予防、まん延を防止するために支弁する経費に対する国庫負担金（同法六〇、地財法一〇㉑）

イ　保安林整備管理事業費補助金、森林環境保全整備事業費補助金、地域森林計画編成事業費補助金（森林法一九三・一九六、地財法一〇の二②）

ウ　法定森林病害虫等駆除費補助金　森林病害虫等防除法の規定に基づいて都道府県が森林病害虫等の駆除又はまん延防止のため支弁に関する措置に要する費用に対する国庫負担金（同法九、地財法一〇㉓）

エ　地域水産物・広域水産物供給基盤整備事業費補助金、漁港水域環境保全対策事業費補助金（漁港漁場整備法二〇、地財法一〇の二②）

オ　地すべり対策事業費補助金、農村環境保全対策事業補助金（地すべり等防止法二九、公害の防止に関す

る事業に係る国の財政上の特別措置に関する法律三、地財法一〇の二②の②）

カ　土地改良事業費補助金（都道府県営及び団体営）、農地防災事業費補助金、海岸保全施設整備事業費補助金（土地改良法一二六、海岸法二七、地財法一〇の二①⑥）

⑥　土木費国庫負担金

ア　交通円滑化事業（国道・地方道・街路）費補助金（道路法五〇、地財法一〇の二①（以下エまで同じ。））

イ　海岸保全施設整備事業費補助金（海岸法二七）

ウ　河川改修（広域河川・都市河川）費補助金、河川総合開発事業費補助金、砂防事業費補助金（河川法六〇・六二、砂防法一三）

エ　港湾改修費補助金、港湾環境整備事業費補助金（港湾法四二、四三）

オ　都市公園事業費補助金、下水道事業費補助金（都市公園法二九、下水道法三四、地財法一〇の二③）

カ　公営住宅建設費等統合補助金（公営住宅法七～九、地財法一〇の二④）

⑦　教育費国庫負担金

ア　義務教育費国庫負担金（退職手当、退職年金、退職一時金及び旅費を除く。）（義務教育費国庫負担法二、地財法一〇①）

イ　公立学校施設整備費負担金（公立小中学校施設整備費、公立特殊教育施設整備費及び公立諸学校危険建物等改築費）（義務教育諸学校等の施設費の国庫負担等に関する法律三、地財法一〇③）等

ウ　特別支援学校就学奨励費負担金（特別支援学校への就学奨励に関する法律四、地財法一〇㉕）

⑧　災害復旧事業費国庫負担金

ア　公立諸学校建物其他災害復旧費負担金（公立学校施設災害復旧費国庫負担法三、地財法一〇の三⑦）

イ　農業用施設災害復旧事業費補助金、農地災害復旧事業費補助金、海岸保全施設等災害復旧事業費補助金、農林水産業共同利用施設災害復旧事業費補助金、治山施設災害復旧事業費補助金、林道施設災害復旧事業費補助金、漁港施設災害復旧事業費補助金（農林水産業施設災害復旧事業費国庫補助の暫定措置に関する法律三、激甚災害に対処するための特別の財政援助に関する法律五、公共土木施設災害復旧事業費国庫負担法三～四の二等、地財法一〇の三③）

ウ　港湾施設災害復旧事業費補助金、河川等災害復旧事業費補助金、都市災害復旧事業費補助金等（公共土木施設災害復旧事業費国庫負担法三～四の二等、地財法一〇の三③・⑤）

(2) 国庫補助金・都道府県補助金

国庫補助金又は都（道府県）補助金は、国庫支出金又は都（道府県）支出金のうち国庫負担金若しくは都（道府県）負担金又は委託金を除いた部分で、その事務が法令によって義務づけられていると否とにかかわらず、国と地方公共団体相互の財源配分にあっては地方税又は地方交付税の一般財源をもって負担するべき性格を有する事務に対し、奨励的ないし財政援助的な意味をもって交付される補助金である。現実の負担金と補助金は必ずしも十分明確に区分される性格であるとはいえないが、財源配分についての基本的な考え方としては是認される基準と考えられる（地財法一六）。

補助金の具体的な名称は、補助金のほか交付金、補給金等が使われている。補助金の交付の根拠は負担金と異なり、法令に基づくもの、通知によるもの、全くの予算措置だけのものなどがある（地財法一一）。

また、補助金の性格からいって補助金に伴う地方負担額が全額地方交付税の算定上基準財政需要額に算入されるとは限らない（地財法一一の二）ので注意を要する。

次に、目の区分ごとに主な国庫補助金を例示として掲げておく。都（道府県）補助金については省略するが、市町村が間接補助事業者等となる場合の取扱いは負担金の場合と同様である。

①　総務費国庫補助金

市町村合併推進体制整備費補助金、地域情報通信ネットワーク基盤整備事業費補助金など。

なお、国有提供施設等所在市町村助成交付金は補助金的性格も有するが、規則で独立の款として計上するとされておりここには含めない。

②　民生費国庫補助金

セーフティネット支援対策等事業費補助金、在宅福祉事業費補助金、婦人保護事業費補助金など

③　衛生費国庫補助金

特定疾患治療研究費補助金、へき地保健医療対策費補助金、原爆被爆者保健福祉施設運営費等補助金など

④　労働費国庫補助金　特定地域開発就労事業費補助金

⑤　農林水産業国庫補助金

総合食料対策事業推進費補助金、被害農家営農資金利子補給等補助金、中山間地域振興対策事業推進費補助金、林地崩壊防止事業費補助金、海岸環境整備事業費補助金、漁村づくり総合整備事業費補助金など

⑥　商工費国庫補助金

小規模企業等活性化補助金など

⑦　土木費国庫補助金

防災集団移転促進事業費補助金、公営住宅等整備事業補助金、がけ地近接等危険住宅移転費補助金、下水道緊急整備事業助成補助金など

⑧　警察（消防）費国庫補助金

都道府県警察費補助金、消防防災設備整備費補助金など

⑨　教育費国庫補助金

理科教育等設備整備費補助金、要保護及準要保護児童生徒援助費補助金、幼稚園就園奨励費補助金、私立高等学校等経常費助成費補助金、国宝重要文化財等保存整備費補助金、史跡等購入費補助金など

⑩　災害復旧費国庫補助金

各種の災害復旧事業費補助金

⑪　公債費国庫補助金

交付地方債元利償還金等補助金、首都圏近郊等の整備計画等に係る建設事業債調整分利子補給金

(3)　委託金

法令によって地方公共団体に義務づけられた事務であるが、本来的に国が直接国費でもって実施すべき事務を執行の便宜上地方公共団体に委託して行わせるものであるため、もっぱら国の利害に関する事務として施行に必要な経費の全額を委託の都度交付される性質の国庫支出金（都道府県が同種の委託をする場合にあっては、都（道府県）支出金）である。委託金の根拠規定となる地方財政法第一〇条の四各号は、そのような経費の例示であって同種のものがあればやはり委託金として取り扱うこととなる。

委託金に係る事務の経費は、通常委託金の歳入金額と同額となるものであり、委託金の算定基礎が低すぎ

る場合は是正の必要があり、地方公共団体には地方財政法第一三条第二項、第二〇条の二第一項又は第二八条第三項に基づいて意見書を提出する機会が与えられているが、地方公共団体が委託金に係る事務について進んで多額の支出をすることは禁止されていない。

次に、目の区分により委託金の例を掲げておく（（　）内は地財法一〇条の四の号を示す。）。

①　総務費委託金

国会議員選挙執行委託費（①）、選挙啓発推進委託費、政党助成事務委託費、統計調査事務地方公共団体委託費（②）など

②　民生費委託金

生活保護指導監査委託費、遺族及留守家族等援護事務委託費、児童福祉実態調査委託費、社会福祉施設運営等実態調査委託費、国民生活基礎調査等委託費など

③　衛生費委託金

国民健康・栄養調査委託費、防疫業務委託費（③）、医薬品検定事務等委託費（④）、医薬品価格等調査委託費、国立ハンセン病療養所入所者家族生活援護委託費など

④　労働費委託金

職業能力開発支援事業委託費、毎月勤労統計調査委託費、労働統計調査委託費など

⑤　農林水産業費委託金

森林害虫駆除事業委託費、保安林整備事業委託費、農林漁業センサス実施委託費（ＡＬ）、農産園芸振興調査等委託費、経営対策調査等委託費、農村振興対策調査等委託費、指定試験事業委託費など

⑥　土木費委託金
統計情報（建設・建物・港湾）調査委託費、水資源対策調査地方公共団体委託費、地籍調査等委託費など

⑦　教育費委託金
教育統計調査委託費（②）、教育方法等実践研究委託費、教育方法等改善研究委託費、在外教育施設派遣教員委託費など

〔運用例〕

《国が負担する経費の収入科目》

問　地方財政法第一〇条から第一〇条の四までに規定する国の負担する経費は、地方公共団体の歳入科目としては、国庫支出金の負担金で収納すべきであると思うがどうか。

例えば、建設業務等で失業対策事業に要する経費、公営住宅の建設に要する経費、学校の災害復旧に要する経費等は、同法によって国が全部又は一部を負担することになっているが、一方これらの経費には、それぞれの関係法律で補助金・負担金の規定があり、本市では全て地方財政法に規定する分も、この関係法律に基づく補助金の科目で収納されている。地方財政法第一六条、第一七条の補助金・負担金は明らかに区別されているので区分して収納すべきだと思うがどうか。

答　地方財政法第一〇条から第一〇条の四までの規定は、国と地方公共団体との経費の負担区分に関する国の負担について定めたものであって、国が地方公共団体に対し当該経費を支出する場合の費目及びこれを地方公共団体が受け入れる場合の費目まで定めたものではない。したがって、現実に当該支出金を受

け入れる場合には、この事務の性質により、その支出金が負担金であるか交付金であるか、委託金であるかその他のものであるか等を判断して行うべきであって、同条列記の事務であるがゆえに全て負担金として受け入れるというものではないと考える。

《委託料収入の予算科目》

問　県から委託された母子生活支援施設入所者に対する費用としての委託料収入の予算科目は何がよいか。

答　「県支出金」の「委託金」に計上すべきである。

第一一節　財産収入

地方公共団体が有する財産を貸付け、私権を設定し、出資し、交換し、又は売払いしたことによって生ずる現金収入をいう。ただし、行政財産及び公の施設の使用に係る使用料は含まれない。ここにいう財産とは、主として地方自治法第二三七条第一項にいう財産（公有財産、物品、債権及び基金をいう。）であるが、それ以外の財産的価値のある資産について前記のような現金収入を生ずる場合も含むものである。なお、歳計現金、歳入歳出外現金は現金のままの保管ではここにいう財産として扱う実益はないが、銀行等に預金された場合はその利子収入は諸収入に含まれる。

財産収入は、地方公共団体の私的な経済活動に伴うもので、公法上の収入ではないが、歳出予算の一般財源又は特定財源として重要な意味をもつことも少なくない。普通会計においては会計決算の方式を採らない全くの現金収支だけの歳入歳出予算又は決算であるため、財産と現金収支の関係が実感として把握されないむきが多い。財産の貸付け又は売払いにおける評価、金利等の純経済的得失の考慮いかんは、税の徴収率増減にも似た実質的効果をもつ場合もあると考えられる。したがって、財産収入の款は、財産と現金収支を関連づける主たるパイプに相当するものであることを常に念頭に置く必要がある。

財産収入の原因となる地方公共団体の行為は、契約等の私法上の行為であり、通常条例等の根拠を要せず、地方公共団体の長（委任されたその他の執行機関を含む。）限りで完結的になしうるが、条例で定める重要な財産の売払いの場合における議会の議決、財産を交換し出資の目的とし又は適正な対価なしに譲渡若しくは貸し付ける場合の条例又は議会の議決のように議会の意思決定を要件とする場合もある。このような場合の条例又は議会の議決がない場合は当該財産収入は現実の歳入とならず、財産収入を特に特定財源とするような歳出については事実上執行できなくなることに注意を要する。特に、国に財産を使用（貸付け等を含むものと解する。）させる場合又は譲渡する場合には、地方財政法第二四条及び第二八条の二の規定に注意を要する。

(1)　財産運用収入

財産に対する所有権、管理権を全く失うことなく貸付け等の方法により他人に財産を使用収益させ、その対価として受け取る賃貸料、利息、配当金等の収入金を計上する項である。目の区分は、財産収入が一般財源たることが多いことから通常財産運用収入の性質によって区分されることになる。

①　財産貸付収入

普通財産、物品、債権その他財産価値物を貸付け等の方法により使用収益させる場合の対価として収入されるものをいう。土地、建物、又は物品の貸付けが多いと思われるが、通常の貸付けとは異なる席料、入場料（例えば、今後普通財産として取り扱われることとされた競輪場、競馬場の入場料等）等も便宜上ここに含まれる。

②　利子及び配当金

有価証券、債権に伴う利息、基金に属する現金の運用による利息及び有価証券又は出資による権利に伴う配当金である。貸付金についての利息は、歳計現金又は歳入歳出外現金の預金利子と同様に諸収入の款に区分されるが、立法論的にはこれらの利息もここに含ませるべきであるという考え方もあると考えられる。

なお、基金から生ずる運用収入については別に基金運用収入の目を設け、財産の貸付料、利息等に合わせて計上することも考えられる。

(2)　財産売払収入

財産に対する所有権又は管理権を失うことに伴う現金収入で、譲渡及び差金を生ずる交換が含まれる。目の区分は、財産売払収入は一般財源が多いから通常性質によって省令に示されるような不動産売払収入、物品売払収入、生産物売払収入という区分となる。省令には、財産売払収入の主としてある場合の目を示したものであるが、有価証券の売買等による現金収入もあり、適宜目を設け又は名称を変更した目としてもよい。

なお、財産売払収入が、山林を売り払って学校を建てる場合のように特定財源である場合には、歳出予算との対比から考えて、別の目又は節を独立に設けることも考えられる。

〔運用例〕

《県有地を他に使用させた場合の歳入科目》

問　県有地に電力会社の電柱が立てられている場合、県は使用料を徴収することになるが、この歳入科目は、使用料で収納すべきか又は雑入でよいか。

答　県有地が行政財産であれば（款）使用料及び手数料、（項）使用料に、普通財産であれば、（款）財産収入、（項）財産運用収入となる。

《村有建物の補償料の収入科目》

問　村有建物とその敷地が国道用地に当たることになった。これに伴う建物の補償料の歳入科目は雑入でよいか。財産の補償料ではあるが、財産収入とすることはできないと思う。なお、この建物は移転しないで、取り壊してしまいたい。

答　雑入で差し支えないが、国が用地買収費と一本にして支出するものであれば、財産収入として収入すべきである。

《砂利の売却代金の歳入科目》

問　町村管理の河川から採取する砂利を売却する場合、最も適当な歳入科目は何か。

答　河川から生ずる生産物の採取料の徴収は河川管理行為に包含される権利であると観念され、地方公共団体所有の一般物品の払下代金の徴収と同様に考えられる。したがって、財産収入とするのが適当である。

《実習用動物の売払いに伴う収入科目》

問　学校において一定期間飼育の成長した動物を売り払う場合の収入科目はどうか。

答　飼育後売却する場合は、不用の決定をし、売り払うこととなる。その場合、（款）財産収入、（項）財産売払収入、（目）物品売払収入として収入することになる。

《不用物品の売払いと収入科目》

問　不用処分の決定により売却処分をするものについては、生産品でも、財産収入の中の物品売払収入科目で調定収入すべきか。

答　物品売払収入には、生産品を除く不用物品等を処分することによって生ずる収入が該当する。設問のように、生産品を処分した場合の収入は生産物売払収入とすべきものである。

《市立大学構内の自動販売機設置に係る土地使用料の徴収》

問　市立大学の校舎内に自動販売機等の設置を許可する場合、その敷地使用料は、どのような分類で収入すべきか。

答　（款）財産収入、（項）財産運用収入、（目）財産貸付収入、（節）使用料及び賃貸料とすべきである。

第一二節　寄附金

地方公共団体の寄附金収入は、当該地方公共団体以外の者から受ける金銭（物品又は財産は予算に無関係）の無償譲渡である。これにはその使途を特定しない一般寄附金とその使途を限定した指定寄附金がある。後者の場合は歳出予算の当該指定行政目的事業費の特定財源となるものである。本来、地方公共団体の経費は地方税、地方交付税及び国庫（都道府県）支出金等によって賄われるべきである。しかし地域内の市町村及び住民等から、当該地方公共団体の行政水準の引上げ等を図る目的で、自発的意思をもって行われる寄附を歳入とし、その趣旨に沿って経費の活用を図ることを必ずしも否定するものではない。しかし、これが強制的に割り当てられるものであってはならない。地方財政法第四条の五により、地方公共団体は他の地方公共団体又は住民に対し、直接であると間接であるとを問わず、寄附金（これに相当する物品等を含む。）を割り当てて強制的に徴収（これに相当する行為を含む。）するようなことをしてはならないと規定している。

なお、砂防法第一九条において公共団体は当該工事若しくは費用のため寄附をすることができる規定がある。運用に当たっては、当該工事の目的、効果及び寄附を行う団体の財政力等を検討した上で、慎重に取り扱われねばならない。

また、いわゆる「ふるさと納税」による寄附金も本節に計上される。

次に一般的に考えられる寄附金について以下のとおりである。なお節については適宜具体的事業名により、分別される。

⑴　一般寄附金

これはその使途を特定しないもので、一般財源となる寄附金である。

⑵　指定寄附金

民生費寄附金としては児童会館、児童公園等の児童福祉施設、母子・父子福祉施設、老人福祉施設の建設に対する寄附が考えられる。衛生費寄附金として、保健所等への寄附、各種予防対策のための献金を受ける場合がある。労働費寄附金としては、各種職業訓練施設への民間企業からの寄附、農林水産業費寄附金としては農道、農業用排水、かんがい用排水施設建設のための寄附、商工費寄附金としては物産斡旋所、展示場の設置のための寄附、土木費寄附金としては道路の改良を行う場合の地元民の寄附、都市計画、街路事業を行う場合の寄附がある。また警察、消防関係では、庁舎、派出所の建設、消防自動車の購入等を行う場合の寄附があり、教育費関係としては、図書館、公民館等建設のための寄附等がある。

第一三節　繰入金

この項目には、一般会計、他の特別会計及び基金又は財産区会計の間において、相互に資金運用としての繰入金を計上するものである。特別会計は特定事業を行う場合に、これを一般会計と区分して経理する必要がある場合等に設置されるものであるから、このため当該事業目的の遂行のために必要とされる財源収入が確保されなければならない。したがって、これに不足を生ずる場合においては、必要により一般会計等から資金の繰入れを行ってこれを補塡し、これに剰余を生じる見込みのある場合には、これを一般会計等へ繰り戻し、資金運用のための繰入れを行う等、当該地方公共団体の行政目的の効率的遂行を図るために、その弾力的資金運用が行われなければならない。

また、一般会計の歳入に不足を生じる場合には、財政調整基金の取り崩しを行い、学校施設の充実を図るために教育施設基金の取り崩し等を行って、一般会計に繰り入れる場合等が含まれる。この繰入金の性質として一般財源として取り扱われるものとしては、財政調整基金繰入金及び他会計からの繰入金があり、特定財源として取り扱われるものとしては、教育施設基金及び防災基金等の取り崩しの場合等が考えられる。

この場合、地方自治法第二〇九条により設置された特別会計であっても、競輪、競馬及び競艇事業のような、もっぱら収益のためにのみ行われるものにおいて、当該会計から一般会計に繰入れを行う場合にあっては、「（款）諸収入、（項）収益事業収入」として受け入れられるものである。また、地方公営企業法の財務規定の全部又は一部を適用する「公営企業会計」から受け入れる場合においては、地方公営企業会計貸付金の元利償還金に相当するものは諸収入の（項）公営企業貸付金元利収入により、「その他」は、この繰入金として取り扱うこととなる。

(1) 特別会計繰入金

例示すれば、中小企業近代化資金特別会計、母子父子寡婦福祉貸付金特別会計、国民健康保険事業特別会計、農業共済事業特別会計、公益質屋事業特別会計、工業用水道事業、軌道事業、自動車運送事業、地方鉄道事業、電気事業、ガス事業、その他交通事業、簡易水道事業、港湾整備事業、病院事業、市場事業、と畜場事業、観光施設事業、宅地造成事業、公共下水道事業、土地区画整理法による土地区画整理事業、土地改良法による草地改良事業、その他都市計画事業、また、奨学資金貸付金特別会計、証紙特別会計等からの繰入金が含まれる。

(2) 基金繰入金

決算剰余金等をもって積み立てる財政調整基金の取り崩し、災害救助法第二二条の規定によって設置された災害救助基金からの繰入れ、その他学校建設資金のための教育基金、公民館の建設基金、物品購買事務の集中管理のための購買資金運用基金、各種貸付制度のための基金からの一般会計への繰入れが含まれる。

(3) 財産区繰入金

市町村において地方自治法第二九四条の規定により財産区を設置し、その経理を特別会計で行っている場合の当該会計から一般会計への繰入金である。

第一四節　繰越金

地方公共団体の決算上の剰余金は、地方自治法第二三三条の二の規定により、各会計年度において決算上剰余金が生じたときは、翌年度の歳入に編入しなければならない。これを翌年度の歳入として編入する場合、繰越金として受け入れる。ただしこの場合、条例の定めるところにより又は議会の議決により、この全部又は一部を翌年度に繰り越さないで基金に編入することができることとなっているから、この処分されたものは予算上繰り越されない。またこの繰越金のうちには、地方自治法施行令第一四五条第一項の継続費の逓次繰越額、同令第一四六条の繰越明許費のための繰越財源及び同令第一五〇条第三項の事故繰越しに係る財源繰越額を含むものである。なお特別会計で廃止したものについて、決算上剰余金が生じた場合は地方自治法第二三三条の二ただし書の規定によるほか、一般会計の繰越金として受け入れることとなる。

第一五節　諸収入

諸収入は、地方債のほか、前記第一節から第一四節までの歳入に性質上区分されたもの以外の収入を計上する科目である。

(1) 延滞金・加算金及び過料

① 延滞金

地方税について納税額の更正・決定があった等の理由によって、その賦課した税額を変更する必要が生じた場合の不足税額、また一般の地方税で納期限後に納付された納税額について徴収されるもので、地方税においては、延滞金の課される税額に、その納期限の翌日から納付の日までの期間に応じ、年一四・六パーセントの割合を乗じて計算した金額とされている。例えば、地方税法第四一条・第三二一条の二による個人の道府県民税・市町村民税の延滞金の場合、同法第七二条の四五の法人事業税、同法第八九条の規定によるゴルフ場利用税の納期後の申告、納入申告納付に係る延滞金等が例示されるところである。その他、地方自治法第二三一条の三の規定により、分担金、使用料、加入金、手数料及び過料、その他都市計画法第七五条の受益者負担金、河川法第三二条の占用料等の公法上の収入については、地方自治法第二三一条の三の規定に基づき、条例の定めるところによって延滞金を徴収することができることとなっている。

② 加算金

地方税の申告の更正を受け又は修正申告をした場合、すなわち過少申告加算金及び不申告加算金では、当該更正による不足金額に過少申告については一〇〇分の五、不申告については一〇〇分の一〇の割合を乗じて計算されることとなる。例えば、地方税法第七二条の四六の法人事業税、同法第一〇三条のゴルフ場利用税等が例示される。またこの場合、納税者が課税標準額の計算の基礎となるべき事実の全部又は一部を隠蔽し、又は仮装し、かつ、それに基づいて申告書等を提出したとき等においては同法第七二条の四七、第九一条等の規定により重加算金が徴収される。

③　過料等

金銭罰の一種であるが、刑罰たる罰金及び科料と区別して、特に過料（行政罰）として徴収される。これには秩序罰としての過料、すなわち戸籍法第一三七条～第一四〇条、地方税法第七三条の二〇の規定等、報告すべき事項について正当な理由なく報告しなかった場合に科せられるもの、また執行罰としての過料として、行政上の義務の履行を強制するための手段として科するもので、河川法第一〇八条、砂防法第三六条等、地方自治法第二二八条第二項、第三項の規定によって徴収されるものである。

〔運用例〕

《税外収入の延滞金と納期の関係》

問　公法上の税外収入で、延滞金と共に納入すべきものについて、出納整理期間中に元本と延滞金が時期を異にして納入された場合、又は延滞金が出納閉鎖後に納入された場合、延滞金の調定時期及び会計年度所属区分はどうなるか。

答　延滞金の調定時期は元本が納入された日とし、調定年度は元本の所属年度となる。また、収入金については、出納整理期間中に収入されたものは元本の所属年度と同一とし、出納閉鎖後に収入されたものは翌年度の収入金となる。

したがって、出納整理期間中に延滞金が収入されなければ滞納繰越しの手続をとることになる。

《授業料の滞納に係る延滞金徴収の可否》

問　市立高校において、授業料を滞納した場合に、延滞金を徴収できるか。

答　高等学校の授業料は使用料であり、使用料を納期限までに納入しない者がある場合には、督促をすることになる。

督促を行った場合に、市の使用料条例又は税外収入金の延滞金に関する徴収条例に規定がある場合には、その定めるところにより、延滞金を徴収することになる。

《督促と手数料、延滞金の徴収》

問　地方自治法第二三一条の三第一項の規定により督促をした場合は、同条第二項の規定による手数料及び延滞金を必ず徴収しなければならないか。

答　条例において、歳入を督促した場合は、延滞金を徴収する旨規定されておれば、督促手数料及び延滞金を徴収することになる。

(2)　都道府県及び市町村預金利子

地方公共団体の歳計現金及び歳入歳出外現金は、指定金融機関その他の最も確実かつ有利な方法によって保管されなければならないところであるが、この場合指定金融機関等から収入される当該預金に係る当該地方公共団体の利子収入を計上する。

(3)　公営企業貸付金元利収入

地方公営企業法第一八条の二の規定により、地方公共団体は、予算の定めるところにより一般会計又は他の特別会計から、地方公営企業の特別会計に長期の貸付けをすることができることとなっている。この規定によって、同法の財務規定の全部又は一部の適用を受ける水道事業、工業用水道事業、軌道事業、自動車運送事業、地方鉄道事業、電気事業及びガス事業、簡易水道事業、港湾整備事業、病院事業、市場事業、と畜場事業、観光施設事業、宅地造成事業及び公共下水道事業等の特別会計に貸し付けられた貸付金の元利償還金が計上される科目である。

(4)　貸付金元利収入

貸付金元利収入は、一般会計から地方公共団体以外の者に直接貸し出された資金の元利収入をこの項に計上するところとなる。目節の表示方法については、目は当該貸付金の計上した歳出予算の科目の款に合わせ、節の区分は同じく項に合わせる等適宜考慮されればよい。道路開発、観光開発、宅地開発公社等の貸付金の返還金、中小企業合理化資金、農業近代化資金等の目的で商工組合中央金庫、農林漁業金融公庫等への預託、その他奨学資金、更生資金の貸付け、生業資金の貸付け、住宅資金の貸付けを行っている場合の元利返還金が含まれる。

(5) 受託事業収入

国、他の地方公共団体その他の者から、委託工事を引き受けることに伴って収入されるものである。貸付けに関する調査事務等の委託経費として収入する収納金も、この項にあげられる。ここでは草地改良造成受託事業、開田、かんがい排水施設及び農業用道路等の工事委託、市町村の災害復旧事業について、都道府県が工事の設計、監督等を地方自治法第二五二条の一四の規定により受託した場合の収納金、その他建設工事委託市町村が学校給食用牛乳供給事業を他の市町村から受託した場合等が含まれる。以上のように受託事業のうちには、事務的なものも含まれるが、市町村が他の近隣市町村の義務教育期間中の生徒の教育を受託した場合の受託市町村に支払われる収納金は、義務教育施設の設置義務者が負担することとなる。

(6) 収益事業収入

もっぱらその事業から生じる収益性にのみ着目し、当該事業についての行政的効果は、比較的希薄か、むしろ皆無といえるところの事業から生じた収益を一般会計に計上する場合の項、目及び節はこれによる。当該事業が特別会計をもって経理されているものについても、ここに計上される。地方公共団体に実施が許されている宝くじ事業、競輪事業、競馬事業及び競艇事業がある。

(7) 利子割精算金収入

利子割額の控除又は還付若しくは充当は、法人の本店所在地の都道府県で一括して行われるため、他の都道府県において当該控除又は還付若しくは充当に係る利子割を徴収している場合には、控除又は還付若しくは充当を行った都道府県が当該地の都道府県が課した利子割額に相当する金額を請求することにより精算するものであり、また、他の都道府県に請求した金額の算定に錯誤があったときは、当該錯誤に係る額を精算するものとし、これらの精算金として受け入れる収入がこの項に計上される。

(8) 雑　入

① 滞納処分費

租税は住民から公平の原理、負担の均衡の原則によって徴収されるべきものである。したがって納税義務者が、納税の意思のない場合又は意思があっても納めない場合は他の善良な納税義務者との均衡を失することとなる。このため、租税の徴収確保の目的で国税では国税徴収法により強制処分（滞納処分）が行われることとなっており、地方税も国税に準じて取り扱われる。また地方自治法第二三一条の三第三項の規定から、地方公共団体の分担金、加入金、過料又は法律で定める使用料その他の普通地方公共団体の歳入については、督促による指定期間後に地方税の滞納処分の例により処分される。この滞納処分に要した経費の実費負担に相当するものである。

② 弁償金

地方自治法第二四三条の二の二の規定により会計管理者若しくは会計管理者の事務を補助する職員、資金前渡を受けた職員、占有動産を保管している職員又は物品を使用している職員が故意又は重大な過失（現金については、故意又は過失）により、当該現金及び物品等を亡失し、又は損傷したときの損害賠償金がある。また土地区画整理法第七八条第二項により仮換地の指定に基づき建築物を移転した場合に、その所有者から徴収する移転又は除却費用等代執行に係わるものの実費弁償金が含まれる。また感染症の予防及び感染症の患者に対する医療に関する法律第二七条の規定により、同法の規定から、清潔方法、消毒方法を施行すべき義務者がこれを行わないときは、代わって地方公共団体がこれを行い、その費用を当該義務者から追徴する場合の収納金が含まれる。

③　違約金及び延納利息

地方自治法第二三四条の規定により、地方公共団体が売買、貸借、請負その他の契約を行った場合、契約の相手方が契約上の義務を履行しないときに、契約事項に従って支払われるもので、契約保証金の没収等が含まれる。その他売買契約等を締結し支払遅滞があった場合に附する利息等があるが、税等公法上の収入に関する支払遅滞に対しては延滞金として収納される点に留意する必要がある。

④　小切手未払資金組入れ

地方自治法第二三五条の規定により、従来の金庫制度に代えて、指定金融機関制度がとられることになった（市町村の場合、必ずしも指定金融機関を置く必要はない。）ことにより同法第二三二条の六の規定により指定金融機関を置く普通地方公共団体における支払は、原則的に小切手の振出しによって行われることとなった。これに伴い、地方自治法施行令第一六五条の六第二項の規定では、当該年度の出納閉鎖期日経過後、小切手の振出日付から一年を経過し、まだ支払を終わらない金額に相当するものは、これを当該一年を経過した日の属する年度の歳入に組み入れることとし、この組入金をここに計上することとなる。これは当該団体の本来的な歳入とは考えられず、地方自治法施行令第一六五条の五の規定により、将来にわたって、償還義務の財源となるものである点から、これを区分し計上することになっている。

⑤　過年度収入

地方自治法施行令第一六〇条により、出納閉鎖後の収入については、現年度の歳入とされるものであるが、これらはそれぞれ当該の収入科目に従って計上されることになっている。しかし、このうち国庫支出金等については、過年度において特定事業を行うための経費支出に当たって一般財源をもって賄われ、現年度において、当該特定財源としての国庫支出金に歳入する実益のないものについて、この目でもって収入しても差し支えない。この節は、国庫補助金、都道府県補助金等の区分を考慮して定めるのが適当と考える。

⑥　雑入

ここには以上述べてきた歳入科目の区分に該当しないもの及び地方債を除いた全ての収入金を計上することとなる。したがって節の区分についても、いろいろ考えられるところであるが、比較的金額の多額になるもの及び特に区分することの必要性があると思われるもの（例えば、国民年金の証紙売り捌き手数料等）を、節に区分計上することとし、他は雑入として計上することとしてよい。

これには、生活保護法第七二条及び行旅病人及行旅死亡人取扱法第一五条、また災害救助法第三〇条によって、他の地方公共団体のために一時繰替支弁したもの等に係るもので、当該支出年度経過後出納閉鎖日後に返還される場合の収入金がある。その他、私用電話料収入、諸実費徴収金（負担金、弁償金等に含まれないもの）が含まれる。

〈運用例〉

《保険金の歳入科目》

問　地方公共団体が保有する自動車について、自動車損害賠償責任保険に加入している場合、交通事故等により、加入している保険会社から支払われる保険金の収入科目は、次のいずれが適当か。

①　弁償金

②　雑入

答　「弁償金」は、地方自治法第二四三条の二に規定する職員の損害賠償金、あるいは民法等の規定に基づいて地方公共団体が受けとる実費弁償金をいう。したがって、設問の場合は、「（款）諸収入、（項）雑入、（目）雑入、（節）○○○保険金」とするのが適当である。

《工事請負代金（前払金）の返還の受入科目》

問　土木工事において県と請負契約をした業者が請負額の三割に相当する前払金を受領して工事を施行したが、途中において請負業者が倒産したため、その工事を打ち切り、出来高部分を精算したところ、前払金額を下回る結果となったため、超過差額分については返還させることとなった。

この返還は建設業保証株式会社において行うものであるが、この受入科目は行政実例昭和二九年八月一八日付自丁行発第一四一号鳥取県副出納長宛行政課長回答の前払金の再収入方法により「（款）諸収入」に計上すべきであると思われるが、歳出の誤払等として支出した科目に戻入することはできないか。

答　設問の歳入の性質は、保証金であるから、その収入科目は、「（款）諸収入、（項）雑入」が適当である。

《「弁償金」の法的性格》

問　地方自治法施行規則の別表歳入歳出予算の款、項の区分及び目の区分の歳入の項中12諸収入、7雑入中の2弁償金とはどのようなものか。

答　質問の弁償金とは、おおむね実費弁償的なものであり、地方自治法第二四三条の二による職員の賠償責任に基づく弁償金、あるいは民法等の規定に基づいて地方公共団体が損害賠償金を受け取る場合がこれに当たる。

《古新聞等の売却代金の歳入科目》

問　次の収入の歳入科目をご教示願いたい。
①　不用書類、古新聞の売却代金、②　町全図頒布代金

答　物品台帳に登載されている物品の売却については物品売払収入として収入し、登載されていない不用書類等の売却については、「(款)　諸収入、(項)　雑入」として収入するのが適当と考える。

《加入者から徴収する負担金の歳入科目》

問　町がとりまとめて日本スポーツ振興センター共済を申請し、加入者負担金を加入者から徴収しているが、加入者から徴収する負担分の歳入科目は何か。

答　雑入が適当と解する。

《国支援事業の住民負担金の歳入科目》

問　農林水産省「平成二七年度地域活性化総合対策事業推進費補助金等雪害対応山地再生緊急支援事業」は、事業主体が町のため、町が農家を取りまとめて申請し、事業費の支払いも町が行うこととなる。その支払いの農家受益部分の収入の取扱いはどのようになるか。

答　毎年度恒常的に行う事業であれば、条例を定めたうえで分担金として徴収することも考えられるが、一時的な事業であれば、雑入で収入して差支えないと解する。

《料金改定前のチケット払戻金の歳入科目》

問　有料道路回数券について、価格改定があり、改定前の回数券を払い戻したが、その場合の収入は、どの費目で処理するのが妥当か。

答　雑入が適当と解する。

《原稿料・印税の歳入科目》

問　職員が雑誌や書籍に寄稿した場合の原稿料や印税は、どの費目で処理するのが妥当か。

答　雑入が適当と解する。

《受益分の徴収》

問

町が個人や団体から受益分を徴収する場合は、「分担金及び負担金」の負担金で徴収するのが正しいか、「雑入」で収入するのが正しいか。

（具体例）①　日本スポーツ振興センター共済掛金

②　農林水産省・産地活性化総合対策事業推進費補助金等雪害対応産地再生緊急支援事業で、国の補助率以外の部分の農家負担金（事業主体が町で、町が農家を取りまとめて申請し、事業費の支払いも町が行う。その支払いの農家受益部分の費目）。

③　公益財団法人への拠出金

答

負担金の徴収は、地方財政法又は関係法律の定めるところによって賦課徴収されるものであり、設問の①～③の収入科目は、雑入が適当と解する。

第一六節　地方債

地方公共団体が事業を行う場合の財源は、通常の場合、地方税及び地方交付税等の一般財源、国庫支出金、分担金、負担金等の特定財源をもって充てることとなるが、これら以外に長期の借入資金をもって財源とするものが地方債である。

これは地方公共団体の信用によって、資金を借り入れるもので、容易な財源調達の手段であるが、将来にわたってその元利償還の義務が生じ、次年度以降における住民負担を重くするものであるから、原則的には、単に財源不足を理由としてのみ起債を行うことがあってはならない。

地方財政法第五条本文の規定は、地方公共団体の歳出の財源は地方債以外の歳入をもって、その財源としなければならないという原則を定めている。しかしながらこの原則に限定すれば事務事業の執行に支障をきたすこととなるので、ただし書の規定において制限された範囲内で特別に地方債による財源の調達を認めることとしている。これがいわゆる適債事業といわれるものである。以下において、その概要をみることとしたい。

第一は、資本的な役割を果たすものであって、交通事業、ガス事業、水道事業その他地方公共団体が行う企業に要する経費の財源とする場合である。

一般的に企業は自己の危険計算において利潤追求を行うものであり、経済的な自主性が確保されるべきものである。地方公共団体が経営するものについては、公共性、公益性の見地から種々の制約を受けるものではあるが、地方公営企業法第一七条の二及び地方財政法第六条本文の規定によって、その経費を当該事業の経営に伴う収入をもって充てなければならない独立採算制の原則を定めている。

ここで適債事業として考えられるものを例示すれば、交通事業、電気事業、ガス事業、水道事業、工業用水道事業、簡易水道事業、病院事業、市場事業、と畜場事業、観光施設事業、港湾整備事業、宅地造成事業、公共下水道事業など地方公共団体が行う全ての企業を対象とするものである。しかし、地方公共団体が行う企業であっても、収益事業として考えられ、公益性の過少なものと考えられる競輪場、競馬場、競艇場、単なる娯楽施設などの事業は起債の対象とはならないものと考えられる。

第二は、出資金及び貸付金の財源とする場合（出資又は貸付けを目的として土地又は物件を買収するために要する経費の財源とする場合を含む。）である。

出資金及び貸付金は、その元金及び配当又は通常の利子が、当然地方公共団体に回収されるものである。出資及び貸付けを行う場合の目的又は相手方については、法律上別段の制限はされてはいない。しかし、相手方が地方公共団体の行政目的に沿わないと認められるものについては、一般的に起債は認められない。また、地方債資金の枠の限界と緊急性及び公益性からの制約は当然に受けるものと考えられる。

第三は、地方債の借換のために要する経費の財源とする場合である。借換のために発行する地方債は、既に借入済の地方債を償還するために借り入れる地方債であって、新たな債務を負うものではないという意味で、適債事業とされている。ただし、公共施設又は公用施設の建設事業費の財源とするために起こした地方債の借換は、当該施設の耐用年数を超えて行うことはできない。

第四は、災害応急事業費、災害復旧事業費及び災害救助事業費の財源とする場合である。

災害応急事業としては、流失した道路橋りょう等の応急架設等で災害に際し応急にとられる措置をいう。

災害復旧事業とは、河川、港湾、道路等の公共土木施設、農地及び農業用施設、林道施設等の農林水産施設、学校、公立学校施設等の災害復旧事業である。これらはその団体の財政力のいかんにかかわらず、当該団体の存在目的からして、当然負担しなければならないところのものである。

災害救助事業とは、災害救助法に基づく救助のためのものであって、収容施設の供与、生活必需品の給付、炊出等の食料品の供給、埋葬その他に要する経費である。

災害復旧事業は、罹災施設を原形に復するのみであって、将来の償還財源を生むための新規投資あるいはその受益により将来の住民に負担を均てん化する性格のものではないので、その償還費の一定額が地方交付税の基準財政需要額に算入され、地方交付税を通じて財源付与がなされている。

なお、地方債の現実の運用においては、災害応急復旧費は、特別の事情のある場合に限り起債の対象とされ、災害救助事業については起債の対象とされていない。したがって、原則的には、災害復旧事業費のみが対象とされている。

第五は、学校その他の文教施設、保育所その他の厚生施設、消防施設、道路、河川、港湾その他の土地施設等の公共施設又は公用施設の建設事業費（公共的団体又は国若しくは地方公共団体が出資している法人で、資本金、基本金その他これらに準ずるものの二分の一以上を出資している法人が設置する公共施設の建設事業に係る負担又は助成に要する経費を含む。）及び公共用若しくは公用に供する土地又はその代替地としてあらかじめ取得する土地の購入費（当該土地に関する所有権以外の権利を取得するために要する経費を含む。）の財源とする場合である。これが地方債の対象とされるのは、当該事業の執行により、当該地域の産業経済基盤を強化し、事業効果が将来にわたって及ぶところから、住民負担の年度間の調整を図ることが公平であること、事業費が臨時的に多額になり、当該年度の通常の財源で賄うことが困難であること等を考慮したものである。

また、国又は地方公共団体の建設事業に係る負担金、市町村又は公共的団体が実施する建設事業に対する地方公共団体の補助金も建設事業費に含まれるので、地方債の対象となり得る。これらはあくまで建設事業費が対象となるものであって、経常的な維持補修費、一か所当たりの工事費が少額のものなど一般財源をもって措置することが適当と認められる経費は地方債の対象とはなり得ないものである。

なお、行政改革の推進を図るため、集中改革プラン等に基づき数値目標を設定・公表し財政の健全化に取り組んでいる地方公共団体に、通常の地方債に加え必要な公共施設等の整備事業を円滑に実施できるよう、将来の財政負担の軽減が見込まれる範囲内において行政改革推進債を充当することができることとしている。

その他、地方税の減収見込額を勘案し、減収見込額の範囲内で起債を認める減収補塡債、政策減税に伴う減収額を補塡する住民税等の減税補塡債、及び退職手当額（国家公務員ベース）が総務省令で定める平年度ベースの標準退職手当額を上回る地方公共団体で、今後の定員や人件費の適正化に関する計画を定め総人件費の削減に取り組むものに対し、当該上回る額の範囲内で、かつ定員や人件費の適正化に関する計画の作成を通じた将来の人件費の削減により償還財源が確保できると認められる範囲内の額を対象としての退職手当債を、それぞれ地方財政法第五条の特例として発行することができる。

地方債は、諸々の事業の資金として調達され、将来にわたって、その債務を残存させるものであるから、地方自治法において、従来当該団体の議会の単行議決であった地方債議決を、将来の財政負担を伴うものとして、同法第二三〇条をもって予算内容を規定し、起債の目的、限度額、起債の方法、利率及び償還の方法について予算として議決されることとなっている。

次に、地方分権一括法により従来の地方債許可制度は、地方公共団体の自主性を尊重しつつ、円滑な発行の確保、地方財源の保障、地方財政の健全性の確保等を図る観点から、平成一七年度（国及び地方を通ずる財政構造改革期間）をもって廃止され、平成一八年度より、都道府県・指定都市は国と、一般市町村は都道府県と、原則として協議を行うという協議制度に移行され各種の法令等の整備（地財法の一部改正・地財法施行令の一部改正、地方債に関する省令、及び地財法施行令に規定する総務省令・財務省令で定める要件を定める省令、平成一八年度地方債同意等基準（総務省告示第二一一号）、同年度地方債計画（総務省告示第二一二号）、同年度地方債充当率（総務省告示第二一三号）など）が行われた。

協議制度の概要は、次のとおりである。

① 地方公共団体は、地方債を起こし、又は起債の方法、利率若しくは償還の方法を変更しようとする場合は、政令で定めるところにより総務大臣又は都道府県知事に協議をする。

ア 協議の相手方としては、都道府県及び指定都市にあっては総務大臣に、市町村にあっては都道府県知事とされている。

イ 協議しようとする地方公共団体は、起債の目的となる事業の内容に応じて総務大臣が定める区分（事業区分）ごとに協議書を提出する。

ウ 都道府県知事は、同意に係る地方債の限度額及び資金について協議し、総務大臣の同意を得ること。

② 協議において明らかにすべき事項は、次の六点である。

ア　起債対象事業に要する経費の総額
イ　起債対象事業費に充てる財源の内訳
ウ　資金の借入先
エ　当該年度における地方債の予定額の総額
オ　当該団体の決算状況
カ　その他参考となるべき事項

地方債についての関与の特例として、協議制移行後においても、地方債の信用維持・課税自主権の尊重の観点から

①　健全化判断比率のいずれかが早期健全化基準以上による許可団体
②　実質赤字による許可団体
③　実質公債費比率による許可団体
④　不適正行為による許可団体
⑤　標準税率未満による許可団体
⑥　資金不足比率が経営健全化基準以上による許可団体
⑦　資金不足比率による許可公営企業

などについても、総務大臣又は都道府県知事の許可を受けなければならないとされている（地財法第五条の四関係）。

また、団塊の世代の大量定年退職等に伴う退職手当の大幅な増加に対処して、今後の総人件費削減を進め

るため、一〇年間の特例措置として、許可による前述の退職手当債がある。

このため、総務省より毎年度、地方債同意等基準及び同運用要綱、地方債計画及び地方債充当率などが示され、地方債についての協議又は許可の運用がなされる。これらの基準のもとに、一般会計債、公営企業債等の区分毎に事業別計画額、資金枠などより公正・透明性の向上が図られる。

地方債の資金内訳としては、政府資金として財政融資資金、地方公共団体金融機構資金及び国の予算等貸付金に、民間等資金として市場公募資金及び銀行等引受資金にそれぞれ区分される。

地方債についても、特定財源であることからして、起債の目的事業によって歳出予算の当該款項等に合わせて目節に区分し、計上することとなる。しかし、住民税等減税補填債のごとく、一般財源である特殊の地方債についてはこれを別の目に計上する必要がある。

(1) 総務債

この典型的例としては、庁舎（独立の議会議事堂等は議会債）の建設資金を借り入れる場合の地方債、辺地に係る公共的施設の総合整備のための財政上の特別措置に関する法律による有線電気通信設備の設置の地方債等が含まれる。その他減税補填債、退職手当債、地方公共団体が保有する電力株の増資のための起債等が含まれよう。

(2) 民生債

これには、生活保護法に基づく保護施設、児童福祉法による児童福祉施設、母子並びに父子及び寡婦福祉法による母子・父子福祉施設、老人福祉法による老人福祉施設、身体障害者福祉法による身体障害者社会参加支援施設、知的障害者福祉法による障害者支援施設等、辺地に係る公共的施設の総合整備のための財政上の特別措置等に関する法律による公共的施設などの設置に要する経費について起債を行う場合も、これに区分されよう。

(3) 衛生債

病院（精神保健法による精神病院も含む。）、水道施設（簡易水道事業を含む。）、下水道法による公共下水道事業及び一般と畜場、簡易と畜場等の施設設置はともに地方財政法あるいは地方公営企業法の適用を受け、公営企業又は準公営企業として特別会計による経理区分を義務づけられている。したがってその他の廃棄物処理法による下水道整備事業、終末処理場、し尿処理施設、ごみ処理施設、下水処理施設等の建設に要する資金を地方債で借り入れた場合、また診療所、伝染病予防法による隔離病舎、隔離所、その他保健所、食肉衛生検査所、火葬場等の建設資金及び辺地対策事業として設置する診療車、診療船、それに要する機械器具及び飲用水供給施設等に要する資金を借り入れた場合がこの項目によって区分される。

(4) 労働債

職業能力開発促進法による職業訓練校、障害者職業訓練校を設置する場合、労働者福祉対策として労働会館を設置する場合の資金等が考えられる。

(5) 農林水産業債

土地改良法による土地改良事業、すなわち農地のかんがい排水施設、農業用道路等、農地の区画整理、開田又は開畑及び埋立又は干拓事業に要する資金、酪農及び肉用牛生産の振興に関する法律による酪農振興計画のための草地改良事業、また農業構造改善事業、すなわち農道事業、農地及び草地造成改良事業、かんがい排水事業（頭首工、貯水池、ポンプ、用水路、排水路及び樋門）、経営近代化施設（農業機械及び農業基盤整備用機械）、その他公有林整備事業、漁港改良修築事業、その他農業試験場、農業技術センター等各種試験研究機関の設置、漁業取締船、水産実習船の建造に要する経費等を借り入れる場合が含まれる。災害関連事業として緊急治山、砂防事業のためのものも考えられる。

(6)　**商工債**

計量検定所、工芸指導所等の建設経費、各種観光施設の設置、観光開発事業への出資（工場団地造成事業等は準公営企業として行われる。）、中小企業諸対策貸付金の財源等に要する経費が含まれる。

(7)　**土木債**

一般に道路、橋りょう、河川、港湾（上屋、荷役機械、貯木場の建設）等の新設（開発）改修事業費、土地区画整理事業、都市計画事業、都市公園の整備事業、駐車場の建設等を行う場合、公営住宅の建設又は災害関連事業として地すべり対策事業、河川海岸補修事業、治水事業を実施する場合の経費、その他空港整備事業、都市下水路事業、また道路公社、宅地開発公社等への貸付金、直轄事業負担金の財源としての起債が含まれる。

(8)　**警察及び消防債**

警察官の機動性の強化、迅速な警察活動を行うための警察官の待機宿舎建設、老朽警察庁舎増改築費、警察学校、消防学校の建設費、警察用通信施設、消防防災施設（消防用車両、自動車ポンプ、火災報知機、防火水槽、防災行政無線、防災コミュニティセンター等）、また最近の交通事情に伴い激増する自動車運転免許者のための自動車運転試験場の建設費等が考えられる。

(9) 教育債

教育振興のための教育センター（用地買収、電気設備事務費を含む。）の建設費、小・中学校及び高等学校施設増改築及び整備費（給食センター、機械実習室等を含む。）、住民の福利厚生、保健体育増進のための陸上競技場、体育館及び国民宿舎の建設等、保健体育施設の整備充実、社会教育振興のための図書館、美術館及び博物館の建設費が含まれる。また辺地対策事業の一環として行うべきへき地教職員住宅の整備、学生寮の建設費等がある。

(10) 災害復旧債

これには単独災害復旧事業費、補助災害復旧事業費、直轄事業負担金に係るものが含まれるが、被災害施設の改良助成等災害関連事業に係るものは前述の各事業目的別に含まれるものである。したがって公共土木施設災害復旧事業費国庫負担法、農林水産業施設災害復旧事業費国庫補助の暫定措置に関する法律、公立学校施設災害復旧費国庫負担法及び激甚災害に対処するための特別の財政援助等に関する法律の規定によって行われる道路、河川、海岸、砂防設備、林地荒廃防止施設、港湾及び漁港の被害施設の原形復旧を目的とする事業、農地、農業用施設（かんがい排水施設及び農道等）、林業用施設、漁港施設及び共同利用施設に対する災害復旧事業費、その他の単独災害復旧事業費、直轄事業費の地方公共団体負担分として必要とする経費のうち、地方債を充てるものが考えられる。

歳出科目の解説

序説

地方公共団体の予算については、その執行の便宜に供するため、及び経費の効率的使用に供するため一定の区分を行うこととしている。すなわち、地方自治法第二一六条において「歳入歳出予算は、歳入にあつては、その性質に従つて款に大別し、かつ、各款中においてはこれを項に区分し、歳出にあつては、その目的に従つてこれを款項に区分しなければならない。」と規定され、この款項は議会の議決の対象とされている。一方、成立した予算について、地方公共団体の長は、予算の執行に関する手続を定め、これに従って執行することが義務づけられているが、その基準となる規定として、地方自治法施行令第一五〇条第一項第三号において、「歳入歳出予算の各項を目節に区分するとともに、当該目節の区分に従つて歳入歳出予算を執行すること」と定め、さらに、同条第二項は、「目節の区分は、総務省令で定める区分を基準としてこれを定めなければならない」としている。この目節については、款項が議会の議決の対象とされるのに対し、長限りで決定し、執行できるものであることから、これを議決科目に対し、執行科目と呼んでいる。

歳出予算の款項及び目の区分の基準は、標準的な団体を想定して立てられたものであり、したがって、個々の団体の行政権能の違い、あるいは特殊条件の存在等によって、異なった款項及び目の区分を行う必要のあることは予想されるところであり、特に、総務省令別記「歳入歳出予算の款項の区分及び目の区分」備考の一は「都、指定都市等行政権能の差のあるものについては、当該行政権能の差により必要な款又は項を設けることができる」と規定し、さらに、昭和三八年九月三〇日付自治省財政局長通知（自治丙財発第一七号）においては「省令に示された科目に想定されている以上の行政目的又は重要な経費である場合には、省令に示す以外の科目を設定し、施設費についてはその種類毎に目を設定することができ……」という趣旨が述べられており、著しく他の団体と均衡を失するようなことがない限り、一定の限度は存するものの、款項及び目については比較的弾力的な運用が可能となっている。

これに対し、執行科目といわれる節の区分については、歳入予算に係る節の区分は、総務省令に定められているが、これは、歳入予算の項の区分に対応して長が定めることとされているのみであるから、適宜「目」の内容を説明する程度に設けられることになる。これに対し、本稿で対象とする歳出予算に係る「節」の区分は「予算の執行に際しての手続的な区分」とされるのであるから「款項及び目」の区分についての表現（「……の区分は、別記のとおりとする。」）とは異なり、「歳出予算に係る節の区分は、別記のとおり定めなければならない。」と規定されている（自治規一五Ⅱ）。このように弾力性のない規定とされたのは、節が個々の予算の執行に当たっての最小限度の「単位」として全国的に統一的に処理されることが要求されるからである。現在、性質別に二七節に分類されている。この節について考察すれば、

① 歳出予算の執行に際しての手続的な区分であること

② 総務省令に示された二七節の範囲内で、個々の地方公共団体の規則に定めておくことになること

③ 節の番号は総務省令で定める番号によらなければならないこと

④ 総務省令には節の名称とそれぞれについての説明が示されているが、歳出予算の配当に際しては、この説明を単位として行うことも可能であること

といったような点が挙げられる。現在の二七節は、昭和三八年の地方自治法改正以前における支出科目としての四三節を整理統合したものであって（令和二年四月一日施行の地方自治法施行規則の改正により「第七節賃金」が削除され、それまでの二八節が二七節となっている。）、これは、予算の執行に当たって、いたずらに細分化するよりもなるべく同質のものはこれをまとめることとして、執行上の手間を省き、流用等による執行の円滑化も狙いとしたものであるとされる。

節の統合の変遷について参考までに比較表を次頁に掲げる。

なお、経費のうちには、いずれの節にも明確にあてはまらないものがあるが、予算計上に当たっては類似の節に組み込むことが要求され、それはやむを得ないものと考えられている。

以下、二七節について、これまでの具体的質疑応答等も引用しながら個々に解説を加えることとする。

27節の変遷一覧

	旧		現行
1	報酬	1	報酬
2	吏員給		2（2・3）
3	給料		
4	旅費	8	旅費
5	職員手当	3	職員手当等
6	災害補償費	5	災害補償費
7	恩給退職年金及び退職一時金	6	恩給及び退職年金
8	報償費		7
9	賃金	7	廃止
10	交際費	9	交際費
11	消耗品費		10（11〜15）
12	燃料費		
13	食糧費		
14	印刷製本費		
15	光熱水費		
16	通信運搬費		11（16〜19）
17	保管料		
18	広告料		
19	手数料		
20	借料及び損料	13	使用料及び賃借料
21	筆耕翻訳料		12
22	委託料	12	委託料
23	修繕料		10
24	工事請負費	14	工事請負費
25	備品費	17	備品購入費
26	原材料費	15	原材料費

	旧		現行
27	買上金		7
28	施設費	16	公有財産購入費
29	賠償及び違約金		21、22
30	利子及び割引料		22
31	補償金及び補填金		21
32	負担金、補助金及び交付金	18	負担金、補助金及び交付金
33	保険料		4、11
34	他会計へ繰出	27	繰出金
35	貸付金	20	貸付金
36	投資及び出資金	23	投資及び出資金
37	積立金	24	積立金
38	繰替金		廃止
39	扶助金	19	扶助費
40	寄附金	25	寄附金
41	公課費	26	公課費
42	繰上充用金		21
43	予備費		廃止
	(32・33の一部)	4	共済費
	(2、3)	2	給料
	(8、27)	7	報償費
	(11〜15、20の一部)	10	需用費
	(16〜19、21、33の一部)	11	役務費
	(29〜31、42)	21 22	補償、補填及び賠償金 償還金、利子及び割引料

（注）「旧」とは昭和38年の地方自治法の改正以前をさす。

第一節　報酬

地方公共団体の議会の議員及び職員は、その経済的権利として当該地方公共団体から給与その他の給付を受ける権利を有する（自治法二〇三〜二〇五）。

地方自治法第二〇三条第一項は、「普通地方公共団体は、その議会の議員に対し、議員報酬を支給しなければならない。」と規定し、同条第四項は「議員報酬、費用弁償及び期末手当の額並びにその支給方法は、条例でこれを定めなければならない。」としている。

また、地方公共団体の職員はその勤務形態によって、常勤・非常勤に区分されるが、報酬は、原則としてその勤務日数に応じて与えられる反対給付で地方自治法上は非常勤の者に対する給与と考えられ、常勤職員に対する給料と対応するものである。地方自治法第二〇三条の二第一項は、「普通地方公共団体は……非常勤の職員（短時間勤務職員及び地方公務員法第二二条の二第一項第二号に掲げる職員を除く。）に対し、報酬を支給しなければならない。」と規定し、同条第五項は「報酬、費用弁償及び期末手当の額並びにその支給方法は、条例でこれを定めなければならない。」としている。

この場合の報酬の受給者は、非常勤職員であるから、執行機関の附属機関の構成員や、臨時の一般の職員も該当するものであって、これらの者には、条例に定めるところに従って報酬が支給されるのである。

報酬について類型的にみれば、次のようになる。

(1)　議員報酬

○地方公共団体の議会の議員に支払われる報酬で、月額で定められ支給される場合が多い。

○額の定め方は、議長、副議長、一般議員に分けて定める例が一般的である。また、委員会の委員長、副委員長にも通常の議員と区分してその報酬額を定めている例もある。ただ、議会の常任（議会運営・特別）委員会の委員であることに対して別途委員報酬を支給するということは許されない。

○議員報酬に類する研究手当、調査手当等を支給することはできないものであり、これらは本来の議員報酬に含まれるべきものであり、これらを含めて報酬の額を決めることが求められる。

○市が競輪開始一〇周年を記念するための記念品代という名目で予算に計上の上、市議会議員全員に対して一人当たり一万円を支給したことは、それが社会通念上儀礼の範囲内にとどまる限り、地方自治法第二〇四条の二に違反しないが、当該支出は儀礼の範囲をこえ、違法と認められる（昭三九・七・一四最高裁判決）。

○議員報酬は、民事執行法第一五三条第一項の規定により、全額これを差し押えることができる（昭三一・一一・一行実）。

○委託料等の各節から支出するものであっても実質的に報酬としての性質を有するものは報酬として支出すべきである。

○議員報酬の引上げについては、意見を反映させるべく各団体とも第三者による報酬等審議会を附属機関として設置することが助言されている（昭三九・五・二八通知）。

議員報酬請求権の放棄

報酬引上げに反対の議員が引上分を受け取らないこととしたいということについては、そのような放棄が可能かどうかについて議論があった。

議員報酬請求権は、議員の身分と表裏一体をなす公権であり、これを処分することはできないというのが学説、判例等の考えである。ただ基本権としての議員報酬請求権から派生する支分権としての金銭債権の請求権については、これを放棄することも可能であると解される。しかし議員及び地方公共団体の長の場合は、給与請求権の放棄は、公職選挙法第一七九条第二項に該当し、同法第一九九条の二の公職の候補者等の寄附の禁止に抵触することから、できないこととなっている。

(2)　委員報酬

○地方自治法第一八〇条の五第一項、第二項及び第三項に規定する地方公共団体の執行機関である委員会の委員及び委員（常勤の委員を除く。）に対して支給されるものである。具体的にいえば、教育委員会、選挙管理委員会、人事委員会（人事委員会をおかない地方公共団体にあっては公平委員会）の委員及び監査委員であるが、都道府県にあっては、公安委員会、労働委員会、収用委員会、海区漁業調整委員会、内水面漁場管理委員会の委員が、市町村にあっては、農業委員会、固定資産評価審査委員会の委員がそれぞれこれに加わり、法制上非常勤とされている委員に対し支払われる。したがって、人事委員会の委員で常勤の者（地公法九の二Ⅵ）、常勤の監査委員（自治法一九六Ⅳ）等、常勤の者については、地方自治法第二〇四条の規定により、給料及び旅費並びに諸手当が支給され、委員報酬は支給されない。

(3)　非常勤職員報酬

○附属機関の委員及びその構成員等に対する報酬で、地方自治法第一三八条の四及び第二〇二条の三の規定により附属機関として設置される自治紛争処理委員、審査会、審議会、調査会その他の調停、審査、諮問又は調査のための機関の委員、構成員及び専門委員並びに監査専門委員に対して支払われるものである。ここで構成員とは、委員といった名称は使わないが、単に附属機関の構成員として委員と同質の仕事をする者をいう。したがって、常勤の事務補助職員はこれに含まれないものである。

具体例を示せば、都道府県でいえば、青少年保護育成審議会民間委員報酬、私立学校審議会委員報酬、危険物取扱主任者試験委員報酬等、市町村でいえば、○○市長期総合基本計画審議会委員報酬等々がこれに当たる。

○選挙事務に従事する選挙長、投票及び開票管理者並びに投票・開票及び選挙の立会人に対する報酬もこれに当たる。

○前記以外の非常勤の職員に対するもの　当該地方公共団体の職員であって、短時間勤務職員を除いたその勤務の態様が常勤でないものに対して支給され、その者が特別職であると一般職であるとを問わないものである。ただ、この場合も、委員、雇員、嘱託等として任命されたものでなければならない。具体例を示せば、図書館協議会委員、学校医、消防・水防団員等がこれに当たる。

(4)　パートタイムの会計年度任用職員の報酬

○令和二年度より導入された会計年度任用職員制度に基づく、パートタイムの会計年度任用職員の報酬は第一節「報酬」に計上される。

非常勤職員の報酬支給の定め方

これについては、いろいろな考え方があるが、地方自治法の原則である勤務日数に応じて支給するというのは一つの合理的な定め方であり、支給について現実の勤務に従って支給される点に意義がある。ただ、その勤務形態が常勤の職員の勤務形態に近いような場合は、月額により定めることも考えられるが、その場合は報酬の額が妥当か否かについて総合的に判断する必要がある。

〔運用例〕

《月の中途で就任・退職のあった場合の報酬の支給》

問　地方自治法第二〇三条の二第一項に掲げる非常勤の職員が月の途中において就任又は退職した場合、報酬はその月分全額を支給すべきか、又は日割計算により支給すべきか。

答　その月分全額を支給するか日割計算によるかは当該団体の条例の定め方によるが、再任の場合、同一月の勤務に対し二重の給与を受けるという不合理を避けるため、日割計算により支給するように定めておくことが適当である。また、報酬を実際の勤務日数に応じて支給する場合は設問のような問題は生じない。

《兼業の職員に対する謝礼金の支給》

問　教育委員会の事務部局に属する図書館長が、当該教育委員会の附属機関である文化財調査会委員を兼職している場合において、その職務に対して、当該図書館長に費用弁償的性質を有する謝礼金（一か月三、〇〇〇円）を支給することは地方公務員法第二四条第三項に抵触し、違法な支給となるか。

答　地方公務員法第二四条第三項に「職員は、他の職員の職を兼ねる場合においても、これに対して給与を受けてはならない。」と規定されているが、本法にいう、いわゆる職員とは、一般職に属する地方公務員をいい（地公法四）、本条は、同一地方公共団体内における一般職相互間における給与の重複支給を禁止した規定である。したがって、質問の文化財調査委員が地方公務員法第三条第三項第二号（法令又は条例、地方公共団体の規則若しくは地方公共団体の機関の定める規程により設けられた委員及び委員会（審議会その他これに準ずるものを含む。）の構成員で臨時又は非常勤のもの）に該当するものであれば、それは特別職であるから、これに対する報酬の支給は同法第二四条第三項の規定するところではないが、公務員の給与の本質からいって、同一勤務に対して重複して給与を支給することにならないよう、報酬支給条例に所要の調整規定を設けることが適当である。

《法令の規定により選任された各種委員の報酬》

問　法令の規定により選任された非常勤の各種委員に対しては条例により報酬を支給するものとされているが、同一市において、例えば非常勤の監査委員と固定資産評価審査委員の職を同一人が兼ねている場合、一般職の職員が兼職しても給与を二重に支給されないように、重複給与（報酬）をしない旨を条例に規定することができるか。

答　地方公務員法第二四条第三項に「職員は、他の職員の職を兼ねる場合においても、これに対して給与を受けてはならない。」と規定されているが、これは一般職の地方公務員が同一地方公共団体内の他の一般職の地方公務員の職を兼ねる場合における重複給与の支給を禁止したものである。

したがって、一般職の職員が特別職を兼ねる場合及び特別職の者が他の特別職を兼ねる場合のいずれについても本条の規定は適用がなく、また、他にもこれらの場合における重複給与を禁止した明文の規定はないが、公務員の給与の本質からいって同一勤務に対し重複して給与を支給すべきでないのは当然のことであり、特別職の給与に関する条例において同一勤務に対し重複給与になることのないよう所要の措置を講ずることが適当である。

この場合、何をもって「同一勤務」と考えるべきかということは検討する必要がある。例えば議員選出の監査委員の場合、議員としての職務を行う日以外の日において監査委員として出勤した場合は議員としての報酬とは別に、監査委員としての報酬を支給することも可能であり、一般的には議員選出監査委員には監査委員としての報酬が別途支給されている場合が多い。

《報酬の委任払いの可否》

問　当市においては事務の連絡のため、必要な区域に連絡員を置き、市広報の配布その他の事務連絡に当たらせ、報酬（月額一、〇〇〇円未満程度）を支払っているが、この場合、委任状による支払は差し支えないか。

答　連絡員の身分関係が明らかでないが、一般的には、当該連絡員については労働基準法の適用はないものと考えられ、したがって委任状による支払いをすることは差し支えない。

《非常勤特別職職員の報酬と直接払いの原則》

問　非常勤特別職職員に報酬を支給する場合、労働基準法第二四条の規定を適用し直接払いをしなければならないか。

答　非常勤特別職のうち委員については、労働基準法第二四条、地方公務員法第二五条の規定の適用がないから、報酬を直接払いしなければならないということはない。

《議会選出監査委員の報酬の定め方》

問　従来、議会選出監査委員の報酬については、学識経験者選出監査委員の報酬支給条例で議員報酬と別個に規定しているが、ある解説書において、非常勤の監査委員は実質的に議員のうちから選出されるものでここには含まれないと説明されているので、議会選出の監査委員の報酬は議員報酬に含めて規定するのが正しいように思えるので条例の規定のしかたについてどう考えたらよいか。

答　地方自治法第二〇三条の二第一項において「普通地方公共団体は……非常勤の職員に対し、報酬を支給しなければならない」と規定され、同条第四項で「報酬……並びにその支給方法は、条例でこれを定めなければならない」と規定されている。報酬は、非常勤の職員が一定の勤務に従事したことにより、その反対給付として支払われるものである。議員報酬は、議会議員の報酬条例で、監査委員の報酬は、監査委員の報酬条例に基づいてそれぞれ支給されることになる。この意味において、議会の議員が監査委員として監査に従事した場合の報酬については、監査委員の報酬条例に規定するのが適当である。しかし、給与の重複支給が生じないよう、条例上調整規定をおくべきである（昭三〇・九・一四行実、特別職の給与に関する法律

一四、国会議員の歳費、旅費及び手当等に関する法律七参照）。

《月額報酬を日割計算する場合の計算方法》

問　月額報酬を日割計算する場合は、（月額報酬×A÷30）として算出すべきか。あるいはその月の実際日数によって算出すべきか。

答　当該地方公共団体の条例の定めるところによるが、条例の定めが明らかでないときは、運営上の問題として当該団体でその取扱いを決めることとなる。

なお、国の一般職の職員における日割計算の方法は、月の現日数（つまり、二八日のときは二八、三〇日のときは三〇、三一日のときは三一）から勤務を要しない日の日数を差し引いた日数を基礎として日割計算をするものとされている（一般職の職員の給与に関する法律九の二参照）。

《特別職の職員で非常勤の者への報酬の支払》

問　特別職の職員の報酬の支払については、本町条例により、月額支給の場合については日割により退職、就職の日を起点に支払っているが、Aが一九日に退任（任期満了）し、二〇日再任された場合、その月の報酬について重複支給して差し支えないか。

答　当該報酬が、月額制で定められている場合に、設問のように月の途中で退職し、引き続いて再任されたような場合には、当該月分については重複支給を避けるため日割計算をして支給すべきと解される。

《委員等の報酬に差を設けることの可否》

問　議員を除く委員等の報酬を特別に年額で定め、費用弁償を支給することを条例で定める場合、各委員等の職務の性質、内容、すなわち一般職に職階制があり、等級により俸給が定められるように、委員等の報酬を定めるについて職務の性質、職責の重度などを参酌してこれを定めても差し支えないか。

答　例えば委員長と委員を分けるなど合理的な基準があれば差し支えないと解される。

《非常勤の特別職に支給する報酬》

問　地方自治法第二〇三条の二第五項の規定により非常勤の特別職に支給する報酬は条例で定めなければならないこととされているが、この条例中に「予算の範囲内で町長がこれを定める額とする。」というような規定を設けることは、法の趣旨に反すると思うがどうか。なお、ここでいう非常勤の特別職とは、地方公務員法第三条第三項第三号の特別職である。

答　一般的には法の趣旨は、条例において報酬の額までを規定することと解される。地方公務員法第三条第三項第三号の特別職は、委嘱期間が短く、また、その種類も多いが、給与条例主義の趣旨に基づき、条例上その額を明示しなければならない。

《町職員と統計調査員との兼職に係る報酬等の支給方法》

問　町職員が当該町の統計調査員を兼職することについての問題はどうか。

答　一般職の職員が同一地方公共団体内の他の一般職の職を兼ねる場合は、いわゆる重複給与の支給禁止の規定（地公法二四Ⅲ）があるが、一般職の職員が特別職の職を兼ねその職務に従事する場合には、明文の重複給与禁止の規定はない。

したがって、特別職である統計調査員としての報酬を受けることは可能であるが、受けた場合には、「給与はその勤務に対して支給されるものである。」という原則から、統計調査員としての勤務を行ったために、本務について勤務しなかった時間に対する給与は当然減額されるべきである。統計調査員の職務に従事した時間が本務の勤務時間内であれば、その職務に対して対価が支払われた場合には、給与は減額されるべきであるが、本務の勤務時間外であれば、本務に対する給与を減額する必要はないと解される。

なお、このような場合には、重複給与を避ける意味で、特別職の職員の給与に関する法律（昭和二四年法律第二五二号）第一四条の規定を参考に、原則として、一般職の常勤の職員が特別職を兼ねるときは、その兼ねる特別職の職員として受けるべき給与は支給せず、その兼ねる特別職の職員として受けるべき給与の額が、一般職の常勤の職員として受ける給与の額を超えるときにその差額を支給するという旨を特別職の報酬条例の中に定めて調整を図ることが適当であるとされている（昭三〇・九・一四行実）。

《開票立会人の報酬額の算定方法》

問 選挙開票立会人の報酬を条例で日額一、五〇〇円と定めているとき、立会人の職務が即日開票のため午後八時から翌日の午前二時までのときは、一日分一、五〇〇円の支給か、又は二日分三、〇〇〇円の支給か。

答 二日分三、〇〇〇円の支給になる。報酬を日額で定めている場合の日額計算上の日数は、暦日計算でなされることになっているから、開票立会人の日額計算上の勤務日数は二日となる。

次に、この二日についてそれぞれ日額全額が支給できるかが問題となるが、選挙開票立会人の報酬が条例で日額一、五〇〇円と定められている場合には、開票立会という特別の勤務に対して、勤務時間にかかわりなく日額一、五〇〇円を支給するという意味に解されるので、条例に特別の定めがない限り二日分三、〇〇〇円の報酬を支給することになる。

しかし、現実的にみれば、この開票立会人は前後六時間しか勤務しておらず、かつ、このような勤務状態になるのは、即日開票の開票立会人にとっては当然予想されるところであるから、条例上報酬を定めるに当たって日額とせず、一回の開票立会勤務に対していくら支払うというような定め方にするか、日額で定めていても、条例で一般的に通常の勤務時間に満たないような場合には、割り落して支給するというような規定をおいて調整するのが適当と解される。

第二節　給料

地方自治法第二〇四条第一項の規定により地方公共団体の常勤職員に支給されるものを「給料」という。同条同項は、「普通地方公共団体の長及びその補助機関たる常勤の職員、委員会の常勤の委員（教育委員会にあっては、教育長）、常勤の監査委員、議会の事務局長又は書記長、書記その他の常勤の職員、委員会の事務局長若しくは書記長、委員の事務局長又は委員会若しくは委員の事務を補助する書記その他の常勤の職員その他普通地方公共団体の常勤の職員並びに短時間勤務職員及び地方公務員法第二二条の二第一項第二号に掲げる職員に対し、給料及び旅費を支給しなければならない。」とし、同条第三項は、「給料、手当及び旅費の額並びにその支給方法は、条例でこれを定めなければならない。」と規定している。

給料を含む給与に関する基本原則は、給与決定に関する原則と給与の支給に関する原則とに大別することができるが、いずれの原則も地方公務員法に規定されている。すなわち、給与決定の原則のうち、職務給の原則と均衡の原則は第二四条第一項と第二項に、条例主義は同条第五項及び第二五条第一項に規定されている。また、給与支給の原則については、重複給与の禁止は第二四条第三項に、通貨払い、直接払い及び全額払いの原則は第二五条第二項に規定されている。

給料の内容をみれば、次のようになる。

(1)　特別職給

これは、地方公務員法第三条第三項にあげられた特別職のうち、その勤務の態様が常勤である者に対し、当該勤務の対価として支給されるものであって、知事、副知事、市町村長、副市町村長、議会の議長等の秘書の職（条例で指定されたもの）にある職員並びに常勤の監査委員及び人事委員会委員に支給されるものが主たるものである。

(2)　一般職給

地方公務員法上、一般職とされた職員に対し、その提供する勤務の反対給付として支給されるものであり、議会の事務局長又は書記長及び書記、警察官、準職員、雇員、嘱託等に対するものも含まれる。地方公務員法第二二条の条件付採用の職員に対する給料は、この一般職給から支給される。

各職員の具体的な給料の額については、給与条例上の各給料表の中から、一定の資格要件に基づき、それぞれの任命権者が定めるべきである。

また、他の地方公共団体の職員であっても、地方自治法第二五二条の一七（職員の派遣）の規定により派遣された職員については給料等を支給しなければならないとされている。

①　給料の請求権は公法上の権利である

給料の請求権についても報酬と同じことがいえるのであって、この権利は公法上の関係に基づき発生する公法上の権利であるから、この基本権の放棄、譲渡、質入、相続といったことはできないが、既に発生した支分権については、これらのことはなし得るものである。なお、知事及び市町村長の給与請求権の放棄については、公職選挙法第一七九条第二項に該当し、同法第一九九条の二の公職の候補者等の寄附の禁止に抵触しできないものと解されている。給料に係る請求権の時効は、労働基準法の適用を受ける一般職の職員の給料については二年間（労基法一一五）で、その他は地方自治法第二三六条の規定により五年である。

②　給料の支給方法

給料の支給方法については、地方公務員法第二五条第二項に「職員の給与は、法律又は条例により特に認められた場合を除き、通貨で、直接職員に、その全額を支払わなければならない」という、いわゆる給与支払の三原則が規定されている。

給料の支払方法として口座振替を使用することは職員の申し出によりできる（昭四九・一二・二、昭五〇・四・八通知）（なお、これにより、昭和四一年九月二九日付行政実例「給与に係る口座振替の方法による支出について」は変更された。）。また、地方自治法施行令第一六五条の四第三項において、「職員に支給する給与（退職手当を除く。）に係る支出については、……小切手を振り出すことができない」と規定していることから、小切手による支払はできない。

給与条例には、正当な理由なくして勤務を欠いた場合には、当該時間分の給料を減額して支給するものとする旨のいわゆる賃金カットの規定が設けられている。本来は、当該月分の給料を減額して支給すべきであるが、給料支給日の直前又は以降に勤務を欠いた場合には、翌月分以降の給料又は手当を減額することができる。

③　給料の差押え

給料の差押えについては、職員の給料及び各種手当を含む給与の差押えについては、民事執行法第一五二条及び国税徴収法第七六条の規定により、その差押えに一定の限度が定められている。なお、議員報酬については、民事執行法第一五一条の規定により全額差し押さえることが可能となっている。

〔運用例〕

《給料の日割計算と休日の取扱い》

月の中途において職員を採用した場合の給料の支給方法は、一般職の職員の給与に関する法律（昭和二五年法律第九五号）第九条の二第四項によって日割計算によることと定められており、日割計算の方法としては「その期間の現日数から勤務を要しない日数を差引いた日数」を基礎とすることとなっているが、この場合、勤務を要しない日とは同法第一五条の規定並びに人事院規則一五―一（昭二四・一・一五施行）「勤務を要しない時間」により日曜日及び土曜日と解され、休日は含まれない。

（例）５月２日付採用の場合

$$\text{本俸} \times \frac{30\text{（採用時からの日数}=31-1\text{）}-9\text{（土・日曜日）}}{31\text{（５月中の日数）}-9\text{（土・日曜日）}} = \text{日割計算額}$$

（上下共５月の勤務を要しない日、即ち土・日曜日）

《赤字財政に伴う職員の昇給延伸は条例改正が必要か》

職員の昇給所要在職期間を定めた条例の規定は、昇給の要件を定めたにすぎないものであって、任命権者の昇給の実施を義務づけているものではない。一定期間一律に基準を設けて定期昇給を延伸しようというような場合は、条例の改正をするか、又は時限的な臨時特例条例を設けるべきではないかという考え方もあるが、このような条例措置を行わずに定期昇給の延伸を行ったからといって、直ちに違法の問題は生じないと考えられる。

(3)　フルタイムの会計年度任用職員の給料

令和二年度より導入された会計年度任用職員制度に基づく、フルタイムの会計年度任用職員の給料は第二節「給料」に計上される。

《記載事項を誤った辞令の効力》

問　職員を任命し、あるいは昇給の発令をする際の辞令の記載事項である給与の号俸を誤って記載し、それに応じた給与が支払われ、数か月後これが発見された場合の取扱いについてどう処理すべきか。また誤記により受けた利益は当然返還すべきか。

答　公法上の意思表示に錯誤がある場合、その効果については、一般に、その錯誤であることが普通の社会見解によって外部から認識せられる場合と、普通の社会見解によって外部から認識することのできない場合の二つに分けて考えられている。

前者の場合には、常にその誤りを正し、その真正の意義と認められるところに従って、その効力を生ずるものと解されているのに対し、後者の場合には、全ての表意者の意思はその表示せられるところに従って、判断するほかはないものであるから、その表示が正当の権限ある者によって行われた以上は、たとえその表示せられたものが真の意思と異なっているとしても、なおその表示せられたところに従って、一応の効力を生じ、訂正又は取消しの許される場合にその訂正又は取消しによって初めてその効力を失うものと解されている。

訂正は条例、規則上で給料の訂正条項（人事院規則九―八第四五条相当規定）がある場合に将来に向かって行うことができるものであり、取消しは既往に遡って無効となるものであると考えられる。

設問の誤った辞令の効力については、右のいずれかの方法によることもできる。前者の場合は、その誤りが発見され、正しい辞令の発せられるまでに受けた利益については返還の義務はないものと考えられ、後者の場合は既往に遡って返還の義務が生ずるものと考えられる。

《教育職員の兼職に係る給与支給の可否》

問　県費負担職員の小学校長が市立の幼稚園長を兼ねた場合、当該小学校長に市から給与を支給することは差し支えないか。

答　地方公務員が他の職員を兼ねた場合においては、兼職に対する給与を受けることはできないとされている（地公法二四）が、教育公務員特例法第一七条第一項で、任命権者（県費負担職員については市町村の教育委員会）が認める場合は、兼職給与を受けることができるとされている。したがって、設問の場合は、市教育委員会が認めれば支給して差し支えないものと考える。

《口座振替による給与支払》

問　職員への給与の支給を口座振替によることは可能か。

答　地方公務員法第二五条第三項は、給与の支払方法は条例で規定すべきことを定めており、口座振替による場合も条例でその旨規定する必要がある。

なお、公金の支払を口座振替の方法によって行う場合には、次のことが要件とされている（自治令一六五の二）。

① 地方自治法第二三五条の規定により金融機関を指定している地方公共団体に限ること。
② 債権者が適当な金融機関に預金口座を設けていること。この場合、当該地方公共団体の預金口座がこの金融機関にあることは必ずしも必要としないが、指定金融機関、指定代理金融機関その他地方公共団体の長が定める金融機関であること。
③ 債権者から申し出があったときであること。
④ 会計管理者の通知により行われること。

《小切手による給与の支払の可否》

問　職員の給与を小切手の振出しによって支払うことが可能か。

答　給与支払の原則について地方公務員法第二五条に給与の通貨払の原則が定められており、小切手が通貨に該当するかどうかは説が分かれているが、この場合の通貨払の原則は厳格に解釈され、小切手での支払を禁止しているというのが通説となっている。

また、地方自治法施行令第一六五条の四第三項では、給与を小切手で支払うことができない旨規定されている。

《兼職に係る給与支給の可否》

問　町の一般職と学校組合（一部事務組合）の教育委員会事務局の職（一般職）を兼ねている職員の給与を町が六〇パーセント、組合が四〇パーセントの率でそれぞれの会計から支給できないか。

なお、任命権者（団体）が違っている場合でも地方公務員法に抵触するか。

答　理論的には設問のような支給方法もあり得るが、給与制度及びその運用が町と学校組合とで必ずしも同じであるとは限らないことから、六〇パーセント・四〇パーセントの基礎となる給料額が必ずしも同じとはならないこと、六〇パーセント・四〇パーセントの割合は、それぞれの団体の事務に従事する勤務時間数の割合であると考えられるが、現実にこのような勤務時間数の割合であるのかどうか、その把握が極めて困難であること及び諸手当（扶養手当、通勤手当等）はいずれの団体においてどのように支給するのか等の問題が存することから、給与は町が全額支給し、学校組合の事務に従事する時間については職務専念義務の免除として処理するのが一般的であると思われる。

なお、職員が報酬を得て他団体の職員となることは、地方公務員法第二四条第三項の兼職の職には該当しないが、同法第三八条第一項の営利企業等の従事制限には該当するので、同条項に基づく任命権者の許可を受ける必要があり、この場合の給与の取扱いとしては、他団体の職員となるに伴い生じた勤務しない時間については、給与を減額することが適当である。

第三節　職員手当等

原則として、地方公共団体の常勤の職員に対してはいわゆる職員手当が支給される。

職員の給与の基本的な部分を占めるものはいうまでもなく給料であるが、各職員の生活実態や勤務条件の相違などを全て給料で具体的に措置することが技術的に困難であるため、給料に対する一種の補完的な給与として各種の手当の制度が設けられている。

地方自治法第二〇四条の二は、「普通地方公共団体は、いかなる給与その他の給付も法律又はこれに基づく条例に基づかずには、これをその議会の議員、第二〇三条の二第一項の者及び前条第一項の者に支給することができない。」旨を定め、職員手当が法律又はこれに基づく条例により支給されることを明らかにしている。これは、法律による制限列挙であり、地方公共団体が独自にこれらのほかに他の手当を設けることは、地方自治法の規定に違反する。

法律に規定されているものとしては、地方自治法第二〇三条第四項の議会の議員に対する期末手当、同法第二〇四条第二項の扶養手当、地域手当、住居手当、初任給調整手当、通勤手当、単身赴任手当、特殊勤務手当（支給対象は、給料の受給者であって職務の内容が危険を伴いやすいもの、特殊な技術を要するもので、条例に定めることになる。）、特地勤務手当（これに準ずる者を含む。）、へき地手当（これに準ずる者を含む。）、時間外勤務手当、宿日直手当、管理職員特別勤務手当、夜間勤務手当、休日勤務手当、管理職手当、期末手当、勤勉手当、寒冷地手当、特定任期付職員業務手当、任期付研究員業務手当、義務教育等教員特別手当、定時制通信教育手当、産業教育手当、農林漁業普及指導手当、災害派遣手当（武力攻撃災害等派遣手当及び新型インフルエンザ等緊急事態派遣手当を含む。）及び退職手当がある。

手当についても、条例主義の原則が当然に適用されるから（自治法二〇四の二、地公法二四Ⅴ、二五Ⅰ）、条例で具体的支給要件、額、支給方法を規定しなければならない（自治法二〇四Ⅲ）。したがって、手当の条例制定に関し、条例上包括委任条項をおき、具体的支給要件、額、支給方法を規則等に委任することは条例主義の原則に違反することになる。

なお、昭和四七年一月一日から施行された児童手当法に基づいて地方公共団体の職員にも児童手当が支給されることになったが、この支給の方法をめぐって種々議論があった。

すなわち、予算計上に当たって節を何にするかということについても扶養費説と職員手当説があったが、どちらも割り切ってあてはめ得ず、より類似性が強いということで、節名の改正を行い「職員手当等」とし、児童手当を組み入れ得ることとされた（昭和四六年九月八日付自治省令第一八号）。ただ、職員手当ではない（したがって人件費ではない。）ところから、予算に関する説明書様式中の給与費明細書に加える必要はないものである。

手当のうち主たるものについては次のとおりである。

(1)　退職手当

職員が退職し、また死亡したとき、それまでの勤続に対する報償と退職後の生計の保障として支給される一時金である。

支給基準は、条例又はこれに基づく規則、規程で定める（自治法二〇四Ⅲ、地方公営企業労働関係法七①、同法附則Ⅳ）。

この退職手当の性格については、議論があるが、次のような判例が出されており参考になる。すなわち、労働基準法第二四条第一項では、賃金は直接労働者に支払わなければならないと規定しているが、退職金の支払についてはこのような規定がない。しかし国家公務員等退職手当法に基づく退職金は、過去の勤労に対する報酬たる性質を有し、一種の後払い賃金たる性格を帯びるものであるから、その支払については、労働基準法第二四条第一項本文の適用があり、退職金は直接退職者に支払わなければならず、その譲受人は国または公社に対し直接支払を請求することはできない（昭四〇・二・二五東京高裁民事判決）という趣旨のもので、この考え方は、地方公務員の退職金についても同様と考えられる。

退職手当の予算計上は、職員の区分に従って計上することが考えられるが、実際の運用は、一般職員は、「総務費―総務管理費―人事管理費」、教育職員は「教育費―教育総務費―教職員人件費」に、警察職員は、「警察費―警察管理費、警察本部費」とされている。

なお、退職時に贈られる記念品等で、それが通常の社会通念からいって、記念品としての概念を越えるものについては、退職手当と考えられるから、条例に基づかずには支給できないものである。

(2) 特殊勤務手当

特殊な勤務、すなわち職務の内容が著しく危険、不快、不健康又は困難な勤務、その他著しく特殊な勤務で、給与上特別の考慮を必要とし、かつ、その特殊性を給料で考慮することが適当でないと認められるものに従事する場合、条例に定めるところにより、その勤務の特殊性に応じて支給される。

(3) 管理職員特別勤務手当

国の給与制度において、特別に緊急性をもった業務に従事することを余儀なくされることが通例である週休日、休日における管理職員の勤務について、新たな給与上の措置として平成四年に設けられたものである。地方公共団体におけるこの制度の導入については、国の俸給の特別調整額制度に準じて支給されている管理職手当を補完するものとして、国に準じて（支給対象となる勤務、支給対象者、支給額等）支給することができるよう措置することとなる。

(4) 期末手当

六月及び一二月に国の例にならい支給されるものである。

なお、地方議会の議員にも期末手当が支給されるが、その支給内容は、基準日に在職する議員及び基準日前に一月以内に退職又は死亡した議員に対し、前者には報酬月額に一般職の職員と同じ支給率で算定した額を、後者には、一般職の職員と同様の方法で計算した額を支給することが多い。

(5) 会計年度任用職員に対する手当

令和二年度より導入された会計年度任用職員制度に基づく、フルタイムの会計年度任用職員に対する手当及びパートタイムの会計年度任用職員に対する期末手当は第三節「職員手当等」に計上される。

〔運用例〕

《扶養手当等の支給》

問　職員が養子（戸籍法第六六条の規定による届出済）の場合、職員の養父母及び養祖父母は、次のM市職員の給与に関する条例第八条第二項第三号に規定されている「六〇歳以上の父母及び祖父母」に含まれるか。

M市職員の給与に関する条例（抄）

第八条　扶養手当は、扶養親族のある全ての職員に対して支給する。

2　前項の扶養親族とは、次に掲げる者で他に生計の途がなく主としてその職員の扶養を受けているものをいう。

一　配偶者（届出をしないが事実上婚姻関係と同様の事情にある者を含む。）

二　二二歳未満の子及び孫

三　六〇歳以上の父母及び祖父母

四　二二歳未満の弟妹

五　重度心身障害者

答　国においては、扶養手当上の扶養親族の範囲は配偶者及び血族である子、孫、父母、祖父母、弟妹に限ると解されている。養子縁組については、養子と養親族及びその血族との間においては、養子縁組の日から、血族間における同一の親族関係を生ずる（民法七二七）ことになるので、設問の場合は、扶養手当上の扶養親族となると解される。

《扶養手当の支給方法》

問　給与条例の扶養手当の支給範囲から二二歳以上六〇歳未満のものについては重度心身障害者でない限り除外されているが、これらの救済措置として病気等で収入のないことが証明できれば、扶養手当の支給範囲とする旨を給与条例に規定しておけば、支給しても差し支えないか。

答　設問のようなものを扶養手当の支給範囲とすることは、地方公務員法第二四条第三項の趣旨からみて、適当ではないと考えられる。

《通勤手当の遡及適用等》

問　通勤手当を支給する場合、その条例の適用の日（四月一日）から公布施行の日（六月一日）までの間において退職した職員に対してこれを支給しない旨を規定できるか。

答　法律上はできるものと解される。また、この措置は不利益処分には該当しないものである。

《通勤手当と旅費との関係》

問　甲地に居住し、乙地に勤務して通勤手当の支給を受けている者が甲地に出張した場合、旅費として鉄道賃を支給すべきではないと思うがどうか。

答　旅費支給条例の内容にもよるが、一般的に考えるならば、旅費は、勤務地から用務地に行くために要する経費として支給するものと思われるので、居住地に出張する場合は、通勤手当が支給されている範囲を超えて移動する場合は、当該部分については旅費としての鉄道賃の支給が可能と解される。

《徒歩通勤職員に対する通勤手当の支給の可否》

問　通勤手当の支給について、条例で次のとおりに定められている場合に、徒歩で通勤している職員に通勤手当を支給することは可能か（本人はマラソンの選手であり、片道三キロメートルの距離を毎日走って通勤している。）。

B町給与条例　第一一条（通勤手当）（抄）

一　通勤のため交通機関を利用してその運賃を負担することを常例とする職員（交通機関を利用しなければ通勤することが著しく困難である職員以外の職員であって、交通機関を利用しないで徒歩により通勤するものとした場合の通勤距離が片道二キロメートル未満であるもの及び第三号に掲げる職員を除く。）

答　通勤手当を支給することはできない。

B町給与条例によれば、通勤手当は通勤のため交通機関を利用し、かつその運賃を負担することを常例とする職員に支給するものであるが、設問の場合、職員は交通機関を利用せずに徒歩で通勤しており、したがって運賃も負担していないのであるから、通勤手当を支給することはできない。

《通勤手当の支給》

問　K県職員の通勤手当支給規則で「職員が出張、休暇、欠勤その他の理由で、月の一日から末日までの全日数にわたって通勤しないときは、その月分の通勤手当は支給しない」と規定しているが、療養休暇をしていた者が、月の中途で出勤するようになった場合は、その月分の通勤手当は、全一か月分支給すべきか。また日割計算して支給すべきか。

答　設問の場合の職員が、月の中途で以後継続して通勤することとなった場合における取扱いを規定した県の条例又は規則が不明で判然としないが、国家公務員と同様の規定があることを前提とすると、この場合の通勤手当の支給の取扱いについては、全額が支給されることとなる。

《時間外勤務の命令と予算措置》

問　1　年度末になって既に予算がないにもかかわらず、命令を受けて勤務した場合（所属課長の専決事項）は時間外勤務手当を支給しなければならないと思うがどうか。

2　また支給する場合、予備費の充用等は規則で規制されているので、その予算措置はどうするか。

答　1　法律的には、正規の手続により、時間外勤務に従事した者に対しては、その時間に応じた時間外勤務手当を支給すべきものであるが、予算がないにもかかわらず、時間外勤務命令をすることはできない。したがって、事務の状況によりやむを得ず時間外勤務命令を出さなければならない場合には、あらかじめ財政当局とよく協議し、予算措置をした上でこれを行うべきものである。

2　設問の趣旨が明らかでないが、町の義務費になった経費についてその支出予算がなく、これを予算の流用又は予備費の充用により措置することができない場合においては、補正予算により対応することとなるが、年度経過後においては翌年度予算において過年度分として措置するほかないと考えられる。

《時間外勤務手当の支給関係》

問　正規の勤務時間外に勤務を命ぜられた職員には、その勤務時間外に勤務した全時間に対して勤務一時間当たりの給与額の一〇〇分の一二五を超過勤務手当として支給する旨条例で規定されているが、超過勤務の事前に口頭その他による任命権者の明示の命令がなければならないか、又は事後の追認でも差し支えないか。

答　一般的には時間外勤務命令はその事前にすべきものである。しかし、特別の事情のある場合において事前に命令を受けないで勤務に従事した場合、その勤務時間を手当支給の対象とするかどうかの判断を事後においてすること（すなわち設問にいう追認の問題）も例外的にあり得るものと考えられる。

《臨時職員に対する時間外勤務手当の支給の可否》

問　当市においては、災害復旧事業の事務のため臨時職員を雇用しているが、事務量が非常に多いため時間外勤務をさせている。これらに対する手当について、どのようにすればよいか。なお、当市では、臨時雇用人に対する規定は設けていない。

答　当該臨時職員に対する給与が賃金として日給で定められ、かつ、予算措置されている場合、直ちに、通常の職員と同様な取扱いができるかどうかは慎重に検討する必要があるが、設問の場合は、所要の規定がない場合も、当該給与に関する限り勤務時間に応じた支給ということで措置すべきものであろうと考えられる。

《時間外勤務手当の支給基礎は任命権者が命令した時間のみか》

問　**１**　任命権者が職員に時間外勤務手当を支給する場合の支給基礎となる時間数は、①任命権者が命令した時間数のみに対して手当を支給すればよいか、②当該職員が任命権者の命令した時間を超えて（勤務命令を受けた事務と同一性を有する事務）した実働時間数に対して支給すべき義務が生ずるか。なお、①の場合とすれば、その論拠は何か。

２　**１**②の場合に、その職員が災害を被ったときは、この者の災害は公務上の災害として認定されるか。

答　**１**　法律上は、①の取扱いとなる。

２　具体の事実によって判断するほかはないものと考えるが、命令された職務の遂行途上においては公務上の災害として取り扱われる場合が多いと想定されるが、常に該当するものではないから、勤務命令の変更をする等の措置をとっておく必要があると考えられる。

《時間外勤務手当の受給者に管理職手当を重複支給できるか》

問　時間外手当の受給者に重複して管理職手当を支給することはできるか。

答　職員に対する給与は、各地方公共団体において条例で定めることとされているので、いかなる給与を支給するかは、各地方公共団体の条例の規定によることになるが、当該条例の制定については、法律の定めた給与の範囲内という制約があること、また、国及び他の地方公共団体の職員の給与との権衡を考慮しなければならないのは当然である（地公法二四Ⅱ）。

国の場合、一般職の職員の給与に関する法律第一九条の八第二項の規定により、管理職手当の支給を受ける職員には時間外手当は支給しないことと定められており、この考え方は、地方公共団体の給与条例の制定に当たっても準拠すべきものであると考えられる。

《特殊勤務手当と時間外勤務手当》

問　地方自治法第二〇四条の規定に基づき、特殊勤務手当として条例において「投票、開票及び選挙会事務従事職員の特殊勤務手当は、職員が選挙管理委員会の管理する選挙の投票所、開票所及び選挙会の事務に従事したとき支給する」と規定した場合

①　選挙管理委員会が選挙のために設けた集計本部で投票、開票の速報を集計するための職員及び投票所における疑義の電話応答等、指導のため本部に勤務する選管事務職員に対し、投票所、開票所に勤務する職員と同様、特殊勤務手当を支給できるか。

②　また、前条例において手当の額を月額をもって定めた場合、即日開票のとき、投票事務に従事した職員が開票事務に従事した場合、投票、開票事務員手当を併給することは、地方公務員法第二四条の規定の適用を受けないか。

答　職員が正規の勤務時間外において選挙事務に従事するような場合においては、時間外勤務手当として支給するのが原則である。したがって、このような場合に特殊勤務手当を支給することは適当でないものと解される。

《管理職手当受給者と時間外手当》

問　管理職手当を支給されている職員が選挙の投票事務に従事した場合、

①　この者に超過勤務手当を支給できないと思うがどうか。

②　また、これを報償費から支出することはできるか。

答　①　お見込みのとおり。

②　実質的に超過勤務手当に該当するものを報償という名目で支給することはできない。

《管理職手当受給職員に対する超過勤務手当の支給の可否》

問　管理職手当受給職員に対する超過勤務手当の支給は国の一般職の職員の給与に関する法律の規定に準拠して条例を制定しなければならないとされている以上、管理職手当受給職員に超過勤務手当の支給は全くできないものと考えるが、次のことを条例に設け、超過勤務手当を支給することは差し支えないか。

①　……に管理職手当を支給する。この場合、超過勤務手当は支給しない。ただし天災地変による災害処理、各種選挙の執行、その他市長が必要と認めた時間外勤務の場合はこの限りでない。

②　管理職手当と給料の調整額は併給できると解されているが、特別調整額（地方公務員の場合の管理職手当は国家公務員においては俸給の特別調整額というとされている。）という名称で実質的に管理職の職にある職員に対して支給している場合、超過勤務手当の支給ができるか。

答　①については、管理職手当と時間外勤務手当は、国の場合、一般職の職員の給与に関する法律第一九条の八第二項の規定により、いかなる場合においてもその併給が禁止されている。一方、地方公務員の場合、これらの関係についてはその職員の所属する団体の給与条例の規定によるものである。職員の給与は国及び他の地方公共団体等の給与に準じて定めなければならないとする地方公務員法第二四条第三項の規定の趣旨からみて、設問のような特別の措置を講ずることは適当でないと解する。

②については、手当の名称のいかんを問わず、実質的に管理職手当に相当するものであれば、①の場合と同様に解する。なお、国の場合の俸給の調整額は俸給の特別調整額とその性格及び目的を異にしているので、超過勤務手当との併給ができることとされている。

《超過勤務手当の支給》

問　勤務を要しない日である日曜日の出張命令を受け出張した場合、勤務を要しない日に出勤要務を行っているので時間外勤務として超過勤務手当と旅費の請求行為が可能であるか。ただし、日帰りが容易で所要時間は平常勤務時間程度である。

答　旅行目的地において勤務すべきことを、所轄庁の長からあらかじめ指示して命じた場合において現に勤務し、かつその勤務時間につき明確に証明できる場合には超過勤務手当と旅費の請求は可能と解する。

《市民会館落成式準備のための時間外勤務手当の支出方法》

問　市民会館落成式準備のため、勤務を要しない日に各課から職員を動員した場合、職務上の延長として正規の時間外手当を支給すべきか。または、仕事が現業職員のそれと同様であるので、市長が認定した現業職員並みの手当を支給してもよいのか。

答　給与として支給する限り、前段お見込みのとおり。なお、現業職員並みの手当なるものは存在しない。

《隔日勤務者の時間外勤務手当の支給の可否》

問　当町では消防団の職員については、勤務の形態が特別であるとの理由から勤務内容は二交替制をとり、隔日勤務（今日勤務したものは翌日休む。）となっている。この場合、非番（休んでいる。）者が命によって勤務した場合には「時間外勤務」として時間外勤務手当を支給して差し支えないか。

答　事例は、勤務を要しない日の勤務であるから正規の勤務時間を超える勤務に当たり、時間外勤務手当を支給しなければならない（労基法三七、給与法一六及び一九、給実甲二八第一六条関係一項二号参照）。

なお、正規の勤務時間を超える勤務に対して支払われる時間外勤務手当と休日（国民の祝祭日及び年末年始等の日）における正規の勤務時間中の勤務に対する休日勤務手当とは区別されるものであり、また本来勤務を要しない日が休日に当たった場合の勤務に対しては休日勤務手当を支給せずに時間外勤務手当を支給するものである（給与法一七、給実甲二八第一七条関係二項及び三項）。

《出張中の職員に対する超過勤務手当》

問　1　平日に引き続き、八時間以上の出張を命ぜられた職員に対しては、八時間を超える時間分の超過勤務手当を旅費のほかに支給すべきか。

２　１の場合、極端な例として、用務上夜行列車を利用する場合、深夜勤務と認定し、当該手当を支給することは可能か。

答　地方公務員には、労働基準法第四章の諸規定が全面的に適用されるので、出張時の勤務時間については、労働基準法施行規則第二四条の規定により職員が出張で勤務時間の全部又は一部を勤務する場合で勤務時間を算定しがたい場合は、通常の勤務時間を勤務したものとみなされるが、あらかじめ別段の指示がなされた場合には、時間外の勤務として認められることもある（同旨国家公務員に関し給実甲二八第一六条関係三項）。

したがって、設問の場合は命令の内容が必ずしも明らかでないが、八時間以上の出張を命ぜられた内容が、上記のあらかじめ指示されたものに該当するか否かによって判断されるものである。

２の場合、普通の出張の際の移動時間は勤務時間に入るかという点について出張の際の往復の移動中の時間は、労働基準法は、実働時間には原則として算入されないという解釈となっている。したがって、勤務の特殊性により移動列車中においても勤務することとあらかじめ指示されている場合は別として、一般的には時間外勤務とは認められないものと解する（同旨国家公務員に関し給実甲二八第一六条関係三項）。

《職員が兼職している場合の時間外勤務手当》

問　地方自治法第一八〇条の三の規定により兼職をした職員が、その職務従事のため、時間外勤務をしたことにより時間外勤務手当を支給することは「兼務に対して給与を支給することはできない」（昭二六・一〇・一〇自行発第三一五号）ことに反してはいないと解するがどうか。

答　地方公務員法の適用を受ける職員については、同法第二四条第三項において「職員は、他の職員の職を兼ねる場合においても、これに対して給与を受けてはならない」と規定され、いわゆる重複給与の支給は禁止されている。

　これは、給与は一定の勤務時間において職員が提供した勤務に対する反対給付であり、同一の勤務時間において、二以上の職務を遂行することは物理的に不可能であるとの考えによるものである。しかし、重複給与の支給の禁止は、一般職の職員が特別職の職員を兼ねるような場合には、重複給与支給の禁止についての明文の規定がないところから、一応特別職としての報酬を受けることは可能であるが、この場合においても、特別職としての勤務により、本務について勤務しなかった時間に対する給与は、減額することが妥当なものとされている（昭二六・三・一二地自公発第七一号等）。すなわち、本務又は兼務している職務のいずれかの勤務の対価として給与が支給されているときには、他の一方の職務についての勤務に対する給与は支給されないことが原則となっている。

　一方、時間外勤務手当については、正規の勤務時間を超えて勤務することを命ぜられた職員の、正規の勤務時間を超えて勤務した全時間に対する反対給付として支給されるものであることから、設問の場合のように、職員が正規の勤務時間外において兼務している職務に勤務した場合においては、その本来の職務の対価として支給される給与の対象となる正規の勤務時間外のことであり、重複給与の支給の禁止の対象となるものではなく、時間外勤務手当を支給することができるものと解される。

《老人ホームの調理師の時間外手当の支給》

問　老人ホームの調理師は、一般職員の出勤時間よりも一時間早く出勤し作業をしている。これに対して時間外手当が支給されているが、これについて次の事項はどうか。

① 調理師は当然早く出勤して献立に支障をきたさないよう勤務することが当然の義務であり、時間外勤務手当は支給の対象外と考えられるが、この点はどうか。

② 当然早く出勤しているものにつき、これを時差で調節する方法はどうか（例えば一時間早く退勤させる等）。

答　設問の場合、貴市の職員の勤務時間に関する条例の内容が明らかでないが、職員の正規の勤務時間については、原則として、休憩時間を除き一日について八時間、一週間について四〇時間を超えない範囲内で定めることとなっている。しかし、職員が定められた勤務時間より早く出勤しなければ、職務の完全な遂行がなされないような場合にあっては、任命権者はその勤務の特殊性に鑑み、定められた時間の範囲内において勤務時間を変更できるものである。

また四週間を平均して、一週間の勤務時間が四〇時間を超えない定めをした場合は、特定の日において八時間、又は特定の週において四〇時間を超えて勤務させるという、いわゆる変形労働時間により勤務させることもできるものである（労基法三二）。したがって、①の場合、一時間早く出勤を命ずることによって、その勤務時間が所定の勤務時間を超えることとなる場合で、勤務時間について上記のような特別の定めを設けていないときには、その超える部分について時間外勤務手当が支給されなければならない（給実甲二八第一六条関係二項一号参照）。なお、②については、上記のとおりそのような定めをすることによって可能である。

《臨時職員（臨時的任用六か月間）の時間外勤務手当の支給方法》

問　地方自治法第二〇四条の規定において普通地方公共団体の常勤の職員に時間外勤務手当を支給することができるとあるが、臨時職員（日給）の場合、土曜日又は日曜日等に勤務した場合、又は平日の勤務時間外に勤務を命じた場合に、時間外勤務手当を支給することができるか。また支給できない場合はどのように処理したらよいか。

答　当該臨時職員は一般的には地方公務員法第二二条の三の規定によって任用された一般職の常勤の職員と解されるので時間外勤務手当を支給することはできる。ただ給与が賃金として日給で定められ、かつ、予算措置されている場合、直ちに通常の職員と同様な取扱いをすることについては検討が必要であり、この場合は当該給与に関する限り勤務時間に応じた割増賃金の支給で措置すべきである（労基法三七・三三Ⅲ・三五）。

《死亡した職員の退職手当の支給》

問　1　死亡職員の給料は、民法所定の相続人において請求すべきであると解されているが、この場合、配偶者及び直系卑属（子）が数人あるときは、それぞれの者が請求しなければならないか。

2　退職手当条例（案）第一一条第二項の規定は、民法の相続の特約として解すべきか、職員の給与に関する条例には、職員が死亡した場合、請求権のある給料の支給規定がないのが通例のようであるが、退職手当条例との関連において、どのように解すべきか。

答　1　死亡した職員の給料等の受給権は「被相続人の財産に属した権利」として民法に規定された相続人に承継される。したがって設問の場合のように相続人が数人ある場合はそれぞれの相続人に受給の権利がある。ただ、その給料等の受給に当たっては、相続人の中の代表者、例えば配偶者が代表して請求すれば足りるものと解する。

2　死亡退職による退職手当は、死亡した職員に支給されるものではなく、その遺族に対し支給されるものである（退職手当条例（案）二）。したがって、死亡による退職手当を請求する権利は当該職員の遺族にあるのであって、退職手当条例（案）第一一条第二項の規定と民法の相続の規定は無関係である。

《管理者の宿日直手当》

問　管理監督（高等学校事務長）の地位にある者（管理職手当受給者）が学校の宿日直勤務に服した場合、宿日直手当を支給することは差し支えないか。

答　貴団体の給与条例が国の一般職の職員の給与に関する法律に準じているものとすれば、設問のように解して差し支えない。

なお、同法では、第一九条の八第一項で俸給の特別調整額を支給される者は、超過勤務手当、休日給及び夜勤手当（以下「超勤手当等」という。）について適用除外されることになっているが、宿日直手当は適用除外されていない。これは超勤手当等の対象となる業務が管理又は監督の地位にある者の業務の延長と考えられるのに対し、宿日直手当の対象となる業務は、本来の管理又は監督の地位にある者の業務とは異質の業務であることに基づくものである。

《公立学校の県費負担教職員以外の講師に対する手当支給の可否》

問　公立中学校の県費負担の教職員以外に、町教育委員会で講師を任命し、一週三時間勤務で月額六、〇〇〇円の給与を支給しているが、一般職の期末手当に相当する手当は、

①　条例で「……他のいかなる給与も支給しない。」とあるので違法であるか。

②　あるいは、報償金又は割増金とするなら差し支えないか。

答　設問の講師は、町の非常勤の職員と考えられるが、このような職員に対しては、報酬（設問の給与は報酬と考える。）及び費用弁償のほか、手当その他の給付をすることはできない（昭三一・九・二八自丁行発第八二号）。

《被服の現物支給と給与との関係》

問　用務員、守衛等に被服を現物支給することは差し支えないか。

答　用務員、守衛に支給、あるいは貸与していた被服が、通常、着用する被服と全く同様の形状をもっているものであるか、あるいは当該職務を遂行する上において、その被服が特別の形状をもって作られているものであるか、又はこれらの被服を職務遂行する場合に限り着用するという条件のもとに支給あるいは貸与されているかにより、当該被服の支給、貸与が給与に該当するかどうかを決める一つの判断の基準になるが、当該被服が、職務を遂行する場合にのみ着用するもので、特別の形状をもって作られているのであれば、一般に給与の中には、含まれないものと考えられる。

したがって、このような場合は、給与条例とは無関係に支給、貸与することができるものと考える。また、当該被服が、一般に着用する被服と同様の形状をもっているような場合は、通常、給与の中に含まれるものと考える。しかし、この場合においても、当該被服の着用を職場においてのみ着用するという条件のもとに支給され、しかも、現実に職務を遂行する場合にのみ着用されているものであれば、一般に給与の中には含まれないものと考える。

被服が給与の中に含まれるものである場合においては、支給する被服の代価に相当すると認められる給与を給料から差し引いて支給する等の調整をする必要があるものと考える。

《非常勤の消防団員に対する給与の支給》

問　非常勤の消防団員が出動した際、給与を支給する代わりに出動団員数に応じ、分団長に対し、一括賄料として需用費（食糧費）から支出することはできるか。

答　非常勤の消防団員に対する給与については、条例で定めることとされている（消防組織法二三Ⅰ）ので、当該条例に給与に関する定めがあれば、当然にその規定に従って支給すべきであり、条例に定めずに、給与に代わるものとして、賄料として需用費から支給することはできない。

《議員に対する期末手当支給に関する在職期間の計算》

問　本町議員の任期満了による選挙は四月二五日（任期満了は四月三〇日）施行された。この場合、六月三〇日支給の議員の期末手当について、

①　前任の議員で当選したものは前任期の関係期間を通算した在職期間ということになるか。
②　一般選挙であるので前任議員が当選しても任期は中断されるということになるか。

　地方自治法第九三条の条文解説によると、四箇年の計算方法は民法第一四〇条の規定によるとなっているが、この民法をみると期間を定むるに日・週・月又は年をもってするときは期間の初日はこれを算入せず、となっている。本町の条例は準則によるもので、ただ、単に在職期間に応じて支給することになっていて、特別の定めはない。

答　設問の場合、前の任期に係る関係期間を通算している①が一般的に行われている例である。

　なお、国においては、前の期末手当支給日の翌日から次の期末手当支給日までの間（以下「関係期間」という。）において行われた総選挙又は通常選挙において再選された国会議員に支給する期末手当の在職期間の取扱いは、当該選挙が解散又は議員の任期満了後に行われたものである場合においては、関係期間中解散又は任期満了の日から選挙の日の前日までの期間を除く期間をもってその在職期間とし、議員の任期満了前に行われた選挙である場合においては、その関係期間を全て在職期間とする扱いとしている。

《税務手当の支給》

問　地方公共団体の税務職員は、実質的に専門職であるが、現行規定のうえでは一般職である。したがって、給与については一般職と同じであるが、勤務の特殊性を考慮して、いわゆる「税務手当」が支給される。この手当は各団体それぞれに条例で額を定めるのであるが、この場合に標準になる法令等はあるか。

答　市町村は、条例の定めるところにより、特殊勤務手当を支給することができる（自治法二〇四Ⅱ）。特殊勤務手当は、税務職員にあってはいわゆる税務手当という形で支給されるが、その支給方法並びに額は、当該市町村の条例で定めるところによる（同法二〇四Ⅲ）。なお、この場合、国の税務職俸給表の適用職員の職務、給与等との均衡を考慮して定めるのが通常である（昭三二・六・一自乙公発第五一号第一の二）。

《農業委員会の職員を農林統計調査員に任命し、手当を支給できるか》

問　農業委員会の職員の中の一人を農林統計調査員となし、これに調査員手当を支給できるか。

答　調査員の職務が正規の勤務時間内に行われる場合は、給料と重複して支出されることとなり地方公務員法第二四条第三項の規定に抵触するものと考える。また、正規の時間外に調査員の職務を行うものであれば、その対価は時間外勤務手当として支出するのが適当と考える。

《年末年始の勤務と給与の取扱い》

問　当市では、住民サービスを推進するため、一二月二九日及び三〇日に、窓口事務に従事する職員を出勤させることとした。当該職員に対して休日勤務手当を支給すべきか、時間外勤務手当を支給すべきか。また、特別休暇の日が日曜日と重なる場合はどうか。なお、当市は国の場合と同様に年末年始を特別休暇としている。

答　国の場合、一二月二九日から翌年の一月三日までの日は、祝日法による休日を除き、年末年始の休日とし、正規の勤務時間においても勤務することを要しないこととされ、勤務しなくとも給与は減額されないこととされている。年末年始の休日において、正規の勤務時間中に勤務することを命ぜられた職員には、正規の勤務時間中に勤務した全時間（実働時間）に対して休日給を支給することとなる。正規の勤務時間は、特に支障のない限り、月曜日から金曜日までの五日間において割り振られているため、休日、年末年始等においても正規の勤務時間は存在することとなる。

　年末年始において正規の勤務時間を超えて勤務した部分については、休日給を支給せず、超過勤務手当を支給する。また、年末年始の期間のうち、勤務を要しない日（正規の勤務時間が割り振られない日。一般的には土曜日及び日曜日）に当たった日に勤務した場合は、当該日には正規の勤務時間はないので、休日給を支給せず、超過勤務手当を支給する。

　このように休日給は、年末年始等であるために勤務しなかった職員と、年末年始等であるにもかかわらず、その日に割り振られている正規の勤務時間に勤務を命ぜられて勤務した職員との間に生ずる不均衡を是正するための制度である。

　設問の休日勤務手当は、国家公務員の休日給に相当する制度であり、時間外勤務手当は同様に超過勤務手当に相当する制度である。設問の場合、国に準じて処理するべきである（地公法二四Ⅳ）。

　なお、年末年始であるために勤務しなくともよいとしながら当該職員に勤務を命ずることは、労働基準法上は同法第三五条に規定する休日に勤務させることとなり、割増賃金（地方公務員の場合は時間外勤務手当）を支給すべきではないかとの疑問も生ずるが、年末年始の期間は、労働基準法上の休日には該当せず、同法第三二条に規定する労働時間のある日であり、割増賃金を支給すべきこととはならない。

第四節　共済費

地方公共団体が、当該団体の職員の生活の安定と福祉の向上を図るため、相互救済の目的で支出するもので、次のような負担金等が本節に区分される。

(1)　地方公務員等共済組合又は地方議会議員共済会に対して負担する金額

地方公務員等共済組合法第三条に規定する道府県の職員、公立学校の職員、都道府県警察の職員、都職員、指定都市職員、その他市町村職員のそれぞれの区分ごとに設けられる地方公務員共済組合及び平成二三年改正前の同法第一五一条に規定する都道府県議会議員、市議会議員及び町村議会議員のそれぞれの区分ごとに設けられる地方議会議員共済会に対する地方公共団体の負担金である。

地方公共団体において任意に設置している職員互助会等に対する負担金は、通常は、職員の福祉厚生費の意味から人件費に含まれると考えられるが、職員の共済組織への負担金とはみなしがたい。給与に対し一定率で負担するものはこれに準ずるものとして共済費に計上し、事務費補助のように定額で毎年一定額を支出するなど補助的色彩の濃いものについては第一八節「負担金、補助及び交付金」として支出することになる。

(2)　地方公務員災害補償基金に対して負担する金額

地方公務員災害補償法第二条第一項に規定する地方公共団体の常勤職員に対して実施する同法に定める補償等の支払いに充てる費用のため、地方公務員災害補償基金に払い込まなければならない負担金（地公災法四九・五〇）は次項で述べる「災害補償費」ではなく、本節の「共済費」で計上することとなる（昭四二・一一・四自治給七九号公務員部長通知）。

(3) 報酬、給料及び賃金に係る社会保険料

職員に係る保険の保険料で地方公務員共済組合に対する負担金で負担されていない職員に対し、法令の規定に基づいて地方公共団体が負担する社会保険の保険料である（例えば、労働者災害補償保険法、雇用保険法、船員保険法等）。法令の規定に基づかない社会保険、職員厚生費的な目的を有する職員生活協同組合等に対する支出は、第一八節「負担金、補助及び交付金」で支出することになる。

〔運用例〕

《社会保険料の支出科目》

問　賃金支弁の労務者に係る社会保険料事業主負担分は、支出科目の何節から支出すべきか。

答　第四節「共済費」が適当である。

《退職手当組合に係る負担金等の予算科目》

問　C県下各町村は退職職員があった場合、一時に多額な退職金を計上するのを避け、C県町村職員共済組合（地方公務員共済組合法による組合）とは別にC県町村職員退職手当組合（町村を組合員とする一部

事務（任意）組合）を設立し、町村は職員の基本給料（月額）総額の一、〇〇〇分の六〇（負担金分一、〇〇〇分の五八、事務費分一、〇〇〇分の二）を毎月スライドして負担金として交付し、組合は規約に基づき退職職員に退職手当金を町村に代わって支給しているが、この負担金（一種の退職手当準備金）計上の「節」は次のいずれに計上すべきか。

① 職員手当（退職手当）

② 共済費

③ 恩給及び退職年金

①については債務が不確定であり、③は一時金であり、かつ①ないし③に退職手当準備金的経費の計上は不適当と思われる。広義の意味で町村間の共済であり、給料にスライドし、また、共済組合、退職手当組合、失業、災害両保険と、いわゆる職員厚生費的経費が一括計上されて事務上にも都合がよい。またその事務費（両組合）は第一八節の「負担金、補助及び交付金」より支出すべきだが、組合費として不可分の経費につき当節に計上する方がよいか。

答　地方公務員共済組合（地方公務員等共済組合法によるもの）のような、その職員の属する地方公共団体及び当該職員の負担分により、職員のための共済事業を行う場合の当該団体の負担分は共済費として支出される。しかし、設問のように退職手当組合に納付する負担金は、その債務額が不確定であっても将来退職手当という職員手当に充てられることが明白であるので、事務費を含めて算出される等、その額の算出方法のいかんを問わず①「職員手当」として計上すべきである。

第五節　災害補償費

地方公共団体の非常勤職員が公務上の災害（負傷、疾病、障害又は死亡をいう。以下同じ。）、通勤による災害、又は船員である非常勤職員が公務により行方不明となった場合において、その者又はその者の遺族若しくは被扶養者に対して地方公共団体の支出する補償金である。主として人体に対しての損害の補填として考えられている（地公災法六九、労災法、労基法八章、船員法一〇章）。なお、地方公共団体の常勤職員の災害補償制度については、地方公務員災害補償法に基づき地方公務員災害補償基金を通じて実施されているので、当該職員に対して当節の災害補償費を支出することはない。

この公務災害補償制度は、条例で定めなければならないが、この場合、地方公務員災害補償法及び労働者災害補償保険法で定める補償制度と均衡を失した条例を制定することはできない。

労働基準法における災害補償の内容は次のとおりである。

① 療養補償（準則七）

職員の公務上の災害又は通勤による災害に対し、地方公共団体の費用で必要な療養を行い、又は療養に必要な費用を負担する補償である。

② 休業補償（準則八）

職員の療養のため勤務できない場合で給与等を受けないときに補償基礎額の一〇〇分の六〇の補償が行わ

れる。

③　障害補償（準則九）

負傷又は疾病が治ったとき、一定程度の身体障害が残った場合に、その程度に応じ、年金又は一時金として、補償基礎額に一定倍数を乗じて得た金額の補償が行われる。

④　遺族補償（準則一一～一二）

職員が公務上又は通勤により死亡した場合に、その遺族に対し、年金又は一時金の補償が行われる。

⑤　葬祭補償（準則一五）

葬祭を行う者に対し、通常葬祭に要する費用の範囲内の一定額の補償を行う。

㈟「準則」とは「議会の議員その他非常勤の職員の公務災害補償等に関する条例（案）」をいう（昭四二・九・一自治給五六号）。

〔運用例〕

《災害補償費の支出》

問　歳出予算中、災害補償費として支出できるのは、地方公務員法第四五条による場合であり、適用範囲は一般職の職員に限ると思うがどうか。なお、地方公務員法第三条第三項第五号の者で、このような災害を受けた場合の支出費目は何か。

答　公務災害補償は、地方公務員法が適用される一般職に属する者のみが受けられるものではなく、特別職に属する者であっても、その者が労働基準法上の労働者と認められる限り、同法第七九条及び第八〇条に定める災害補償が受けられるものである。

設問の「災害補償費」は、一般職であると特別職であるとを問わず、右のような当該団体の職員の公務災害補償についての予算上の支出費目を定めたものであって、貴見のように一般職の災害補償についてのみ適用があると解釈することはできない。

第六節　恩給及び退職年金

恩給及び退職年金は、職員が相当年限勤務して退職し、又は死亡した場合において、本人及びその遺族のその後における適当な生活の維持を図ることを目的とする退職年金制度に基づき支給される給付の一である。一般に現在の制度は、地方公務員等共済組合法の施行により、恩給制度と共済制度とを統合した地方公務員共済制度となっているから、本節によることはないのであるが、現行共済制度施行後においても、例えば、新共済制度施行前に退職した恩給受給資格を有する恩給法準用職員に対しては、従来どおり、恩給法の規定に基づき恩給が支給されているが、このような現行制度の施行において、なお引き続き恩給法及び退職年金条例（退隠料条例）の規定に基づき支給される恩給及び退職年金が本節に区分される。

節の説明に掲げる恩給及び退職金について、その概略は、次のようなものである。

①　普通恩給

職員が一定年限以上在職し、失格原因がなくて退職した場合に支給される終身のものである。

②　増加恩給

職員が公務のため傷害を受け又は疾病にかかり、そのため障害の状態となり、失格原因がなくて退職した時に支給される年金であり、在職年限にかかわらず、普通恩給が併給される。

③　扶助料

職員が普通恩給を受けるべき年限に達した後に死亡したとき又は既に普通恩給を受けている者が死亡したときに、その遺族に支給される年金である。

④　通算退職年金

退職年金の受給年限に達しない職員について、その在職期間と他の公的年金制度の加入期間を通算することにより一定年限以上に達する職員に支給される年金である。

⑤　退職年金

退職年金、公務傷病年金及び遺族年金があり、それぞれ普通恩給、増加恩給及び扶助料に相当する年金である。

〔運用例〕

《身体障害者保険扶養制度の被保険者が障害の状態となった場合の給付金の支出科目》

問　身体障害者保険扶養制度を市で実施する場合、被保険者が死亡又は障害の状態となったとき、月額二万円程度の額を年金として支給する場合の支出科目は第一九節「扶助費」か、第七節「報償費」か、又は第一八節の「負担金、補助及び交付金」のうちいずれが適当か。

答　第一八節「負担金、補助及び交付金」（交付金）が適当である。

《恩給等掛金の控除の取扱い》

問　職員負担の恩給、共済組合等への掛金の控除は次のいずれの方法が正しいか。当町では②の方法で行っているが、正当債権者に支出命令をせずに直接恩給組合長等に支出命令をしているので疑問がある。

①　給料額を支出命令し、このうちから恩給、共済掛金を控除して残りを職員に支給し、控除した掛金は納付期日まで歳入歳出外現金として保管する。

②　給料額から恩給共済掛金を控除して支出命令をなし職員に給料として支給し、控除してあった恩給、共済掛金は納付期日にその組合長名で支出命令をして納付する。

答　設問中、直接恩給組合長等に支出命令をするとか、あるいは組合長名で支出命令をするという関係が明らかでないが、仮にこの関係を町長の会計管理者に対する組合長等への支払いの命令を意味するとしても、貴団体において行っている方法は間違っており、①によって処理すべきである。

《恩給組合掛金の引継ぎ》

問　A町とB町と合併してC町を設置し、一年後にC町は附近の町村と合併してD市を設置した。そして約一年後旧A町の職員が退職したところ、この職員は旧A町に就職当時は町村恩給組合に加入していなかったが、途中より職員は恩給組合に加入することになり、その時就職当時に遡及して加入することが許され、この職員は就職時に遡って加入することにし遡及分の自己負担分は納付したが、A町の事務上の手落ちからこの遡及した間のA町負担分が納付されていないことが判明した。この場合、

①　C町はA町の、D市はC町の一切の債務を引き継いでいる。その事務の観念の中に当然このA町負担の

未納分の町村恩給組合掛金も引き継がれたものであり、この場合、Ｄ市はこれを予算に計上して恩給組合へ納付する義務がある。ないとすればその理由について。

② Ａ町でこの事務を取り扱っていた職員のこの問題に対する責任はどのように考えられるか。法律上の賠償の責任はなく道義上の責任のみか。

答　①の場合、市において、当該未納の負担金を恩給組合に納付すべき義務があると考える。

②の事例に対する担当職員の賠償責任はないが、事務処理上のミスに対する責任追及の是非等については、貴団体において判断することとなる。

《退職手当組合への負担金の支出科目》

問　本来、職員の退職手当の支給については、その都度、退職手当として予算に計上し支給すべきであるが、一部事務組合を設立し、そこから退職手当を支給している。その負担金（掛金）を毎月一部事務組合へ払い込むための歳出予算の支出科目は、第四節「共済費」又は第一八節「負担金、補助及び交付金」のいずれにより予算計上し、支出するのが適当か。

答　歳出予算は目的別に計上することとされており、市町村が退職手当組合を設け、当該組合に対し掛金として納付する金額は、当該組合に対する負担金として支出しているが、節の区分としては、将来、退職手当という職員手当として支給されることが明白であるから、予算計上の際、債務額が不確定であっても、「職員手当」とするのが適当と解される。

第七節　報償費

第一節の「報酬」が非常勤職員に係る給与的色彩の強い支出科目であるとすると、本節は役務の提供等に対する純粋な謝礼又はいわゆる報償的意味の強い経費である。すなわち、役務の提供や施設の利用などによって受けた利益に対する代償を支出するものであるといえよう。

本節で注意すべき点は、予算上は報償費として計上されていても、実質上職員手当等の給与その他の給付であれば、違法支出となるということである。すなわち、「当該経費が実質的に退職手当に類すれば、職員手当である」（昭三二・一・三〇行実）、「記念品として退職慰労金を支給することは、その実質が退職手当に該当するものであるならば、記念品という名称によっても支給できない」（昭三二・四・一七行実）、また、「地方公共団体が記念行事等に際し、関係職員に記念品等を報償費に計上して贈呈し、それが社会通念上の儀礼の範囲を超え、しかも現金で一率支給したことは、法第二〇四条の二の規定に違反する」（昭三九・七・一七最高裁判決）等の行政実例や判例がある。

報償費は、その支出の方法・監査等に、交際費のような特別の扱いは認められていない。報償費の内容としては次の区分がある。

①　報償金

第一節の報酬に掲げるもの以外のもの（謝礼金を含む。）

一般的に役務の提供や施設の利用などによって受けた利益に対する代償をいう。例えば、講演会、講習会、研究会等の講師への謝礼、人命救助者に対する謝礼等、提供された役務に対する反対給付あるいは感謝の意を表すものであり、さらに奨励の意味を持つものとして、市町村民税の税額を納期の到来前に納付した者に対し交付する報奨金などがあげられる。

また、県政に対する協力が特にあったものとして、県知事より謝意を表するため、時計等の記念品を購入する場合の支出科目は報償費が適当であるし、報償を目的とした物品の購入代金の支出科目は報償費から支出するのが適当である。

②　賞賜金

例えば警察職員の犯人検挙に対する金一封、善行者を表彰する際に贈与する金一封等、広く表彰の意味をもつ経費がこれに該当する。

③　買上金

例えば、有害鳥獣買上金、害虫買上金等の奨励的意味を持つものである。

〈運用例〉

《贈呈記念品の支出費目》

問　**1**　市勢の発展のため特に功労のあった人に対して記念品を贈呈することは差し支えないか。差し支えないとすれば物品を贈呈する場合の支出費目につき次の場合はどうか。

①　什器類

②　食品類

③　タオル・ハンカチ等

2　1はいずれも報償費より支出すべきか。もし報償費より支出する場合、領収書については右の物品購入先のものでよいか。

答　**1**　社会通念上から判断してその功労が市として謝意を表するに足るものである場合においては、予算の範囲内で記念品を給することは差し支えないと解される。

2　いずれも第七節「報償費」で支出できる。領収書については、貴見のとおりである。

《長寿の御祝い品の支出費目》

問　金婚式や長寿祝いに関する御祝い品の適切な支出科目は、「報償費」か、「需用費（消耗品費）」か。

答　当該地方公共団体がどのような趣旨で御祝い品を贈呈するかによるが、特に当該地方公共団体への役務の提供的な功労があったものではなく、単なる金婚式や長寿の御祝いの趣旨であれば「需用費（消耗品費）」が適当と考える。

《報償用物品購入の支出費目》

問　小・中学校の運動会や卒業式の賞品代（文具、タオル）等の支出費目は、報償費より支出すべきであるか、あるいは消耗品費が適当か。

答　報償用物品の購入費については、その報償の目的、性質等から考えるならば、予算上これを報償費として措置することも考えられるが、設問のような支出については消耗品として措置することが適当と考える。

《講師の謝礼の支出費目》

問　次の事例の講師謝礼の支出費目についてどのように判断するか。

①　公民館職員が教育委員会主催の行事に勤務時間外に講師として役務を提供した場合

②　公民館で行っている青年学級に教育委員会事務局の教育長、課長、職員が、勤務時間外に講師として役務を提供した場合

③　教育委員会事務局主催の行事に市役所の職員が勤務時間外に役務を提供した場合

答　設問の場合の謝礼金は、全て「報償費」から支出すべきものと考える。

《報償費は資金前渡できるか》

問　本市では国民体育大会の出場選手に旅費の一部を謝礼として報償費（節）から支出しているが、地方自治法施行令第一六一条第一項第七号の規定を適用してよいか。

また、市民体育大会が催され、それに参加する団体には参加費として一団体〇〇〇円として諸経費を要する意味で報償費（節）から支出して差し支えないか。

答　一般論としては、報償費は、地方自治法施行令第一六一条第一項第七号の規定に該当する経費として資金前渡することは可能である。

しかし、設問の経費について謝金として、あるいは参加に要する諸経費の一部として報償費から支出することについては、例えば講演等の謝金や人命救助に対する謝礼、あるいは奨励的性質を有する市町村民税等の納期の到来前に納付した者に交付する報奨金のようなものとは、その支出目的等から考えて本質的に異なっていると思われる。

したがって、これらの経費について、市で負担しなければならないものであるならば、むしろ補助金として予算措置した上で支出すべきものと考えられる。

《謝礼を現物給与する場合の支出科目と証拠書類の取扱い》

問　講演会の講師謝礼を現物給与する場合に、報償費から支出し、受領者名を物品の購入先とすることができるか。

答　謝礼を現物でするための当該謝礼品を報償費又は交際費で購入することは差し支えないが、当該謝礼の受領者名を購入先とすることはできない。この場合、購入先から通常の売買代金の領収書を徴すべきである。

《体験記事掲載謝礼費の支出費目》

問　観光モニターツアーを開催し、雑誌に体験記事を掲載してもらう予定である。モニターツアーに参加してもらう雑誌社等に謝礼として支払う交通費と宿泊費は、報償費でもいいか。なお、謝礼として支払う交通費と宿泊費のほうが、広告掲載料よりも安価であるため、この計画を立てている。

答　体験記事を掲載することに対する謝礼としてツアーの参加費用相当額を支払う場合は、第七節「報償費（報償金）」が適当と解する。

《ふるさと納税返礼品の送付事務に要する経費の支出科目》

問　ふるさと納税返礼品の送付事務に要する経費については、報償費で支出している地方公共団体が多いように思うが、他の費目で支出してもよいか。

答　ふるさと納税返礼品の送付事務をどのような手続きで行っているかによって、送付事務に要する経費の支出科目を判断することになる。　外部の者に、返礼品の調達や発送も含めて委託する場合は、第一二節「委託料」が適当と考えられる。

他方、地方公共団体が直接返礼品を購入し発送する場合は、発送費も含めて一括で第七節「報償費」で措置せずに、返礼品の購入に要する経費は第七節「報償費」に、発送に要する経費は第一一節「役務費（通信運搬費）」と区分するのが適当と考えられる。

返礼品の購入は地方自治体が直接行うが、発送を外部の者に委託する場合は、発送に要する経費は第一二節「委託料」が適当である。

第八節　旅費

公務のために旅行する職員に対し、旅行に要する費用として地方公共団体から支給される金銭給付をいうものである。地方自治法上、常勤職員に支給する場合は旅費（自治法二〇四Ⅰ）、非常勤職員に支給する場合は費用弁償（同法二〇三の２Ⅲ）といい、さらに実費弁償（同法二〇七）（第七四条の三第三項及び第一〇〇条第一項後段（第二八七条の二第七項において準用する場合を含む。）の規定により出頭した選挙人その他の関係人、第一一五条の二第二項（第一〇九条第五項において準用する場合を含む。）の規定により出頭した参考人、第一九九条第八項の規定により出頭した関係人、第二五一条の二第九項の規定により出頭した当事者及び関係人並びに第一一五条の二第一項（第一〇九条第五項において準用する場合を含む。）の規定による公聴会に参加した者の要した実費を弁償する。）が予算上旅費の節に計上される。また、会計年度任用職員に対する旅費も本節に計上される。これらはいずれも当該地方公共団体の条例に基づいて支給されるものであって、当該条例に旅費の額、支給の方法等が定められる。

旅費については不服申立ての道が開かれており（自治法二〇六）、その支給の方法としてはその性質上資金前渡又は概算払いの方法によることができる（自治令一六一Ⅰ④）。また一旦公務として旅行がなされたときはそれ以後は義務費となり、地方公共団体として支払の義務を負うことになる。

旅費は、実費の弁償である点で、勤務の対価である給料・諸手当と区別され、したがって旅費は所得税法上非課税である（同法九Ⅰ④）。ただ、実費というものの現実に要した費用を厳密に計算するのではなく、一定の基準で定められ、標準化された経費を基礎として算出するものである。

旅費は、節の説明では次のように分かれている。

① 費用弁償

職務の執行に要した経費を償うために支給される金銭給付をいい、支給の対象は第一節の報酬の受給者の範囲と一致し、実費弁償の性格を持つ。

議会の議員、委員会の非常勤の委員、非常勤の監査委員、自治紛争処理委員、審査会、審議会及び調査会等の委員その他の構成員、専門委員、監査専門委員、投票管理者、開票管理者、選挙長、投票立会人、開票立会人及び選挙立会人その他普通地方公共団体の非常勤の職員（短時間勤務職員及び地方公務員法第二十二条の二第一項第二号に掲げる職員を除く。）、条例の制定又は改廃の署名の効力を決定する場合の関係人、議会が当該地方公共団体の事務に関する調査を行う場合に出頭した選挙人その他関係人、議会の常任委員会、議会運営委員会、特別委員会が予算その他重要な議案、陳情等について意見を聴くために出頭を求めた参考人、また公聴会を開いた場合の参加した関係人、監査委員が監査を行う場合に出頭した関係人、自治紛争処理委員が調停案を作成するために出頭した当事者及び関係人等がその対象とされるものである。

また、当該団体の一般職員であっても、付属機関としての審議会、調査会等の委員を兼任し、その委員としての職務上必要とされる旅費に関しては、地方自治法第二〇四条の規定による旅費ではなく、同法第二〇三条の二第三項の規定による費用弁償として支払われることになる。

② 普通旅費

公務のための旅行者に対して通常その旅行中の費用を償うことを目的とする金銭給付で、地方公共団体の長及びその補助機関たる常勤の職員、委員会の常勤の委員（教育委員会にあっては教育長）、常勤の監査委員、議会の事務局長又は書記その他の常勤の職員、委員会の事務局長又は委員会若しくは委員の事務を補助する書記その他の常勤の職員、その他地方公共団体の常勤の職員に対して支給されるものである。その種類には一般的に鉄道賃、船賃、航空賃、車賃、日当、宿泊料があり、その他に食卓料、移転料、着後手当、扶養親族移転料、支度料、旅行雑費等があり、場合によっては、日額旅費が支給される。

③　特別旅費

普通旅費に対するもので、特定の事務事業のために旅行する場合に支出されるもので、適宜事項を定めて支出する旅費である。事業の執行に伴う旅費といい得るもので、外国旅費、容疑者等の護送旅費、保護児童の送還旅費、研究旅費、感染症予防旅費、調査旅費、訴訟旅費等がその例である。

〔運用例〕

《常勤職員が非常勤の職員としての用務で旅行したときの旅費》

問　市町村の常勤の職員が、その兼務する非常勤の職員（投票管理者）としての用務で旅行した場合の旅費は、地方自治法第二〇三条の二に定める費用弁償条例により支給すべきか。あるいは第二〇四条に定める旅費支給条例により支給すべきか。

答　費用弁償として支給すべきである。

《議会閉会中の常任委員会出席議員に費用弁償を支給してよいか》

問　本町では、議会開会前に常任委員会を開いて議案の下審査をする慣例があり、これに出席した議員に費用弁償を支給しているがこれについて解説されたい。

答　議会には会期の制度があり、議会は会期ごとに独立の存在を有し、会期中に限ってその活動能力を有するものとされている。すなわち、法律で定められた議会の諸権限は、知事や市町村長の招集に基づいて定例会なり臨時会なりが開かれてからその閉会が宣せられるまでの間に限り行えるのであって、会期外においては議会は一切活動能力を有しない。

委員会は、議案、請願、陳情の審査等のために設けられた議会内部の一組織であるから、その活動能力が議会が活動能力を有している期間中に限られるのは当然のことであって、唯一の例外は、地方自治法第一〇九条第八項の規定（委員会は、議会の議決により付議された特定の事件については、閉会中も、なお、これを審査することができる。）にある議会閉会中の継続審査だけである。

また、これとは別に、地方自治法第一〇〇条第一二項の規定により、議会は会議規則の定めるところにより、議案の審査又は議会の運営に関し協議又は調整を行うための場を設けることができることとされており、これに基づいて設けられた各派代表者会議、正副委員長会議、全員協議会等については、議会活動の範囲に含まれる。したがってこれに該当するものであれば費用弁償を支給することができる。

《議員に対する出張命令の取扱いと費用弁償の支給関係》

問　1　議会は議長に委任することを議決していないにもかかわらず、議長だけの意思によって特定の議員に促進、反対等の陳情に旅行を命じた場合、費用弁償を支給することは適当でないと思うがいかがか。

2　議長が議会の議決、議会の要請（委任）なく、議長個人の判断により道路の改修促進、起債獲得などで、中央省庁に陳情した場合、1と同様に考えてよいか。

答　議員の出張命令に関する法令上の規定は明らかでなく、また、議長と議員との関係は、例えば市町村長とその補助職員との関係とは異なり、事務処理上の命令権者としての関係にないが、議員にも公務上の出張はあり、この場合、議員であるが故に命令なく出張できるかどうかということになると、当該費用弁償の支出手続等の面からいっても、結局、議会の事務の統理者であり、かつ、代表者である議長が出張命令を行うこととなるものと考えられる。

1及び2のような場合、それが議員としての公務上のものであるかどうかによって、費用弁償支出の適否を判断する以外にないと考えられるが、判断基準を明確にする意味でも議員の公務出張についての手続を各議会で決めておくことが必要である。

《自動車運転手に対する旅費支給の関係》

問　本市においては、自動車運転手の旅費は運転業務が本来の職務であるという考え方から支給していないが、鉄道・自動車等の運賃を除外した部分についての日当等は支給するのが適当と思うがどうか

（なお、本市の技能労務職員の給与等の支給に関する規則には「技能労務職員には、職員の例により旅費を支給する」と規定している。また、一般職の職員の旅費に関する条例は他の地方公共団体と同様である。）。

答　運転手であっても出張命令により出張するものである限り、旅費の支給は当然であり、その場合、自動車によって出張するものである場合における当該旅費の支給については、運転手以外の者が公用車により出張する場合と同様に措置すべきものと考える。なお、出張としてではなく、日常の業務としての運転である場合においては、旅費支給の問題は生じない。

《日額旅費の支給》

問　日額旅費は、その性格上、別段の規定がなくても当然に在勤官署を離れ、用務を果たし、再び在勤官署に帰着するまでの日額旅費支給の対象となる一旅行につき一つの日額を支給すべきものと解してよいか。又は日額の字句の示すとおり、旅行日一日につき一つの日額を支給する旨規定し、一泊した場合は、宿泊料の他に二つの日額を支給する取扱いをすることは差し支えないか。

答　一般的に日額旅費は、測量、調査、土木営繕工事、巡察その他これらに類する目的のための旅行、長期間の研修、講習、訓練その他これらに類する目的のための旅行、その他その職務の性質上常時出張を必要とする職員の出張で、任命権者が知事（及び人事委員会）と協議して指定するものについては通常の旅費に代えて支給するものとし、この場合、日額旅費の額、支給内容及び支給方法は、必要に応じて任命権者が知事（及び人事委員会）と協議して別に定めることとしているのが通常である。

《常勤・非常勤の職員以外の者に旅費等を支給することの可否》

問　地方自治法第二〇四条に規定されている常勤、非常勤の職員以外の者に市の事務事業等の必要から（参考人又は指導者として）出張を要請した場合、この種の人に旅費等の支給をする旨を条例に定めることができるか。

答　設問のような場合に条例に定め、旅行に要する費用の弁償をすることは差し支えない。

《定数条例中に含まれていない者に対する旅費支給の可否》

問　**1**　定数条例中の定数に含まれていない次の者に対し、旅費を支給することは違法であるか。

①　常勤の臨時の職又は職員

②　「月額何円を支給する」という任命形式をとった嘱託で、六月以上にわたり常勤している者

2　前項の者に関し、次のような給与条例を定めることはできないか。

（臨時職員の給与）

第〇条　常勤の臨時職員については予算の範囲内で給与を支給する。

2　前項の給与は給料、旅費とし、その支給に関しては別に定める。

3　常勤の臨時職員には、前項に定める給与を除くほかいかなる給与も支給しない。

答　市町村がその採用した職員に出張を命じた場合にその要する旅費を支給することは可能である。なお、旅費は、給与の概念には入らない。

《旅費の調整規定上の「上司」の意義》

問　当市職員の旅費支給条例には、旅費の調整規定として次のような条文があるが、ここにいう上司とは何職をさすものであるか、原則的なよりどころを教示されたい。

第二一条　職員が公務のため、上司に随行して旅行する場合の旅費額は第一二条から第二〇条までの規定にかかわらず上司と同等の額を支給する。

答　設問の「上司」の範囲については、貴団体の旅費支給条例第二一条の適用上の問題であるので、貴団体において同規定を適用する場合に一定の基準を定め、運営すべきであるが、一般的に法律で規定されている場合の上司とは、公務員の職務上また身分上の監督権を有する上級者をいうものと考えられている。

設問については、この関係を考慮して、同規定の適用上の判断をされることが一方法かと思われるが、いずれにしてもあらかじめ明確な基準を定めておくことが望ましい。

《議員の費用弁償の支給の可否》

問　**1**　当市の費用弁償支給条例には「議員が招集に応じ、若しくは委員会に出席するため旅行したときは、交通費の実費と日額〇〇円を支給する。ただし、日額〇〇円については、議会定例会及び臨時会以外の職務による場合に限り支給する。」とあるが、この場合、交通費の実費（バス賃、鉄道賃）と定額（日額）が重複支給されているとも考えられるが適当か。

2　議長が市の儀式等（表彰式、卒業式その他）に議会を代表して出席した場合の費用弁償の支出は差し支えないか。

答　1　議員の費用弁償が、旅費として鉄道賃（船賃、車賃）のほかに日当、宿泊料も含んで支給されていながら更に別に日数に応じて定額を支給しているのであれば、当該日額支給分は日当、宿泊料に該当するものであり、二重支給と考えられる。しかし、貴市の場合、交通費の実費のみを支給して、日当、宿泊料を支給していないので、二重支給には該当しないと考えられるが、定額（日額）の支給の是非や金額については十分検討する必要がある。

2　議会を代表して儀式に出席するのは公務の旅行であるから、条例の定めるところにより旅費を支出することは差し支えない。

《市長要請による議会議員の視察旅行の旅費の取扱い》

問　市議会議員が、当該市の市長の要請を受けて視察旅行に同行する場合、旅費を支給することは可能か。

答　地方自治法第二〇三条第二項の規定に基づき、議員に費用弁償として旅費を支給することができる場合は、議員としての正規の職務を行う場合に限られる。議員としての正規の職務を行う場合は、議会開会中あるいは閉会中継続審査のため委員会が開かれる場合及び地方自治法第一〇〇条第一二項の規定に基づき、会議規則で定めた各派代表者会議、正副委員長会議、全員協議会等に出席する場合がある。

しかしながら、議員には、費用弁償以外に一切旅費が支給できないというものではなく、例えば、たまたま議員である個人が地方公共団体の機関から依頼されて公務の遂行を補助するために旅行したような場合には、地方公共団体として旅費を支給すべきことは可能で、この場合に支給すべき旅費の額は、議員として受けるべき費用弁償の額ではなく、当然一般の旅費条例の定めるところによるべきものである（国家公務員等の旅費に関する法律三Ⅳ・Ⅴ参照）。

議員の旅行が地方公共団体の機関から依頼されて、公務の遂行を補助するために旅行するものであれば、費用弁償としてではなく、一般の旅費条例の定めるところにより旅費を支給することは可能であり、この場合の支出科目は、議会費以外から支出することになる。

《非常勤講師の旅費の支給方法》

問　住居をA市に有し、他に主たる職業をもっている者を、B市立大学の非常勤講師に委嘱し、この者は講義のたびにA市から本市まで出向いてきてもらっているが、次の点はいかに考えるべきか。

①　本市条例では「非常勤講師等が公務のため旅行したときは、その旅行について、費用弁償として旅費を支給する。」となっているので、上記の場合でも「公務のために旅行したとき」に該当するから旅費として支出することが適当か。又はこれらの経費も報酬額の中に織り込むのが適当か。

②　「旅費」として支出するのが適当であるとすれば、やはりその都度旅行命令を行うのか。又は既に非常勤講師を委嘱の際、講義は市立大学で行うことや、講義日も定まっているものであるからあらためて旅行命令を発する必要はないと考えられるか。

③　「旅費」支出の場合、距離の計算基礎である出発地は、非常勤講師の住居からとすべきか、それとも主たる勤務場所の所在地からとすべきか。

答　①について、報酬は地方公共団体の非常勤の職員が一定の勤務に従事したことにより、その反対給付として支払われるものである。また、費用弁償は報酬と異なり、それらの者が職務を執行するうえに要した経費を償うために支給されるもので実費弁償の性格をもっている。したがって費用弁償として取り扱うべきである。ただし、所得税の取扱いは旅費の支払も原則的には報酬に含まれるとされており、費用弁償として旅費を支給する場合、所得税及び復興特別所得税を源泉徴収することに留意する必要がある。

②について、非常勤講師として委嘱する際、講義の場所、講義日を定めるということは勤務の条件を定めることであって、職員に対して職務命令として旅行命令を発することとは別問題であり、したがって、その都度旅行命令を発することが適当である。

③旅費の支給については、市で定めている旅費に関する規定によるべきであるが、一般的には、国家公務員等の旅費に関する法律第一〇条（居住地又は滞在地から直ちに旅行する場合において、居住地又は滞在地から目的地に至る旅費額が在勤地又は出張地から目的地に至る旅費額より多いときは、当該旅行については、在勤地又は出張地から目的地に至る旅費を支給する。）の規定にあるように、最も経済的な路程により支給するのが適当である。

《教職員に対する旅費の支出》

問　**1**　市町村の教育長が当該市町村の事務用務で教職員を招集した場合の旅費については、当該市町村の旅費条例により旅費を支出できるか。

2　市町村教育委員会が主催する運動会等で児童の引率、審判等、役員などで旅行した場合の旅費については当該市町村の旅費条例により旅費を支出できるか。

答　市町村立の小・中学校の職員の旅費は市町村立学校職員給与負担法によって都道府県の負担とされているので市町村予算に計上して支出することができない。したがって、設問のような教職員の旅行に要する経費は、原則として都道府県の旅費支給条例により都道府県の予算から支出されなければならない。ただし、負担法にもあるとおり、都道府県が定める基準に適合しないいわゆる上乗せ横出し部分は、市町村が独自に負担して、実施することまでは排除されていないと解される。

《出張命令と旅費の支給関係》

問　**1**　学校における旅費は、市費予算のほかにＰＴＡ及び給食会等の会計に依存しているのがその実態である。職員の出張は学校長の命令によって行われているところであり、ＰＴＡ、給食会等の会計から支給される分も正当な出張命令の手続を経ている。

出張命令はあくまで予算の枠に拘束されるものであるから、予算の不足等で予算執行が不能となり、ＰＴＡ等の会計から支給することとなった分までを出張命令簿に登載し出張の手続を経ることは不自然であり、その必要はないと解するがどうか。その場合、便宜上、ＰＴＡ会計等における出張命令簿を別途設けておくべきであるか。

2　ＰＴＡ会計等から支給する分まで出張命令として取り扱っているのは、旅行中に万一災害を受けた場合において、公務災害にしようとする意図である。しかし、出張を命令する以上、支出予算がなくてはならず、かつ、命令するからには市費で支弁できるような方途を講ずるべきであろう。したがって、市費以外のＰＴＡ会計等で旅費の支給が行われるものについては、いかに公務災害の問題が生ずる懸念があろうとも出張命令とすべきでないと解するがどうか。

答　1の事例は、旅行が公務と認められるものであれば、通常の出張命令をし、旅費別途とする取扱いをすることになる。ただし、財政運営上非常に好ましくないことであり、必要な予算措置を行うべきである。

2　旅行が公務である限り旅費の負担の有無にかかわらず、旅行中の災害は公務災害となる。

《グリーン車等のない場合の旅費の支給方法》

問　本市の旅費条例によると「旅行は最も経済的な通常の経路及び方法により旅行した場合の旅費により計算する。ただし公務上の必要又は天災その他やむを得ない事情により最も経済的な通常の経路又は方法によって旅行し難い場合には、その現によった経路及び方法によって計算する」「2　旅費の種類及び額は別表の通りとする」とあり、別表には鉄道賃、急行料金共グリーン車運賃を支給するようになっているが、その路線にグリーン車がなく、かつ、急行も走っていない場合には普通運賃を支給するのが適当か。

答　お見込みのとおり。

《旅行取消しによる切符の払戻手数料の取扱い》

問　一般職員はもちろん、議員及び各種委員等の公務出張に際して、出張命令の日程に基づき、円滑に旅行目的を達成しようとするとき、特に遠距離の場合、事前に切符を入手しなければならない。

この場合、切符入手後、都合によりその出張が取りやめになり、切符の払戻しをするとき、当該鉄道会社では一定率の手数料を差し引くが、この払戻手数料は出張命令を受けた者が負担するのか、公費で負担するのか、その場合の支出科目は何か。

答　①　本人（出張命令を受けた者）の都合（病気等）で出張することができなくなったとき

②　命令権者の都合で出張命令を取り消されたとき

①及び②とも公費で負担すべきものであって、その支出科目は「旅費」である。ただし、一の場合においては旅行者の旅行命令の取消しの申請をしておく必要がある。なお、このような取扱いは旅費に関する条例で規定しておくこととなる（国家公務員等の旅費に関する法律三・四、国家公務員の旅費支給規程二参照）。

《旅費と超過勤務手当の重複支給の可否》

問　**1**　当市から出張先へ市の公用車で出張しその目的地までは二時間を要する。目的地で仕事が終わったのが午後五時であり、当市へは七時に帰着した。その間の二時間について超過勤務手当を支給すべきか。

2　また出張を午前中に終え当市へ到着後引き続き午後九時まで残業した場合、超過勤務手当を支給してよいか（町の条例には、旅費、超過勤務手当の重複支給については何ら規定されていない。）。

答　**1**　公務により出張中の職員は、その出張期間中正規の勤務時間を勤務したものとみなすこととする取扱いとされている。ただし、出張の目的地において正規の勤務時間を超えて勤務すべきことを職員の所属の長があらかじめ指示して命じた場合で、現に勤務し、かつ、その勤務時間について明確な証明ができるものについては、時間外勤務手当を支給することが可能である。

したがって、勤務について自由裁量の余地を十分与えた出張に対しては、通常の場合は、時間外勤務手当を支給すべきものではないと考えられ、設問の場合は支給する必要はないと解される。

2　時間外勤務手当の支給の対象となる勤務は、所属の長から正規の勤務時間を超えて勤務することを命ぜられた勤務でなければならないのであって、命令がなく職員が勝手に居残ってなした勤務については、時間外勤務手当支給の対象とはならないことは明らかである。

設問の場合、出張命令の内容によっては、帰庁後時間外勤務を命じ時間外勤務手当を支給することは考えられる。

《企業会計の監査における費用弁償の支出の可否》

問　当町では本年度より下水道事業を地方公営企業法に基づく企業会計に切り換え、これが監査の実施に当たっては町の一般監査と同日に施行しているが、監査委員に対する費用弁償は別に企業会計により支給すべきか。

答　費用弁償は、議会の議員、委員会の委員、非常勤の監査委員等がその職務の執行に要した経費を償うために支給されるものである。

監査委員は、地方公共団体の財務に関する事務の執行及び地方公共団体が経営する事業の管理を監査することとされているので、地方公営企業法に基づく公営企業は、地方公共団体の経営する事業に該当するものであり、その監査委員の職務権限の範囲内のものであり、したがって、それに要する経費は、(款)総務費、(項)監査委員費、(目)監査委員費、(節)旅費(費用弁償)の予算科目から支出される。

《職員以外の者に旅費を支給することの可否》

問　林業構造改善事業により林道開設事業を実施することになったが、設計等の打合せのため、町が県の出先機関である林業事務所の技師の派遣を申請した。この場合、出張命令は、町の派遣申請に基づいて林業事務所長が発したものであるので、旅費は林業事務所が支給するのが原則であると考えるがいかがか。

なお、町の旅費規程は次のとおりである。

(条例)

第三条　職員以外の者が町の機関の依頼又は要求に応じ公務の遂行を補助するため証人、鑑定人等として旅行した場合には、その者に対し費用弁償として旅費を支給する。

第一三条　第三条第三項の規定により支給する旅費は他の条例に定めがある場合を除くほか規則で定める旅費とする。

(規則)

第八条　条例第一三条に規定する職員以外の者が証人等として旅行した場合の旅費は次の各号に定めるところによる。

一　証人、鑑定人、参考人その他これに類する者として旅行した場合には○等級の職務にある者の出張の例に準じて計算した額の旅費

二　臨時の講義若しくは講演又は専門的調査研究等のため旅行した場合には当該旅行者の学識経験、社会的地位等を考慮して旅行命令権者がその者に相当すると認められる職務にある者の出張の例に準じて計算した額の旅費

答

市町村が県の職員の派遣を要請した場合の当該県職員の旅費は、原則として派遣要請をした市町村が支給すべきである。ただし、当該派遣に係る事務が県の事務でもあれば、市町村と県が協議して、県がその旅費を支給する取扱いをすることも可能である。

設問の場合、出張命令は林業事務所長が発するものであるが、町と県との間で協議して旅費の負担者を町としていれば、当該命令は単なる職務命令であり、これによって県が支出負担行為をすることにはならない（一般的には、このような場合「旅費別途支給」となる。）。

《旅費の余剰金》

旅費は一定の旅行命令に対して支出されるものであるから、当該旅費が概算払で支出され、精算の結果、返納事由が生じた場合以外は、それは当該旅費受領者のものとなり、返納すべき性質のものではない。したがって、他の旅行命令を受けた場合は、当然に当該旅行に要する経費は請求すべきであり、また支給すべきである。ただ、一定の旅行終了後引き続き他の旅行の命令を受けて旅行する場合、旅費を概算払いする時間的余裕がないので、前の旅費の残額（帰途の鉄道賃）を充当するということもあるが、この場合は、精算して請求すべきである。

近年は、航空賃の割引チケットや、航空賃、鉄道運賃と宿泊料がセットになった安価なパック商品があ

り、これらを利用して出張した場合は、その実費を旅費として支給すべきである。

《町長、副町長の旅費の取扱い》

問　町長、副町長の旅費は、次のうちいずれに計上するのが正しいか。

①　用務の如何を問わず、全て総務費、総務管理費に計上する。

②　用務の内容に応じて、各款に分離して計上する。例えば土木用務であれば土木費へ計上する。

答　法律的にはいずれでも差し支えないが、事務の効率性の観点からは①によるのが適当である。

《小学校教員の研修旅費》

問　町立の小学校が県の研究指定校となったため、当該小学校の教員が他の指定校で研修するため出張する場合、町の教育費の旅費から支出することはできないと思うがどうか。

答　市町村立学校職員給与負担法第一条の規定により市町村立小・中学校の教員の旅費は県が負担することになっている。指定校になったため必要となった教員の研修旅費についても県の教育委員会が指定したものであるから、それに必要な経費は県が予算措置しているものと考えられ、町の予算から旅費を支出することは適当でない。

第九節　交際費

「交際費」は、地方公共団体の長又はその他の執行機関が、行政執行上、あるいは当該団体の利益のために当該団体を代表し外部とその交渉をするために要する経費である。その趣旨からして、一般的には当該団体の長がその必要のために費消するものと考えられることから、予算計上に当たっても、その範囲及び額については必要最小限度とするべきである。

また、直接行政事務、事業の必要により開かれる各執行機関、議会、各種委員会等の会合における食糧的経費については、本節で経理すべきではなく、第一〇節の需用費（食糧費）から支出するのが適当である。また交際費も地方自治法第二三二条の五の「普通地方公共団体の支出は、債権者のためでなければ、これをすることができない」との規定の適用があるものであり、債権者のため支出されなければならないものである。しかし、その特殊な性格からして、その内容を明らかにすることが不可能な場合も考えられるので、その場合には、例外的に長等その経費の使用者の領収書をもって足りると考えられているが、これは交際費が長等の個人的資金となることを意味するものではなく、当該団体の必要経費として支出されるものであるから、個人の生活費的な費途、個人的な経費として支出はできない。

交際費は、その使途が特に住民の疑惑を受けやすい経費であるので、その予算額は必要最小限度とするとともに、予備費の充用等は避けるべきである。実際の予算計上に際しては、当該団体の財政規模や、社会通念に照らして、どの程度の交際費を計上するのが適切であるかを他団体の状況等も考慮のうえ決定する必要がある。また、情報公開の観点から、交際費の使途の透明性を高めるため、ホームページにおいて首長の交際費の執行状況を公表している団体もみられる。

①　交際費の取扱い

交際費の取扱いについて諸種の問題が生じていることから、自治省（現在の総務省）から次のような通知が発出されている。

○交際費の取扱いについて（昭四〇・五・二六通知）

財務関係事務の適正な運営については、日頃、最善の努力を払っておられるところであるが、最近議長交際費の支出に関し、一部の地方公共団体において住民の不信を買うような事態を招いた例がみられるので、交際費の取扱いについては、次の事項に注意の上、さらに経理の適正と明確を期せられたく、通知する。

㈠　交際費の支出については、地方自治法第二三二条の三、第二三二条の四及び第二三二条の五の規定の適用がある。したがって、一般経費と同様、支出負担行為に基づき、正当債権者に支払いをすることが建前であること。

㈡　交際費を、一定金額を定めて定例的に資金前渡する支出の方法は、㈠の建前から適当でないが、もし、あらかじめ現金を前渡する必要がある場合には、所定の手続により資金前渡の方法によるべきであること。

㈢　交際費といえども正当債権者の領収書を受けておくことが建前であるが、ただ、その経費の性質に鑑み、例えば香典等、社会通念上相手方から領収書を徴することができにくいものは、支出額、相手方等の収支の経理を明らかにする方法によることも、やむを得ないものであること。

(四)　交際費については、他の費用の流用又は予備費の充用は適当でないので、交際費を増額する必要がある場合は、所定の予算措置により行うものとすること。

この通知を踏まえて地方公共団体では取扱要領を定めている場合も多く、その内容を例示すると次のようなものである。

①　交際費の支出については、地方自治法第二三二条の三「支出負担行為」、同法第二三二条の四及び同法第二三二条の五「支出の方法」の規定により、一般経費と同様個々の支出負担行為に基づいて、正当債権者に支払をすることを原則とするものであること。

②　前項の規定によることが困難な場合においては、地方自治法施行令第一六一条「資金前渡」及び○○県財務規則（以下「規則」という。）第○条（資金前渡の範囲）に基づき、資金前渡の方法により支出することができるものであること。

(注)　規則第○条の規定により資金前渡の方法により支出することができる「交際に要する経費」とは、歳出予算の節の「交際費」に限るものであること。

③　前項の資金前渡の方法により、支出する場合においては、次の諸点に留意して取り扱わねばならないものであること。

ア　資金の必要が生じた都度、資金前渡の方法による支出負担行為を行うこと。

イ　規則第○条（資金前渡を受ける者の指定）による資金前渡職員の指定は、知事にあっては知事室秘書課長、議長又は行政委員会にあっては、その経理事務を担当する課長の職にある者を指定するものとすること。

ウ　支出負担行為終了後、資金前渡職員の請求に基づき当該主管課において、規則第○条（支出命令）の規定により支出の命令を発するものとすること。

エ　会計管理者は前号の支出命令書の送付があったときは、規則第○条（支出の決定と小切手の振出し）又は第○条（本庁における現金払い）の規定に基づき審査のうえ、資金前渡職員に資金を交付するものとすること。

オ　資金前渡職員は、現金出納簿（規則様式第○号）を備えつけ前渡資金の経理を明確にしておくとともに、正当債権者の領収証書又は、これを徴し得ない場合においては、上司の支払証明書等を整備保管しておかなければならないこと。なお、これらの書類は、年度別に編てつするものとし、保存期限は五年とすること。ただし、規則第○条（前渡資金の精算）の規定による前渡資金の精算報告をなすに当たっては、交際費の性格上、これに添付すべき証拠書類は、資金前渡職員の作成に係る支払の使途区分（使用目的別支払金額）を明らかにする書類を添付するものとすること。

カ　資金前渡職員は、前号のほか、規則第○条（前渡資金の保管方法及び利子の処理）第○条（資金前渡額の限度）及び第○条（資金前渡職員の会計手続）の適用があるものであること。

②　交際費の監査

地方公共団体の経費である以上交際費の監査も可能であり、これについては次の行政実例がある。

○交際費の監査（昭三一・一〇・二二自丁行発第一〇〇号群馬県総務部長あて行政課長回答）

問　市議会の議決を経た交際費の支出については、監査委員の監査を受ける必要はないものと思料せられるが、いかがか。

答　地方自治法第一九九条第一項の規定による監査で、交際費の内容まで監査することは、経費の性質に鑑み適当でないが、収支の経理手続についてこれを行うことは差し支えない。

〔運用例〕

《交際費の解釈について》

交際費は、地方自治法施行規則中、歳出予算に係る節の区分の表にのみ規定されており、法令上他に規定がない。したがって、交際費とはどのような経費かということは、法解釈に委ねられており、一般的には次のように解されている。

○行政実例（昭二八・七・一自行行発第二〇〇号千葉県総務部長あて行政課長回答）

問　交際費の一般的意義及び具体的意義

答　一般的には、対外的に活動する地方公共団体の長その他の執行機関が、その行政執行のために必要な外部との交際上要する経費で、交際費の予算科目から支出される経費である。

したがって、交際費は交際する者に対して支給する経費とは解されない。交際費の意義をこのように解することにより、その経理手続等もその意義に即応して解することが必要である。

交際費といえども他の費目の支払金の場合と同様に「支出は債権者以外の者に対しては、これをすることができない。」とする地方自治法第二三二条の五第一項の規定の適用があり、その正当債主は交際費の支払の相手方であって、その交際する者ではないから、支払の相手方の領収書を徴し、その相手方に支払われるのが原則である。しかし、理論上は交際費に係る正当債主は右のとおりであるが、交際費の性質に着目したとき運用の面においては、右の正当債主の領収証を徴し難い場合もあり得るので、かかる場合には交際をする者を正当債主に擬制した解釈をとらなければならない場合も生ずる。そこで次のような行政実例が出されている。

○行政実例（昭二八・一・七自行行発第四号宮城県総務部長あて行政課長回答）

問　村長又は議長等の交際費の支出に際し、正当な受領証なく、使途不明な単なる交際費としての村長又は議長名の受領証により支出するのは差し支えないか。

答　交際費の性質に鑑み、設問のごとき経理手続を取ることは差し支えないものと解するが、村長又は議長はできるだけ支払を受けた者の領収書を受けておく扱いにするのが適当である。

《弔慰金の支出》

問　**1**　市議会議員が私傷病で死亡の場合、市費で弔慰金又は見舞金を支出できるか。当該議員が永年勤続（五期以上の議員）の場合、市政に功労があったものとして功労金の支出は可能か。支出科目としては、第九節「交際費」、第七節「報償費（功労金）」のいずれが適当か。

2　市議会議員が公務災害による傷病により辞任又は死亡したときに弔慰金又は見舞金を支出できるか。支出科目としては、第九節「交際費」、第二一節「補償、補填及び賠償金」、第五節「災害補償費」のうち、いずれが適当か。

答　1　市議会議員が死亡した場合において、市長が市を代表して社会通念上の額の範囲内で弔慰金を支出することは差し支えない。この場合、あくまでも儀礼の範囲内に限られ、長が儀礼的に支出する弔慰金の支出科目は「交際費」が適当である。

2　市議会議員が公務災害による傷病により辞任又は死亡した場合は地方公共団体の議会議員には労働基準法の適用はなく、また、公務災害補償費は地方自治法第二〇四条の二の給付に含まれるので「議員公務災害補償条例」により対応することとなるが、当該条例を制定していない場合は、1と同様の取扱いも可能である。

《交際費の受領者名簿》

問　交際費の予算附記に町長交際費として議決せられている場合、現に副町長又は町長の命令を受けた職員の要した交際費であっても、受領者名は町長とすべきか。また、役場交際費として議決された場合は、町長、副町長はもとより、命を受けた職員名で請求受領しても差し支えないと思うがどうか（交際費についても正当な受領証は添付する。）。

答　交際費の支出に当たっても他の費目の支出と経理事務手続を異にするものではないから、現実に支払を受けた正当債主の領収証によることが原則で、そのように運用すべきであって、当然に交際費を費消する者の受領証でよいとするものではない。しかし、交際費の性質に鑑み、前示正当債主の領収証により難い場合にあっては、それを費消する者、すなわち設問においては前後段ともに副町長又は命を受けた職員の受領証によることも差し支えないものと解される。

《一般人が消防活動に協力して被災した場合の補償費用》

問 災害補償費は、職員の災害補償をする場合に限ると考えるが、火災の際、一般人が消防活動に協力し、災害を受けた場合、その支出費目は第二一節「補償、補塡及び賠償金」で支払をすべきか。

答 交際費から支出するのが適当である。

《食糧費の支出について》

問 来客接待のためレストランにおいて会食を行った場合に、酒、食事以外にサービス料が請求されることもあるが、サービス料は食糧費より支出することは正当と考えられないが、これらを区分して支出すべきか。区分するとなれば何費より支出すべきか。またこれら全部を交際費より支出して差し支えないか。

答 予算費目の問題としては、一括して交際費から支出して差し支えない。

《餞別の支出科目》

問 県費負担教職員の異動により異動教職員に餞別を出す場合、どの科目から支出したらよいか。

答 交際費が適当と考えられるが、その当否については慎重に検討する必要がある。

《見舞金の支出科目》

問　最近町立病院の看護師寮より出火し建物を全焼した時に、被災の看護師二〇名に対して一括五〇万円の見舞金を支給することにしたが、その支出科目は何が適当か。

答　見舞金として交付する限り「交際費」から支出することが適当である。

《見舞金、餞別金の支出科目》

問　学校給食で、中毒を起こした児童の保護者に対する見舞金、外部の関係者に対する餞別金は、いずれの科目から支出すべきか。

答　交際費から支出することが適当である。

《土地の名産品を贈る場合の支出科目》

問　交際費の支出については行政執行上のために外部と公の交渉をするために必要な経費のみを支出すべきと考えられるが、行政事務執行上、土地の名産品（菓子類）を手土産品として贈る場合、支出科目として事務執行上の支出であるので需用費（消耗品費）から支出すべきとする意見と、交際費から支出すべきとの意見がある。いずれが適当か。

答　交際費か需用費かについては実際の運用に際し具体的に判断することになるが、設問の場合は実質的には交際費であると考えられる。適正な予算の執行を確保する観点から、実体的に（節）交際費の増額となるような運用は避ける必要がある。

《謝礼を現物給与する場合の支出科目と証拠書類の取扱い》

問　講演会の講師謝礼を現物給与する場合に、○○報償費から支出し、受領者名を物品の購入先とすることはできるか。

答　謝礼を現物でするための当該謝礼品を第七節「報償費」又は第九節「交際費」で購入することは差し支えないが、当該謝礼の受領者名を物品の購入先とするようなことはできない。この場合、購入先から通常の購入代金の領収書を徴すべきである。

第一〇節　需用費

本節は、地方公共団体の行政の執行に伴なって必要とされる物品（備品、原材料に含まれないもの）の取得及び修理等に要する経費等のほか、その効用が比較的に短期間に費消される性質の経費で、これには消耗品費、燃料費、食糧費、印刷製本費、光熱水費、修繕料、賄材料費、飼料費、医薬材料費等が含まれる。

主なものは、次のとおりである。

(1)　消耗品費

短期間又は一度の使用によって費消されるもの、あるいは毀損しやすいもの、著しく長期間の保存には耐えられないものの類であり、第一五節「原材料費」と同性質のものであるが、原材料は、工事、生産過程において費消され、附加価値を高め、その対象物の一構成部分として生まれ変わるべき性質を有している点で消耗品と区別されるものである。また、第一七節「備品購入費」とは、その物品の耐用期間の長短、毀損の難易によって分別され、備品は概ね、その使用耐用期間が一年以上のものであり、また、毀損されにくい性質をもち、比較的長くその商品価値をとどめるものである。また、取得金額により、一定額以上のものを備品として管理する例もある。消耗品の類としては文具類（各種事務用紙、封筒、筆、墨、印肉、インク、インクスタンド、ペン先、ボールペン、鉛筆、スタンプ台、ノリ、鉛筆ケズリ、綴糸、諸帳簿、伝票、表紙、消ゴム）、旧型の謄写印刷器（タイプ印刷機、コピー機器等、複写機器あるいは会計機器は備品に含まれる。）、複写機液等、印紙類―収入印紙、保険印紙、収入証紙等、被服類―作業服、事務服等、法規集の追録、肥料、種苗、穀類、茶器、環境衛生のための各種薬剤、新聞、雑誌、官報、地図、各種消耗器材（試験用薬品、針金、釘、コード、ニクロム線、蛍光灯、ガラス、各種事務機器の部品、塗料）等が含まれる。

(2)　燃料費

庁用燃料費として暖房用、炊事用等の石炭、薪、木炭、コークス、プロパンガス、石油等があり、また自動車及び船舶用の燃料、天然ガス等、さらに試験、研究、実験等の事業用の燃料費も含まれる。

(3)　食糧費

交際費と類似する点もあるが、これが行政事務執行上の直接的必要性から消費されるものである点で区別されるものである。この経費は、第九節「交際費」とともに、住民に疑念を抱かれないよう特に留意する必要があり、その使途目的、金額等もできるだけ明確にしておくことが望まれる。特に本経費については細節経理することが望ましい。

この経費としては、各種会議用（宴会を含む。）、式日用茶菓、接待用茶菓、弁当、非常炊出賄、警察留置人食糧、病院、療養所等の患者食糧、宿泊所、保育所等の賄料等があげられる。

食糧費の取扱いについて諸種の問題が生じていることから、その在り方や官公庁間の接待について次のような自治大臣（現在の総務大臣）談話や通知が出ている。

○地方公共団体の行政運営及び予算執行の適正化について（平七・八・一一自治大臣談話）

1　最近において、地方公共団体の支出する食糧費の在り方が問題となっていることについては、国民の間に地方公共団体への不信感を惹起させ、ひいては行政に対する信頼を損ないかねないものであり、まことに遺憾なことと考えている。

ここに、改めて、食糧費等が公費をもって賄われていることの重さに思いをいたし、いやしくも社会的な批判を招くことのないよう、各地方公共団体においては、簡素かつ公正を旨とした節度ある対応と、法規に則った適正な予算執行の徹底に一層努められたい。

2　また、自治省においても、国民の信頼に応える行政の厳正かつ的確な遂行に徹し、国民の不信を招くことのないよう、一層の綱紀の保持を図り、また職員にもその趣旨の徹底を図るよう指示したところである。

○地方公共団体の行政運営及び予算執行の適正化について（平七・八・一五通知）

地方公共団体の行政運営については、かねてから法令に基づき、適正に行うよう要請してきたところであるが、最近において、地方公共団体の支出する食糧費の在り方が問題となっていることについては、国民の間に不信感を惹起させ、ひいては行政に対する信頼を損ないかねないものであり、まことに遺憾にたえない。

国においては、行政及び公務員に対する国民の信頼を維持するため、国民の疑惑や不信を招くことのないよう、一層の綱紀粛正に努めることとしたところであるが、各地方公共団体においても、その行政運営が住民の負担のもとに行われていることに改めて思いをいたし、社会的批判を招くことのないよう、特に下記事項に留意のうえ、簡素かつ公正を旨とした行政運営と、法規に則った適正な予算執行に一層努められるよう要請する。

また、この旨を管下市町村に通知し、その趣旨の徹底に努められたい。

以上、命により通知する。

記

一　簡素・公正を旨とした行政運営の確保

地方公共団体の行政運営については、法令に基づいて適正に行われるべきことはもとより、住民の負担のもとに行われていることに鑑みて、簡素かつ公正を旨とした運営に努めていく必要がある。

特に食糧費等の支出については、それが公費をもって賄われていることを強く認識し、いやしくも社会的に批判を招くことのないよう、厳に節度ある対応を図られたい。

二　適正な予算執行の徹底

地方公共団体の予算執行については、地方自治法、地方自治法施行令等の関係法令及び各地方公共団体の財務規則に則って適正に行わなければならないものであるが、一部の地方公共団体において著しく不適切と考えられる財務会計処理が行われていたことは極めて遺憾である。各地方公共団体においては改めて適正な予算執行の徹底を図るとともに、とりわけ、食糧費については、経費の性質上、特に適正な執行が要請されるものであることから、その執行に厳正を期されたい。

このため、各地方公共団体においては、経費の支出が関係法令及び財務規則に則って適切に処理されているかどうかなどを点検し、必要な改善措置を講ずる等、適正な予算執行を確保するための対応に一層努められたい。

○地方公共団体の行政運営の適正化について（平八・八・一二通知）

地方公共団体の行政運営については、食糧費等の支出に関して、平成七年八月一五日付け自治事務次官通知等において、簡素かつ公正を旨とした運営の確保と適正な予算執行の徹底を要請してきたところであるが、本日、総務庁人事局長から各省庁官房長等あて、別添の通知がなされたところであり、各地方公共団体においては、あらためてその趣旨の徹底を図られたい。

〔別添〕官公庁間の接待について（平成八年八月一二日総人第四〇七号、各省庁官房長等あて総務庁人事局長通知）

官公庁間の接待については、従来から、閣議決定等によりこれを行わないこととされているところであり、また、平成七年八月一五日の閣僚懇談会においてもこの件につき内閣官房長官及び総務庁長官から各省庁に対し要請がなされたところであるが、この際、更にその趣旨の徹底を図られるようお願いする。

(4) 印刷製本費

当該団体がその行政事務の執行に際しその必要上、印刷及び製本を依頼するために要する経費である。役務を要素としているが、第一一節「役務費」が純粋にサービスの提供に対する対価であるのに対し、この経費には印刷物等の提供が含まれている。

具体的には、文書、図面、事務用紙、帳簿、パンフレット等の印刷代、伝票、帳票、書類、手帳、写真の現像、焼付、引伸料、青写真焼付料等と製本代等がある。

(5) 光熱水費

電気使用料、水道使用料、ガス使用料等が該当するが、これらの使用に伴う各種の計器類（電気メーター、量水器、ガスメーター等）について使用料を支払っているときにはそれも含む（電気、ガス、水道の配管、配線のための工事費用は一般には第一四節「工事請負費」から支出されるべきであろう。）。

(6)　修繕料

備品の修繕、部品の取替えのための費用である。また家屋等の小修繕で請負にまで至らないもの（工事の概念に入らないもの）が該当する。大修繕、改築等は第一四節「工事請負費」の節から支出されるべきものであり、修繕料は、本体の維持管理、原状復旧を目的とするものであると解される。

また、第一一節「役務費」と類似の性質をもつが、役務費が純粋にサービスの提供のみに着目するのに対し、修繕料は何らかの形で、部分品等を使用しつつ役務を提供するものであると解される。

(7)　賄材料費

病院、診療所の患者、保育所、老人ホーム、青年の家、国民宿舎等の施設における給食の材料購入経費が含まれる。

(8)　飼料費

飼育中の動物の飼料の購入費である。

(9)　医薬材料費

病院、診療所、保健所等における医療用に使用される消耗品等の購入経費であり、包帯、ガーゼ、脱脂綿、グラス、氷のう、眼帯、注射器、注射針等又は薬品等が含まれる。

〈運用例〉

《物品の購入に伴う送料の支出科目》

問　**1**　賄材料（脱脂粉乳）を購入した際、その請求内訳に納品者（債権者）が負担した送料が含まれていたが、この送料を第一一節「役務費」に区分することなく、脱脂粉乳の代金に含めて需用費より支出してよいか。また、備品（ボート）購入の場合も同様に取り扱ってよいか。

2　**1**のように取り扱ってよい場合、送料の支払証明を徴する必要があると思うがこの点はどうか。

答　**1**　契約により送料が代金の中に含まれているものであれば、賄材料（脱脂粉乳）については第一〇節「需用費」、備品（ボート）については第一七節「備品購入費」から支出することが適当と解する。

2の送料の支払証明書を徴するかどうかは、当該自治体の財務規則の定めによる。

《懇談会会場の使用料の支出科目》

問　懇談会を開催した場合、会場の使用料を請求された場合の支出費目はいずれによるべきか。

答　懇談会には、食事、飲物等が伴う場合が多く、一括請求されることも少なくないが、節の区分を厳格に解釈すれば、部屋代は第一三節「使用料」、その他の経費は第一〇節「需用費」が適当である。

《市町村立牧場等で使用する牧草種子の購入費の支出科目》

問　市町村立学校及び市立牧場で使用する牧草の種子の購入経費は、第一五節「原材料費」で支出するのか、それとも第一〇節の「需用費」の消耗品費で支出するのか。

答　歳出予算に係る節の区分については設問のように類似した節の取扱いについてはその支出目的、従来の取扱い等により適宜判断することになるが、一般的には学校及び牧場等で使用する牧草種子の購入は、実験等の場合は「需用費」、牧場等で生産のために購入する場合は「原材料費」によるのが適当である。

《報償のための金品の支出費目》

問　1　報償物品を購入する支出費目は消耗品費が適当か。
2　なお、報償費より敬老祝金を支出することは認められるか。
3　また、敬老者に贈る記念品及び紅白のまんじゅうの支出費目は、消耗品費及び食糧費で差し支えないか。

答　1及び3は、貴見のとおり。2は、可能であるが、その必要性については十分検討する必要がある。

《物品購入の支出科目》

問　次の物品の購入に要する経費の支出科目は何がよいか。
①　夏期にのみ使用する網戸、よし戸
②　予備のスノータイヤ

③　デスクマット
④　陶器製茶器
⑤　掃除用バケツ
⑥　飾り程度の椅子カバー
⑦　金属製灰皿

答　①は第一七節「備品購入費」が適当である。
②から⑦までは第一〇節「需用費」が適当である。

《物品購入に伴う送料の支出科目》

問　地方公共団体の行政事務の執行上必要とされる物品（需用費）を発注し、物品が納入され、債権者からの物品の請求○○円、送料○○円を含めた合計金額○○円の請求を受けた場合、物品については、需用費から支出して正当であるが、送料についての支出科目は、次のどれに該当するか。
①　需用費
②　役務費
なお、需用費と役務費に節の区分をして支出するような場合、請求書は同一のものでよいか。

答　厳密にいえば、第一一節「役務費」であるが、第一〇節「需用費」から一括して支出しても差し支えないものと解する。請求書は同一のもので差し支えない。

《観光船の機関の取替え等に要する経費の支出科目》

問　船舶建造は第一四節「工事請負費」から支出すべきであるが、市営観光船の機関の取替え又は一部を改造するような場合の節は工事請負費でよいか。

答　機関の取替え又は一部改造の実態が明らかでないが、一般的にその目的、契約の内容から判断することとなるが、通常は第一〇節「需用費」（修繕料）又は第一四節「工事請負費」として予算措置すべきものと考える。

《有刺鉄線等購入代金の支出科目》

問　次の各々の支出科目についてどのように判断すべきか。

①　垣根用有刺鉄線は第一五節「原材料費」

②　タイプ用活字を一台として購入する場合は、第一七節「備品購入費」

③　戸籍関係用紙類を戸籍事務協議会で共同印刷した場合、当該協議会が債権者となるが、その場合は、第一〇節「需用費」（印刷製本費）

④　ダイナマイトを購入する場合の支出科目は、消耗品費か原材料費か

答　①及び④　購入使用の目的により各々判断すべきものである。したがって、第一〇節の「需用費」（消耗品費）又は第一五節の「原材料費」ということになる。

②　第一七節「備品購入費」として措置すべきである。

③　協議会に印刷の発注をするものである限り「需用費」（印刷製本費）として支出して差し支えない。

《植木、苗木購入の支出科目》

問　植木、苗木を購入した場合、第一七節「備品購入費」とすべきか、又は第一〇節「需用費」（消耗品費）として処理すべきものか。

答　設問の植木、苗木の購入について、一般的には需用費又は原材料費とされる場合が多いが、購入後の使用目的及び耐用年数等により個々具体的に区分することが適当と解される。

《滅菌用塩素の支出科目》

問　当市では上水道事業を特別会計を設定して運営している。この上水道事業で使用する滅菌用塩素の支出科目は需用費から支出すべきか、あるいは原材料費から支出すべきか。

答　需用費から支出するのが適当である。

《土嚢の支出科目》

問　災害が発生した際に利用する「土嚢《どのう》」について、①土嚢（袋の中に土砂が入っている完成品）を購入する場合と、②袋と土砂をそれぞれ購入して、職員がつくる場合とがある。①と②の支出費目は、原材料費と消耗品費のどちらが適切か。

答　①のように、完成品である土嚢を購入する場合、当該地方公共団体が定める備品の基準（金額）以上であり、何回も使用できるものを購入する場合は第一七節「備品購入費」が適当である。金額が当該地方公共団体が定める基準（金額）以下の場合は第一〇節「需用費（消耗品費）」が適当である。

②のように、袋と土砂を購入した上で当該地方公共団体の職員が作業を行い土嚢を完成させる場合は、袋と土砂の購入費の支出科目は第一五節「原材料費」が適当と解する。

《校庭の砂の支出科目》

問　校庭に敷いている砂が雨等でなくなってしまい補充する場合、何で支出するのが妥当か。

答　校庭に敷いている砂は雨等で流出するなど恒久的なものではなく、砂を加工するものでもないので、需用費（消耗品費）が適当と解する。

《電気使用料・水道使用料の歳出所属年度》

問　電気使用料金や水道使用料金は使用が発生した年度内に、契約上支払請求ができない。このような場合、どのような処理をすべきでしょうか。

答　電気使用料・水道使用料の三月分支出については当然三月三一日までに支出命令行為が行い得ない。検針は四月一日以降になされるが、三月分の支出はその支出の原因である事実の存した年度である旧年度から支出するべきである。なお、二か月分まとめて請求があり、支払をする場合、例えば三月分と四月分を併せて請求があった場合は、支出の原因となる事実が存した期間が二年度にわたることから、支払期限の属する年度となる。

《修繕料と消耗品費との関係》

問　修繕とは、本来、ある物が破損した場合に、これを修理し原状に復旧することを目的としている。したがって、この原状に復旧する行為はさらに一定の「役務」と「材料」とによって成り立っている。この場合、役務すなわち、手間賃と材料代との合計が修繕となることはなんら疑問はないのであるが、実際には手間賃を伴わない状態での修繕が数多くある。一例をあげれば、自動車のヘッドランプが破損し、これを運転手が取り替えた場合、要するに原状復旧が単なる部品の交換によって簡単にできる場合である。

　このように、修繕とは役務と材料の合計では必ずしもない場合があり、交換した部品だけを修繕料から支出することが、可能かどうかという問題が生じてくる。

　単に部品だけの場合、消耗品費からという解釈も成り立つものと思われるが、あくまでも、原状復旧という修繕本来の目的から解釈すれば、部品だけであっても、修繕料からの支出が正当と思われるがいかがか。

答　設問のとおり観念の仕方によっては様々な問題があるが、一般的には、ランプは消耗品として、かつ、その交換については、修繕としては取り扱わないものと解する。具体的場合に応じ、いずれが実態に則するか、各々判断するのが適当であると考えられる。

《法規集追録代の支出科目》

問　加除式法規集を購入している場合の追録代は、第一七節「備品購入費」として処理すべきか、第一〇節「需用費（消耗品費）」として処理すべきか。また、新聞、雑誌、官公報紙についてはどうか。

答　加除式法規集の追録代は「需用費（消耗品費）」で支出すべきと解する。ただ、名称は追録であってもそれが一冊別個の本である場合があり、当該団体の財務規則等で消耗品に分類されないようなものについては、第一七節「備品購入費」で支出することになる。

新聞、雑誌、官公報紙の購入代金は、「需用費（消耗品費）」が適当である。

《側溝掛蓋の購入費の支出科目》

問　道路を横断している側溝のコンクリート掛蓋（四～五枚）が破損した場合（取付けは発注者側で行う。）、また道路と平行している側溝にコンクリート掛蓋（二〇～三〇枚）をして交通の安全等から歩道に利用させる場合の購入科目は、前段の場合、第一〇節「需用費」から、後段の場合は第一五節「原材料費」からの支出が適当か。

答　原材料費は、ある物品を生産するための原料又は工事工作等のため消費されるところのものを購入するための経費をいうとされており、したがって、一般的には、設問の経費は需用費から支出するのが適当である。

《町立へき地保育所の畳購入費の支出科目》

問　町立へき地保育所は、建物は町有ではないが、内部設備として畳（新調）を購入する場合の支出科目は何か。

答　畳は公有財産である建物の附属物であることが一般的であることから、その購入の際の支出科目は「公有財産購入費」とすることが適当と考えられるが、設問の場合は、建物が公有財産でないことから公有財産の一部として考えるのではなく、そこで使用する畳は消耗品として扱い、「需用費」とすることが適当である。

《栄養教室での材料費の支出費目》

問　次の①～③のケースで使用する食材や調味料は、食糧費と消耗品費のいずれから支出すべきか。

①　成人病予防を目的として開催される料理教室（健康づくり）

②　男性を対象にした料理教室（公民館事業）

③　青少年を対象として開催される屋外キャンプ

答　食料費及び消耗品費のいずれも節区分としては第一〇節「需用費」となる。需用費のうち「食事」にかかわるものは、細の説明として「食糧費」の区分が設けられていることから、主として「食事」そのものの提供、又は「食事」を提供することを前提とした「食材」の調達にかかわるものが該当するので、①～③の料理材料は、「食糧費」が適当と考える。なお、①～③の開催目的が、食事の提供ではなく、料理の技術取得にあるとすれば、消耗品費も考えられるが、通常は料理したものを受講者が食べると考えられるので、「食糧費」が適当である。

《県の証紙売りさばきに係る収入証紙購入の支出科目》

問　住民の便宜を図り県の収入証紙を市庁舎内において、市の機関により売りさばきをする場合、収入証紙の購入支出科目は何が適当か。

答　使用目的を特定せず収入証紙を買い置く場合は需用費（消耗品費）が適当である。

《講習会の資料代、テキスト代等の参加費用の支出科目》

問　**1**　講習会、研究会などに出席参加する場合の資料代、テキスト代としての参加費を徴収される場合の支出科目は、次のいずれか。

①　第一八節「負担金、補助及び交付金」

②　第一〇節「需用費」

2　また資料代、昼食代、見学費等を含めて参加費を徴収される場合は、

①　第一八節「負担金、補助及び交付金」で支出すべきか。

②　それぞれの金額が分かっていればそれぞれの科目を考えなければならないか。

答　**1**　②「需用費」が適当である。

2　費用の内訳が示されず、参加費として一括して徴収される場合は、①によることとなる。

《理科実験用の薬品の支出科目》

問　義務教育（小・中）学校において、理科実験のための薬品等を購入するための支出科目は何が適当か。

答　需用費が適当である。

《ダイナマイト購入の支出科目》

問　失業対策事業において市道の新設又は拡張のためダイナマイトを使用する場合、当該ダイナマイト購入の支出科目は何が適当か。

答　需用費から支出すべきである。

《家庭配布薬品に係る支出科目》

問　当町では各家庭に薬品等を配布し、その購入費の半額を各人に負担させ、歳入の諸収入に入れている。歳出は需用費の消耗品費に計上しているが正しいか。

答　町が家庭配布薬を購入し、それを配布するのであれば、家庭配布薬という消耗品の購入であるから、需用費（消耗品費）が適当である。

《印刷等の集中管理に伴う消耗品等の支出科目》

問　輪転謄写機、ワードプロセッサー（文書用）を集中管理している場合の消耗品費及び文書発送に必要な経費は役務費から支出すべきか。

答　文書広報費のうち、前段、需用費が適当である。後段、お見込みのとおり。

《車検申請書に貼用する証紙購入費の支出科目》

問　市有自動車が車体検査を受ける際、検査申請書に証紙を貼るが、その証紙購入費はどの支出科目が適当か。

答　使用目的を特定しない証紙の購入費は需用費（消耗品費）が適当であるが、市有自動車の検査の手数料を支払う目的で証紙を購入するのであれば、役務費（手数料）から支出することも可能と解する。

《自動車に使用するオイルの支出科目》

問　次の経費の支出科目は何がよいか。

①　自動車のオイル交換の費用

②　自動車に使用する不凍液

ア　必要量を購入、注入する場合

イ　まとめて購入しておき、必要に応じて注入する場合

答　①　オイルのみの交換であれば消耗品費であるが、修理に伴って交換するものであれば当該修理の経費とともに修繕費となる。

②　アとイのいずれも消耗品費となる。

《電話機の修理代の支出科目》

問　日本電信電話株式会社（ＮＴＴ）より借用の受話機の破損修理代は、受話機は市の備品ではないので賠償金となるか。

答　借用中の建物の修理に要する経費の支出と同様、需用費（修繕費）となる。なお、団体によっては電話の管理補修係をおいている場合もあるが、これが部品を購入し、修理したときの部品購入費については、需用費（消耗品費）となる。

《軽自動車のナンバープレートの支出科目》

問　軽自動車税の納税義務者に交付するナンバープレートは、貸与する方法によっているので、支出科目を第一七節「備品購入費」で処理しているがどうか。

答　需用費（消耗品費）でよいと解する。

《報償物品購入の支出科目》

問　小・中学校の運動会、卒業式の賞品代（文具、タオル等）の支出費目は、第七節「報償費」より支出すべきであるか、あるいは消耗品費が適当であるか。

答　報償物品の購入費については、その報償の目的、性質等から考えるならば、予算上これを報償費として措置することも考えられるが、歳出予算の節としての報償費には、一般的にこのような現物給与としての物品の購入に要する費用は含まず、もっぱら報償金又は賞賜金としての現金支給をすべきものを対象として措置するのが、通常ではないかと考えられ、報償物品の購入費は、需用費（消耗品費）として措置することが適当である。

《料理実習用ニワトリの購入代金の支出科目》

問　青年学級の料理実習においてニワトリを購入したいが、この支出科目は第一〇節「需用費（消耗品費）」か第一五節「原材料費」か。

答　「需用費（消耗品費）」から支出すべきである。

《実験、実習用物品代金の支出科目》

問　**1**　学校の家庭科割烹実習の際の食用油、砂糖等（食糧品）は、消耗品費、食糧費、原材料費のうちいずれから支出すべきか。

2　理科実験用の揮発油、アルコール等は、消耗品費、燃料費、原材料費のうちいずれから支出すべきか。

答　1及び2ともに、第一〇節「需用費」中の消耗品費に属する性質のものと考える。

《懸垂幕等に要する経費の支出科目》

問　広告とは事務上及び事業上必要な事項に関する新聞雑誌等の広告に要する経費をいうものであるが、例えば貯蓄推進の目的をもって標語を記して掲げる懸垂幕代は「広告料」から支出すべきか。

答　「需用費（消耗品費）」から支出することが適当である。

《研究発表会の看板代の支出科目》

問　研究発表会の宣伝用立看板代及び発表会会場正面に掲げる「〇〇研究発表会」等の看板代は、いずれの科目より支出するのが適当か。

答　設問の経費は、「需用費（消耗品費）」として措置すべきものと考える。

《物品の塗装等に関する支出科目》

問 黒板、掲示板の塗り替えの場合、塗料を現物支給し、塗装させた場合は、次のいずれの支出費目が適当か。

① 塗料代は第一五節「原材料費」より、塗装費は第一一節「役務費」より支出する。
② 備品の修繕であるから備品費より支出する。
③ 小量具の修繕であるから修繕費より支出する。

答 設問の方法であるとすれば、塗料の購入は、第一〇節「需用費（消耗品費）」、塗装人夫賃は、第一一節「役務費」より支出されるのが適当と考える。

《小修理のための材料等の支出費目》

問 書類戸棚あるいは宿直用寝具を造るために購入した諸材料の支出科目は第一五節「原材料費」と思われるが、小修理のために購入した材料（例えば釘、板、硝子等）は消耗品費から支出してよいか。

答 一般的には前段、お見込みのとおり。後段、釘のごときものは第一〇節「需用費（消耗品費）」が適当である。

《薬品、種子代等の支出費目》

問 薬品及び種子代等は、第一五節「原材料費」で支出すべきか。

答　設問の経費は、一般的には第一〇節「需用費（消耗品費）」で措置することが適当である。

《雑誌、官報、新聞代の支出費目》

問　雑誌、官報、新聞等の購読代金は、需用費のうち、消耗品費か印刷製本費のいずれの節から支出すべきか。

答　新聞等の購読代金の支出区分については、消耗品費にすべきものと考える。その理由は、右の製品は印刷物であるが、一般に商品として購入されるものであって、その代価は、いわば商品の代価として支払われる性質のものである、印刷製本費は印刷や製本を発注した場合に、その役務の対価として支出する費目であって、商品の代価に対して支出する費目ではないと考えられる。

《建物の起工式における供物料の支出科目》

問　市町村、教育委員会、市町村立学校が行う建物等の建築に伴う起工式、上棟式、車両等の入魂式、学校プール開き等における供物（果物、菓子類、魚類等）を次の例により購入する場合の支出科目は、需用費中の消耗品費が適当と解して差し支えないか。

①　神主が供物を購入し、神主に神饌料又は供物料として支払いする場合

②　市町村、教育委員会、市町村立学校が供物を購入し、業者にその代金を支払う場合

答　需用費（消耗品費）として処理することが適当である。

《供物の支出科目》

問　消防自動車の購入に際して車両の安全祈願の供物として祭壇に米をあげる場合の支出科目はどの科目が適当か。

なお、当市では需用費（食糧費）より支出している。

答　需用費が適当である。具体的には食糧費又は消耗品費として処理することが考えられる。

《給食用牛乳容器の保証料の支出科目》

問　学校給食用の牛乳の購入に当たり、容器の保証料（例えば一八〇ミリリットル入り瓶一本につき一〇円）を破損分又は月末未返還分について支払う契約をしている場合、この支出科目は需用費（食糧費）で差し支えないか。

答　厳格にいえば第二一節の「補償、補塡及び賠償金」から支出すべきであるが、少額であるなら、牛乳購入費と一括して、需用費で支出するような弾力的運用をしても差し支えないと解される。

《同一地方公共団体内の行政委員会等との会議費の支出科目》

問 交際費は地方公共団体の長その他の執行機関が、その行政執行のため外部との交際上要する経費であるとされているが、市長が同一団体の議決機関又は他の執行機関の長又は委員等と行政執行のための交渉に要した経費は、対外的活動として第九節「交際費」から支出すべきか。

答 設問の場合は、内部的な会議であるから、第一〇節「需用費（食糧費）」から支出することが適当である。

《料理講座における講師自身の食事代の支出科目》

問 住民を対象とした料理講座を実施しているが、その一環としてテーブルマナーの実習をレストランで実施することにした。費用（税、サービス料共）は参加者の個人負担として直接レストランに支払うこととした。講師の実費は区が負担することとした場合、いかなる支出科目から支出すべきか。なお、講師に対しては別に第七節「報償費」より謝礼を支払っている。

答 第一〇節「需用費（食糧費）」が適当である。

《写真の現像焼付代金の支出費目》

問 写真の現像焼付代は第一〇節「需用費（印刷製本費）」か。第一二節「委託料」か。

答　第一〇節「需用費（印刷製本費）」に入るものと考える。

《冷房用ガス代金の支出科目》

問　当市において市民会館を冷房するために「冷房用ガス」を使用して冷房しているが、その代金を支出する節は何か。

答　消耗品費、光熱水費とも支出科目は需用費であるから、いずれにより支出という問題は一般的には生じないが、細節経理をしていれば一般的には光熱水費で支出することが適当と考える。

《臨時に点灯するための配線等に要する経費の支出科目》

問　臨時に短時日間点灯する必要が生じた場合、これらの配線・点灯に要する経費（通常数百円）の支出費目（節）は何が適当か。なお、前記配線は用済み次第、電力会社が撤収し持ち去るので、請求金額には用具の損料・工賃・電力料等が一括されているものと解する。

答　契約の内容によるものと考えるが、一般的には「使用料及び賃借料」でよいが、電力料の分離が可能である場合には、当該電力料は「需用費（光熱水費）」から支出すべきと解される。

《請負契約書作成の省略と支出科目》

問　修繕料（需用費のうち）の説明は、「家屋等の小修繕で工事請負費に至らないもの」とあり、工事請負費の説明は、「工事等に要する経費で契約によるもの」とされている。そこで、地方自治法第二三四条第五項の規定により契約書を作成するものは全て第一四節「工事請負費」から支出し、契約書の作成を省略するものを需用費から支出するものと解してよいか。

答　歳出予算に係る節の区分中「需用費のうち修繕料」とは、新たな物品の購入でなく、既に購入済みの物品等の一部を修繕するという役務の提供に要する経費と観念されるべきもので、例えば、部分品の取替え、家屋等の破損修理、老朽箇所の取替えといったものをいい、「工事請負費」とは、土地、工作物等の造成又は建設及び改造の工事並びに工作物等の移転及び除却の工事等に要する経費で契約によるものと解されている。

契約書作成の有無で「修繕料」かあるいは「工事請負費」かに区分するように解しておられるが、地方公共団体が地方自治法第二三四条の規定により契約を締結した場合において、全て契約書を作成しなければならないかというと必ずしもそうではなく、地方公共団体の実情により当該団体の財務規則で契約書の作成を省略することもできる。すなわち、

①　契約金額が少額であるとき
②　せり売りに付するとき
③　物品の売買契約において、取引が単純に行われるとき
④　国又は他の地方公共団体と契約を締結するとき

⑤　その他随意契約による場合であって長がその必要がないと認めたとき等契約担当職員の事務的な負担を軽減する意味で契約書の作成を省略することを認められている事例がある。ただし、建設業法第二条に定義される「建設工事」の請負契約については、同法第一九条の規定により契約書の作成を省略することができないことに留意が必要である。

　したがって、節の区分にあっては単に形式にとらわれることなく、その経費の性質によって区分されなければならない。

《ブルドーザの修理代の支出科目》

問　役場所有のブルドーザの修理を依頼したところ、一〇〇キロメートルほど離れた場所にあるサービス・ステーションから修理に来て、次のように支払を請求された。一括して「修理費」として支出して差し支えないか。

一　部品代　〇〇円
二　工賃　〇〇円
三　サービス・カー代　〇〇円
計　〇〇円

答　一括して「需用費（修繕料）」として支出して差し支えない。

《公営住宅の畳の床替えの支出科目》

問　公営住宅の畳の床を取り替える場合の支出科目は第一〇節「需用費（消耗品費、修繕費）」、第一五節「原材料費」、第一四節「工事請負費」のいずれが適当か。

答　需用費（修繕料）が適当である。

《自動車の定期点検手数料の支出科目》

問　自動車の定期点検を整備工場に依頼した場合、定期点検手数料とともに、通常、修繕料も合わせて請求されるが、この場合、修繕料から一括して支出することはできるか。

答　単なる定期点検に要する経費のみの支出科目であれば、第一一節「役務費」が適当であるが、設問のような場合には、第一〇節「需用費（修繕料）」から一括支出することも可能と解する。

《インペラ購入代金の支出科目》

問　浚渫船のインペラ（新品購入の場合の価格一個一一万五、〇〇〇円程度）は、使用部分の損傷摩耗によって新品と交換しなければならないことになるが、この場合、インペラの支出科目は、「修繕料」「備品費」「消耗品費」のいずれが適当か。

答　「需用費（修繕料）」から支出すべきである。

《医薬材料費の対象範囲》

問　薬品類を購入する場合の支出科目は「消耗品」と「医薬材料費」のどちらが適当か。

答　薬品類については、特に細節経理を行う必要性は一般的には考えられず、これらは全て第一〇節「需用費」として支出されることとなる。試験用薬品については消耗品費の説明中に例示されており、その他の医療用消毒用の薬品類については医薬材料費となるものと思われる。しかも先にも述べたように、この区分は実際上の必要はあまりなく、全て需用費として経理されるものと考えられる。

《コピー機のパフォーマンス費用の支出科目》

問　コピー機のパフォーマンス契約に基づく経費の支出について、その支出科目は何が適当か。

答　通常、消耗品の交換を伴う故障修理のように、部品を使用しつつ役務を提供する修繕的な色彩の強いものから、点検・調整・操作方法の指導のような純粋な役務の提供といえるようなものまで、一体としてのサービスがパフォーマンスとされている。消耗品の交換を伴う役務の提供が修繕料（需用費）であり、点検・調整・操作方法の指導は純粋な役務の提供であって手数料（役務費）であるとする考え方もある。

しかしながら、パフォーマンスは、機械を良好な状態に維持するための一体としてのサービスであり、かつ、その主たるものは消耗品の交換を伴う故障修理とこれに伴う点検・調整であるのが、実態である。このようなことを踏まえると、一部は修繕料（需用費）、残りは手数料（役務費）とするより、一括して修繕料

（需用費）として区分するのが適当であると解する。

なお、機械をリースした場合、契約により機材本体の使用料のほか、いわゆるパフォーマンスの費用を含むものとし、一切の経費を「使用料及び賃借料」として支出することも可能と思われる。

《ハンドソープ等の支出科目》

問　公共施設（公営住宅、役場庁舎、公民館等）を維持管理するうえで使用するハンドソープや害虫駆除スプレー、防虫線香等は、「消耗品費」から支出することが適当か、それとも「医薬材料費」から支出することが適当か。

答　消耗品費も医薬材料費のいずれも地方自治法施行規則の節区分においては、第一〇節「需用費」であることには変わりはないが、医薬材料費は、病院や診療所、保健所等の医療を主目的とする施設における「医療用」の消耗品等であるが、公営住宅、役場庁舎、公民館等の公共施設は医療用の施設ではないので、そこに備え付けるハンドソープ、害虫スプレー、防虫線香等は、価格も高額ではなく、使用形態のその都度使用し消費していくものなので、第一〇節「需用費」のうち消耗品費から支出することが適当である。

《エクセルやワード等のパッケージ代の支出科目》

問　エクセルやワードなどのソフトを、ダウンロードするのではなく、ＣＤを購入してインストールする形をとっております。このＣＤ代の支出科目は何が妥当か。

答　少額のものは「需用費（消耗品費）」が、高額なものは「備品購入費」が妥当と考える。消耗品と備品の区分は、金額を基本として各地方公共団体で定めているので、それに基づいて「需用費（消耗品費）」か「備品購入費」か判断することとなる。

《CDタイプの住宅地図の支出科目》

問　以前から、冊子タイプの住宅地図を「消耗品費」で購入しているが、最近、ディスク（CD等）タイプのものが販売されているので、ディスクタイプに切り替えることを検討している。三万円程度のものだが、この場合、従前どおり「消耗品費」から支出すべきか、もしくは「備品購入費」から支出すべきか。

答　法令上は、消耗品と備品の区分の基準を明確に示したものはないことから、各地方公共団体がその判断で基準を決めている。設問の場合、三万円程度のCDタイプの住宅地図であるので、当該地方公共団体が備品として取り扱う基準金額を超えているか否かによることになる。基準金額以上の場合は第一七節「備品購入費」から支出し、基準金額未満の場合は第一〇節「需用費（消耗品費）」から支出するのが適当と解する。

《保健室や体育館で使用する消毒液等》

問　次のものは、「消耗品費」と「医薬材料費」のいずれが適当か。

①　小中学校の保健室で使用する消毒液やアルコール除菌液

②　体育館に設置している救急箱の中身（包帯など）

答

消耗品費も医薬材料費のいずれも地方自治法施行規則の節区分においては、第一〇節「需用費」であることには変わりはなく、節の説明として消耗品費、医薬材料費の区分が設けられているので、当該地方公共団体で定めた需用費の内訳の基準によって支出することとなる。

医薬材料費は、病院や診療所、保健所等の医療を主目的とする施設における「医療用」の消耗品等であるが、学校の保健室や体育館は医療用の施設ではなくあくまでも付帯施設であり、そこで行われる行為は医療そのものではないため、消耗品費で支出することが考えられるが、他方で、その製品の使用目的を考慮し医薬材料費とするとの考え方もある。

需用費のうち消耗品費あるいは医薬材料費のどちらで支出するかは、当該地方公共団体で明確な基準を設けて、それに基づいて運用すれば良いと考えられる。

第一一節　役務費

本節は、地方公共団体の受けた人的なサービスの提供（より人的であることが純粋であること）に対して支払われる費用である。

役務費は、節の説明では次のように分かれている。

①　通信運搬費

例えば、郵便料として切手、はがき、小包、速達、書留等の料金、宅急便料金、電信料としての電話、電報、電話加入料、電話架設料等がある。また、人夫賃、荷造費等を一括して支払う場合の運搬料、渡船料、電車、バスの回数券も入る。運搬料における自動車等の方は、常時、臨時にこれらのものを借上者の意思によって借り上げ、その範囲で自由に専用するが、役務費に係るものは、単に個々の使用に対するものである。また、有料道路における通行料金は、使用料及び賃借料において支出されている。なお、年賀はがきについては、地方公共団体が通信手段として相手方と意思の交換をし、一つの行政目的を達成するというよりは、一般的、慣習的な行為として用いることが多いため、これを役務費の中の通信運搬費とせず、第一〇節の需用費中の消耗品費として処理することも差し支えないものである。

このように、支出の目的をどのように考えるかによって異なった取扱いがなされても特に支障はないと思われる。

②　保管料

各種の財産、例えば、証券、貴重品、危険物、重要備品等を銀行あるいは倉庫業者等に保管を依頼し、これに対して支払う経費である。もちろん、約定された期日までに地方公共団体が受け取らなかったため追徴される料金も含まれることとなる。

③　広告料

地方公共団体の事務上又は事業上、一般住民等に対して周知の必要がある場合にテレビ、ラジオ、新聞、雑誌等に広告をするのに要する経費である。

公営住宅入居者の当せん番号、競争入札の実施公告、また、選挙、貯蓄その他各種事業の宣伝広告料がある。

④　手数料

地方公共団体が、特定の個人等からサービスの提供を受けたことに対して支払う経費である。これには、地方債発行事務取扱手数料、証紙売りさばき手数料、指定金融機関事務取扱手数料、地方自治法施行令第一五八条又は第一六五条の三の規定により収納又は支払事務を私人に委託した場合の手数料、鑑定、試験、検査手数料、送金手数料、振替貯金払込手数料、登記、登録等各種証明手数料がある。また、機器類の分解掃除を行った場合のサービス料も含めて運用している。

⑤　筆耕翻訳料

筆耕、謄写、タイプ料、翻訳料、通訳料、速記料等である。

⑥　火災保険料

家屋等の建造物、船舶、飛行機、重要文化財等の物件のみに対する火災保険その他の損害保険の保険料等である。

なお、全国市（町村）有物件災害共済会等に加入した場合の掛金も、これは自家保険の一種と解されることから、この項で経理して差し支えない。

⑦　自動車損害保険料

自動車損害賠償保障法の規定により納付する保険料である。

〔運用例〕

《コンピュータ通信サービスの提供を受けるための経費の支出科目》

問　このたび一般社団法人〇〇会が保有するホストコンピュータの資源を利用したコンピュータ通信サービスの提供を受けることにした。費用は加入料のほかに年間基本料及び月次の使用料（回線接続料、ホスト使用時間料、文字伝送料、外部データベース使用料、ＦＡＸ配信料）が必要になる。この場合の支出科目は何が適当か。

答　これらを一括して通信運搬費として役務費から支出することが適当と解する。

《インターネットにホームページを開設する際に接続業者に支払う経費の支出科目》

問　当市ではインターネットにホームページを開設することにしたが、その際プロバイダー（接続業者）に対して支払う経費の支出科目は何が適当か。

答　プロバイダーは電気通信事業法に基づく通信事業者であり、プロバイダーに支払う経費には加入料及び毎月の使用料がある。これらは通信サービスの提供を受けることを主体とする経費に当たるので通信運搬費として役務費が適当である。

なお、インターネットのホームページに係る契約としては、上記の接続契約のほかにホームページによる情報発信についての契約がある。インターネットによる情報発信とは、インターネットに接続されたコンピュータに記録された各種データの検索等を別のインターネットに接続されたコンピュータでも可能とするもので、ホームページと呼ばれている情報提供方法もその一つである。

このように地方公共団体がホームページのデザインを仕様書により明らかにしたうえで、発信する情報も用意し、業者はその仕様書に従ってホームページを作成し、データを入力する業務を委託する場合は単純な人的サービスの提供を受けるものであるから役務費（手数料）が適当である。しかし、ホームページの内容・企画からデータの入力、ホームページの維持管理まですべてを業者に委託する場合は、委託料が適当である。

《いわゆる「賃挽き」に係る代金の支出科目》

問　業者に材木を支給し「賃挽き」してもらった代金は、いずれの節から支出したらよいか。

答　役務費（手数料）が適当である。

《薪切り代金の支出科目》

問　薪切り作業（切り、割り積み）を従来から請負制（この場合、業者は切りについては機械、割り積みについては人力）で実施し、第一四節「工事請負費」から支出してきたが、薪切り作業そのものが「役務の提供」と解され、したがって工事請負費から支出することは適当でなく、第一一節「役務費」から支出することが適当と思われるが、いずれの科目から支出することが適当か。

答　役務費（手数料）が適当である。

《ストーブ取付料の支出科目》

問　1　ストーブの取付料は、普通、賃金で支出されるが、使用不能となった煙筒の交換を業者負担とした場合、材料も含まれるので修繕料となると思うがどうか。

2　また、煙筒の取替えを含めた取付けを、庁舎内ストーブ取付工事として請け負わせた場合は、第一四節「工事請負費」が適当と思うがどうか。

答　1　煙筒の交換に要する経費については、設問の方法による場合は貴見のとおり需用費（修繕料）として措置すべきである。

2　材料も業者が提供する場合はお見込みのとおり。

《バッテリーの購入に係る支出科目》

問 自動車のバッテリーを交換する場合、支出科目は何が適当か。

答 「バッテリーを交換する」という意味が、バッテリーそのものが故障して充電しても使用できないから、新たに購入するということであるならば、第一七節「備品購入費」から、単なるバッテリーの充電料は、第一一節「役務費（手数料）」から支出するのが適当である。

《ピアノ、オルガンの調律等の支出科目》

問 次の三点について、適当な支出科目は何か。

① ピアノ又はオルガンの調律

② 鋸の目立及びペンキによる塗装

③ 本市の出張所を町会所有の施設の一部を借用して設置し、貸借契約により光熱水費（電気水道使用料）を折半した場合、町会で光熱水費を全額債権者へ支払い、後で市より町会に対し二分の一相当額を支出する場合の支出科目

答 ①については第一一節「役務費」、②については第一〇節「需用費」、③については第一三節「使用料及び賃借料」が適当である。

《サービス料の支出科目》

問　宴席における仲居のサービス料を料亭が料理代等と別個に請求してきた場合の支出科目（節）は何か。

答　役務費（手数料）が適当である。

《汚物汲取料の支出科目》

問　汚物汲取りの場合、通常第一一節「役務費」から支出しているが、当町には交通不便な開拓地があり、冬期は雪のため衛生車を利用することができないので作業員を借りて処理している。この場合もやはり役務費から支出して差し支えないか。

答　汚物汲取り等を委託又は請負として行わせる場合は、役務費（手数料）で差し支えない。

《交通事故により川に転落した自動車の引上げに要する経費の支出科目》

問　交通事故により自動車が川に転落したので、レッカー車により自動車を引き上げた場合、支出科目はいずれがよいか。

①　第一三節「使用料及び賃借料」
②　第一一節「役務費」

答　いずれの節でも差し支えないが、一般的には役務費（手数料）が適当である。

《水道の水質検査料等の支出科目》

問　し尿浄化槽の放流水検査、水道の水質検査、職員の検便等を保健所へ依頼する場合の支出科目は、第一一節「役務費」と第一二節「委託料」のいずれが適当か。

答　役務費（手数料）が適当である。

《プールの床壁面等の清掃代の支出科目》

問　市営プールの開場にさきだち今まで放置しておいたプールの床、壁面等を清掃する場合、これを民間会社に清掃を委託した場合の支出科目は、何が適当か。

答　役務費（手数料）が適当である。

《薬品散布費の支出科目》

問　1　薬品を購入し、その散布を業者に委託する場合、第一二節「委託料」として支払いできるか。
2　また、薬品と散布料を含めて委託できるか。

答　1　役務費（手数料）によるのが適当である。
2　委託することは差し支えない。この場合は第一二節「委託料」によるのが適当である。

《予納金の支出科目》

問　当町で相続財産管理人を選任するため、裁判所に申し立てる準備をしているが（予納金）、この場合、役務費で問題ないか。

答　相続財産管理人を選任する場合に予納金が必要となる場合がある。この予納金は、相続財産管理人の必要な経費や報酬に充てられるものであることから、地方公共団体の受けた人的サービスの提供に対して支払われる第一一節「役務費」で支出することが適当と解する。

《土地売買契約や登記時の収入印紙の支出費目》

問　土地の売買契約や登記時の登録免許の際に貼る収入印紙は、何費とすべきか。手数料ととらえて「役務費」か、消耗品ととらえて「需用費」とするのか、いずれかが適当か。

答　収入印紙を特定の使用目的をもたず、あらかじめまとめて購入しておく場合は「需用費（消耗品費）」で支出することが適当と解する。また、ある特定の目的のために購入する場合は、その使用目的に応じて考えるべきであるが、設問の場合のような目的のためのみに購入する場合は、手数料ととらえ「役務費」とすることが適当であろう。また、公有財産の購入に伴うものであれば公有財産購入費から支出するというように、主目的に合わせて支出することも可能と解する。

《収入印紙の支出費目》

問　登記や契約に際し、その都度購入する収入印紙の支出費目は、何が適当か。

答　収入印紙をその都度購入する場合は、「Aの登記のため」「Bの契約のため」など、具体的な目的が明確になっていることから、役務費で支出することが適当である。

《建築確認申請書に貼付する証紙の購入費の支出科目》

問　車検申請書に貼付する証紙の購入費、建築確認申請書に貼付する県証紙の購入費は何が適当か。

答　経費の支出の性質が何であるかによって節を判断すべきである。車検、建築申請もともに手数料として納付するものであれば、そのために購入する証紙の支出科目も役務費から支出することも可能と解するが、証紙をあらかじめ特定の使用目的をもたずに購入しておく場合は、需用費（消耗品費）で支出することが適当である。

《消火器の薬品購入等の支出科目》

問　消火器に関する次の場合における支出科目は何が適当か。

①　消火器の検査だけをする消火器検査料

②　消火器の薬品だけを購入した場合の薬品代

③　消火器の薬品取替え（薬品代を含む。）の経費と消火器検査料を同一の科目より支出する場合

答　①　役務費（手数料）が適当である。

②　需用費（消耗品費）が適当である。

③　役務費（手数料）が適当である。

《クリーニング代の支出科目》

問　本市においては、従来椅子カバー、白衣等のクリーニング代は、第一〇節「需用費」の修繕料として処理していた。

しかしながら、クリーニング代は、第一一節「役務費」中の手数料に属するものと解する意見もあり、これらのクリーニング代は「部品等を使用しつつ役務を提供するものでなく、純粋のサービスの提供のみ」であるとみて、第一一節「役務費」に区分するのが適当であるか。

答　役務費（手数料）が適当である。

《身柄拘留中の被疑者の医療費の支出科目》

問　警察署に身柄拘留中の被疑者の医療費の支出科目は何か。

答　設問の内容が明らかでないが、常備薬として医薬品を購入するものであれば、第一〇節「需用費」中の医薬材料費であり、医師に対する診断料、医薬代等は第一一節「役務費」に計上されるのが適当である。

《造林作業費の支出科目》

問　町有林の造林をするため、下刈・地拵え・植付け等の作業を面積当たり何円として一人の者に一括請け負わせた場合の支出科目については役務費（手数料）として予算措置して支出すべきであるとする意見があるが、造林作業費については、作業に要する労務費、器材資材費（鎌・鍬・なわ等）を総括計上し、面積当たり単価を決め、一人のものに請け負わせるもので第一四節「工事請負費」として支出することが適当と考えられるがどうか。

答　造林作業が、たとえ請負によって行われるものであっても、それを工事の請負と考えることは実態に則さないと考えられるので、これを造林作業に要する手数料と考えて、役務費（手数料）として措置すべきものと考える。

《看板の書き賃の支出科目》

問　材料を業者（看板店）に提供して標語等を記してもらった場合の書き賃はどの費目で支出すべきか。

答　契約の内容に従い、第一一節「役務費（手数料）」又は第一二節「委託料」とすべきである。

《動物の購入及び診療等に要する経費の支出科目》

問　クマ、ライオン、アヒル、金魚等の動物を市営動物園で飼育するため購入する場合、その支出科目並びにこれらの動物の罹病の場合の診療費及び治療費の支出科目は何がよいか。

答　購入に要する経費は第一七節「備品購入費」として、その他は第一一節「役務費（手数料）」が適当と解する。

《振替貯金による送金料の支出科目》

問　市の購入した物品代金を口座振込で送金する際に、振込手数料が相手方負担のものは問題ないが、購入者（市）負担の場合は、この振込手数料の支出科目には役務費（手数料）になるのか、あるいは物品代金と同一科目で支出してもよいか。

（事由）

①　振込手数料は、元来、役務費（手数料）が正しいのであるが、歳出項目の全部にわたってこれを設けることは、極めて煩雑である。

②　市の財務規則中、役務費（手数料）について特別の細則はなく、役務費（通信運搬費）中、梱包材料、梱包、運搬の人夫賃等を別個に契約しない場合は、運搬費の一括支払をしてよいとあり、これから類推し

て物品代金と振込手数料を同一科目で支払して差し支えないのではないか。

③　小額な振込手数料をいちいち別個に手数料で支出証書することは、事務を余計煩雑にするのみであり、物品代金と同一科目にしてしまっても元来の節区分の根本原則にさしてもとるものではない。

答　物品代金と振込手数料について考えると、その経費の支出目的も、支出先も異なり、その経費の性質上これを同一視して考えることはできないものであって、送金に要する経費を物品代金の支出科目から支出することはできない。

仮に、振込手数料を含めたものを物品代金として債権者に支払い、当該債権者の負担において送金するものとすれば②のような見解とも関連させて考え得るが、前述のように目的・性質の異なる送金料を含めたものを物品代金とするようなものであって適切なものとは考えられない。この点、運搬に要する経費と同様に考えることはできない。

また③の「支出証書する」との意味が明らかでないが、物品代金は当該債権者に支払うものであり、一方、振込手数料は金融機関に支払うものであって、相手は異なっており、この送金料を物品代金と同一科目から支出することによって手続が簡素化されることにはならないと考える。

《電話架設料の支出科目》

問　電話の引込みに対する架設工事費の支出科目は何が適当か。

答　役務費（通信運搬費）が適当である。

《不要電話の契約解除の際の工事料の支出科目》

問　当市では通信サービスの提供契約をＮＴＴと結んでいたが、今回当該電話が不要になったので契約解除を申し出たところ、工事料二、〇〇〇円を請求された。この場合の支出科目は何が適当か。

答　請求書上は「工事料」であるが、実際の施工内容は人的サービスにすぎないので手数料としての役務費が適当である。

《お年玉付年賀はがき購入代金の支出科目》

問　お年玉付年賀はがきの購入に当たり、その代金を支出する節についていずれにより支出すべきか。

答　一般にはがき購入の支出科目は役務費（通信運搬費）が適当であるが、お年玉付年賀はがきについては通信手段としての使用というよりも、慣習的な行為として使用していることが多いことから第一〇節「需用費（消耗品費）」としても差し支えない。

《出張先の電話料金の支出科目》

問　出張先のホテル等から役所に連絡のため電話を使用した場合の使用料、通話料は第一一節「役務費」か、第一三節「使用料及び賃借料」か。

答　設問の場合の歳出予算の節は、第一一節「役務費（通信運搬費）」とするのが適当である。

《図書等の購入に伴う送料の支出科目》

問　物品（需用費）代金と同時に請求される送料については、これを一括して第一〇節「需用費」から支出しても差し支えないと思うが、もしこれが第一七節「備品購入費（主に図書等）」の場合でも送料を一括して備品購入費より支出できるか。

答　送料は、原則は役務費の通信運搬費から支出すべきものといえるが、図書等の購入について、図書定価に送料を加算したものを購入費と観念し備品購入費として支出することも差し支えないと解される。

《電車等の乗車券の購入代金の支出科目》

問　公務のための在勤地内旅行で五時間又は八キロメートル未満の場合、旅費に代わるものとして電車等の乗車券をあらかじめ購入しておき支給する場合、当該乗車券等の代金の支出科目は次のいずれによるべきか。

①　第八節「旅費」

② 第一一節「役務費（通信運搬費）」

答　日額旅費規程に基づく定額支給によることなく、電車等の乗車券を購入し支給する場合の当該乗車券等の代金支出科目は「役務費（通信運搬費）」となると解する。

なお、設問の場合、本来的には、日額旅費規程を改正（乗車券等の現物給付を規定する。）し、設問のような場合においても旅費から支給できるようにするのが適当である。

《有料道路通行料金の支出科目》

問　有料道路通行料金及び駐車料金の支出科目については、第一一節「役務費（通信運搬費）」と第一三節「使用料及び賃借料」のいずれから支出すべきか。

答　一般的に、自動車を単にA地点からB地点に移動させるということのみについて考えた場合、当該移動に要する経費は、当該移動の態様によって各々異なるものと考えられる。すなわち移動の目的が、当該自動車の運搬にある場合においては、他の運送機関によって移動させる場合であると、あるいはいわゆる陸送をする場合であるとを問わず、運搬費であり、陸送の場合はそれに要するガソリン代もまた当該車が有料道路を通るに要する経費も運搬費たる役務費で措置することになる。

しかし、同じ移動であっても、右のように自動車自体の運搬をその目的としない場合の経費、この場合、具体的にはガソリン代は、運搬費ではなく、燃料費として需用費としての措置をすることになる。

この考え方は、有料道路を通る際に要する経費についても同様であって、すなわち、自動車の運搬自体がその目的でない場合には、有料道路を使用してそこを自動車が通るとみるべきものであり、有料道路の区間、当該自動車の運搬をするとみるべきものではないから、自動車の移動の実態が設問のような関係のものである限り、第一一節「役務費（通信運搬費）」ではなく、第一三節「使用料及び賃借料」として措置すべきものである。

《飛行機、ヘリコプター等による広告宣伝費の支出科目》

問　飛行機、ヘリコプター等による広告宣伝を市町村が行う場合の歳出科目の節は、その主目的が広告宣伝にあるので、第一一節「役務費」とすべきか、飛行機、ヘリコプターの借上げということで、第一三節「使用料及び賃借料」とすべきか。

答　市が飛行機、ヘリコプターによる広告宣伝を業者に一括依頼したのであれば、第一一節「役務費」で差し支えない。

《住民へ周知するための立看板の支出科目》

問　火災予防運動及び税金の納入期限等、一般住民に周知させる方法として、市内数か所に立看板を看板店に作成させた（材料は、その期間終了後、業者が持ち帰る。）。この場合の支出科目は第一〇節「需用費」中の消耗品費か第一一節「役務費」中の委託料あるいは広告料のいずれか。

答　その態様にもよるが、役務費（広告料）が適当である。

《火災保険料の支出科目》

問　**1**　全国市（町村）有物件災害共済会等に加入した場合の掛金は、実質的には火災保険料であるが、この相互救済事業の主体は地方公共団体自身であり、しかも保険業法の適用がないので、第二三節「投資及び出資金」で処理すべきであると解する意見もあるが、投資及び出資金で支出した場合、その掛金は地方自治法第二三八条第一項第七号の出資による権利と考えられるが、そのように解してよいか。

2　1の災害共済会等の掛金が出資による権利に該当する場合は、決算認定時に財産に関する調書により議会に提出することになっているが、財産に関する調書様式中(7)出資による権利の表の作成に当たっては掛金の額かそれとも掛金に見合う共済責任額によるのか、どちらによるのが正しい措置か。

3　1の災害共済会等の掛金が出資による権利に該当しない場合、次の二つの支出処理方法が考えられるが、どちらによるのが正しいか。

①　投資及び出資金で支出しても実質的には火災保険料であるので火災保険料として処理する。

②　出資金でないものを投資及び出資金から支出することは妥当でないので、第一一節「役務費」（火災保険料）から支出する。

答　全国市（町村）有物件災害共済会に加入した場合の掛金の支出科目については、第一一節「役務費」のうち火災保険料とする考え方と、第二三節「投資及び出資金」とする考え方があるが、節の区分は、当該経費の性質により区分整理すべきものとされているので（節の区分備考）、相互救済事業が一種の自家保険であり、地方自治法第二六三条の二第三項の規定から保険業法は適用されないが、実質的には掛金の支払を得ることにより、その危険を引き受け、一定の事故が発生した場合には、その契約に従って、一定額の損害の塡補収入がなされるものであることから、第一一節「役務費」で処理することが適当である。

《遊戯講習会受講料の支出科目》

問　保育園の保育士が舞踊研究所等の指導による保育園遊戯講習会に参加し、講習を受けた場合の受講料の支出科目は何が適当か。

答　実体に応じて第一一節「役務費」又は第一八節「負担金、補助及び交付金」のいずれで支出するかを判断することとなる。遊戯講習会の実施を主催者がどういう形で行うかによるが、一般的には何らかの金を徴して指導がなされるのであれば第一一節「役務費」が適当であり、保育士達が集まって、講習会を開くこととし、ここに講師を呼ぶといったものであれば、第一八節「負担金、補助及び交付金」が適当である。

《物品購入に伴う送料の支出科目》

問　地方公共団体の行政事務の執行上必要とされる物品（需用費）を発注し、物品が納入され、債権者から物品の請求○○円、送料○○円を含めた合計金額○○円の請求書を受けた場合、物品については、需用費から支出して正当であるが、送料についての支出科目は、次のどれに該当するか。

①　第一〇節「需用費」

②　第一一節「役務費」

なお、需用費と役務費に節区分して支出するような場合、請求書は同一のものでよいか。

答　原則は、送料は「役務費」であるが、「需用費」から一括して支出しても差し支えないと解する。この場合、請求書は同一のもので差し支えない。

《新聞折込料の支出科目》

問　講演会内容変更のお知らせの新聞折込料の支出科目は、何が適当か。

答　講演会の内容変更のお知らせ（チラシ）の印刷自体は第一〇節「需用費（印刷製本費）」が適当と解するが、チラシの折込料は変更内容を周知するための広告に要する経費としてとらえ第一一節「役務費（広告料）」が適当と解される。

第一二節　委託料

地方公共団体は諸種の事務事業を行っているが、本質的に地方公共団体自身が行わなければならないものは別として（自治法第二五二条の一四の例外がある。）、それ以外の事務事業については、他の機関あるいは特定の者（以下「受託者」という。）に委託して行わせることができるものである。委託できる事務事業について、さらに具体的にみると法律行為と事実行為とがあり、これらの行為は法令に根拠を置く、いわゆる公法上の契約と称されるもの、例えば、証券の取り立ての再委託（自治令一五七）、歳入の徴収又は収納の委託（同令一五八）、支出事務の委託（同令一六五の三）、事務の委託（同法二五二の一四）と、それ以外の私法上の契約（一般的に委託契約と呼ばれるもののほか、運送契約、信託契約、手形契約等と呼ばれるものも含まれる。）と称されるものがある。これらは、当該団体が直接実施するよりも、他の者に委託して実施させることのほうが効率的であるもの、すなわち、特殊の技術、設備等を必要とする、あるいは高度の専門的な知識を必要とする事務事業、調査、研究といったものである。

これらの例のように地方公共団体から事務事業の委託を受けた受託者に対しては、当事者の合意によってその対価を無償とすることは可能としても、通常は相当の対価を受託者に交付しており、この対価が委託料である。委託料の内容としては本来各節に区分されるべきものが包括的にまとめられているのであり、事務事業を委託し、それに対して委託料を支払うべきところ、委託料としてではなく各節から支出することはその意義を抹消するものとして不適当な運用となろう。

前述のように、委託には法令の根拠に基づいてなされる公法上の委託と、私法上の委託とがあるが、前者は、例えば地方自治法第二五二条の一四の規定に基づく地方公共団体相互間の事務委託のように、公権力の行使の権限までも委託の対象となし得るのに対し、私法上の委託の場合は、一種の請負とでもいうべきものである。

このことに関連して昭和四一年一〇月一日付行政実例では、地方自治法第九六条第一項第五号の規定（「その種類及び金額について政令で定める基準に従い条例で定める契約（「工事又は製造の請負」）を締結すること」）に関連して、「県と市が共同して工事を行うダム（県と市との共有物になる。）について、市が行うべき工事を県に委託する場合に、当該委託契約の金額が当該市の「議会の議決に付すべき契約に関する条例」に定める金額を超えるときは、当該委託契約は工事の請負に該当するから議会の議決を要する」と述べている。これは、市が工事主体となるべき部分について、これを県に委託施行するものは、実質的に「工事又は製造の請負」であり、当該委託契約の金額が当該市の「議会の議決に付すべき契約に関する条例」に定める金額を超えるときは、地方自治法第九六条第一項第五号の議会の議決が必要と解されたものである。

〈運用例〉

《設計の委託契約を締結するときの契約保証金の徴収》

問　某工事において、設計技師にその工事の設計を委託するため委託契約をとりかわすこととなった。この場合、当該地方公共団体は契約保証金をとるべきか、また免除することはできないか（免除できる要件は何か。）。

答　地方公共団体は、当該団体と契約を締結する者をして当該団体の規則で定める率又は額の契約保証金を納めさせなければならないとされており（自治令一六七の一六）、原則として徴収すべきである。当該団体の財務規則で一定の場合に契約保証金を免除する旨を定め、当該一定の場合に該当するとき以外は免除することができないものと解されている。

（参考）

○契約保証金の全部又は一部を納付させないことができる場合（平成一二・四・一八自治行第一九号各都道府県知事宛自治省行政局長通知）

一　契約の相手方が保険会社との間に当該地方公共団体を被保険者とする履行保証保険契約を締結したとき。

二　契約の相手方から委託を受けた保険会社、銀行、農林中央金庫その他予算決算及び会計令（昭和二二年勅令第一六五号）第一〇〇条の三第二号の規定に基づき財務大臣が指定する金融機関と工事履行保証契約を締結したとき。

三　地方自治法施行令第一六七条の五及び第一六七条の一一に規定する資格を有する者と契約を締結する場合において、その者が過去二か年の間に国（公社、公団を含む。）又は地方公共団体と種類及び規模をほぼ同じくする契約を数回以上にわたって締結し、これらを全て誠実に履行し、かつ、契約を履行しないことになるおそれがないと認められるとき。

四　法令に基づき延納が認められる場合において確実な担保が提供されたとき。

五　物品を売り払う契約を締結する場合において、売払代金が即納されるとき。

六　随意契約を締結する場合において、契約金額が少額であり、かつ、契約の相手方が契約を履行しないこととなるおそれがないとき。

《事務委託に伴う経費の支出科目》

問　普通地方公共団体の執行機関（長）は地方自治法第一三八条の二の規定に基づいて、事務を誠実に管理し、執行する義務を負うが、この場合、法令に基づいてやむをえず事務を一般人に委託して義務を履行した場合、この謝礼は何から支出したらよいか。

答　地方公共団体が法令に基づいてすべき事務を他人に依頼し、その対価として経費を支出する場合と解すると使用料、手数料等の歳入の徴収又は支出事務の委託があり、また、法令に基づかない、いわゆる私法上の契約に基づくものとしては、試験、研究、種苗改良研究、統計調査、地質調査、映画製作、設計等の種々の委託がある。これは地方公共団体が直接実施するよりも他の者に委託したほうが効果的であるものについてなされる。この場合、経費の支払の予算科目は、第一二節「委託料」となる。

このほか、特定の役務の提供に対しては、第一一節「役務費」があり、また、講習会等の講師を依頼した場合の講師に対する謝礼は第七節「報償費」となる。

これらの経費は、地方公共団体の事務として行う限りにおいて、長が個人的に負担する必要はなく、また負担すべきものではない。

《放送料の支出科目》

問　県民にＰＲするためのテレビの実況放送（高校野球優勝チームの歓迎の模様など）の放送料は委託料、広告料のいずれが適当か。

答　いずれでも適当であると解する。

《構内電話交換機の維持管理料の支出科目》

問　契約により構内電話交換機の維持管理料が毎月支払われているが、この支出区分は次のいずれによるべきか。

① 第一二節「委託料」
② 第一一節「役務費（通信運搬費）」
③ 第一一節「役務費（保管料）」（保管については専門的、技術的知識及び技能を必要とする。）

答　設問の契約が、電話交換機の維持管理についての委託契約であれば、第一二節「委託料」から支出すべきである。ただし、第一一節「役務費（通信運搬費）」として処理する場合も考えられる。

《白アリ駆除に要する経費の支出科目》

問　白アリの駆除に要する経費の支出科目は委託料、修繕料、手数料のいずれが適当か。

答　駆除の態様により異なるが、白アリの駆除を専門家に委託する場合は第一二節「委託料」が適当である。

《港湾統計及び資料の収集作業の依頼》

問　市の管理する港の港勢を明らかにし、港湾の利用、開発及び管理運営に資するため、海運運送貨物の調査を実施することにした。ついては関係業者の団体に港湾統計及び資料の収集作業を依頼することにしたが、この場合の支出科目は何が適当か。

答　港の海運運送貨物の調査委託と考えられることから委託料が適当である。

《委託事業に伴う監査委員の権限の有無》

問　県の監査委員は、次の場合について監査することができるか。

①　国直轄事業負担金の経理内容について

②　国又は市町村へ委託した事業の経費内容について

③　市町村からの建設事業の負担金又は事業の委託に伴う委託金の収納とその経理について

これらの場合において、地方自治法第七五条及び第一九九条第六項の規定による場合はどうか。

答　監査委員の権限は対内的には当該地方公共団体の財務に関する事務の執行及び当該地方公共団体の経営に係る事業の管理、当該地方公共団体の事務（一定の場合を除く。）に限られるものであり、外部に対しては地方公共団体が財政援助等を行っている場合においては、その出納その他の事務で当該財政援助に係るものを監査する権限が与えられている。

したがって、設問の①及び②は、外部に対するものであり、財政援助に係るものではないから監査することはできない。

③については監査委員の属する地方公共団体の財務に関する事務であるから、監査することができる。

これらは、地方自治法第七五条による事務監査請求又は同法第一九九条第六項の長からの監査の要求があった場合においても同様である。

《支出科目の区分について》

問　当市の市民会館で市営結婚式場を運営している。その案内のためのパンフレットを作成し、利用者に提供しているが、主として新婦側より事前に花嫁衣装を見せてくれるように要望が多いので、事務の繁雑を避けるためモデルを使用したカラー写真を印刷し、前記パンフレットに挿入して渡したいと思う。その印刷の原稿となる写真をカメラマンに依頼する場合の支出科目は次のいずれがよいか。

①　印刷製本費
②　消耗品費
③　委託料

答　写真の撮影のみを頼むのであれば、③の第一二節「委託料」が適当である。

《委託料と負担金、補助及び交付金》

問　委託料と負担金、補助及び交付金について、例えば、ある地区においては、ゴミの収集処分を地区の住民が自発的に行っており、他の地区においては業者に委託していると仮定すると、その費用を市が負担するとすれば、前者は補助金から、後者は委託料から支出される。同じ事業でこのように支出科目が異なることの適否についてどう考えるか。

答　一般的にいえば、事業の実施の仕方により支出科目が異なることはあり得る。例えば、薬剤散布を地方公共団体が計画した場合、ある業者に委託して行う場合は委託料から、直接当該地方公共団体が行うとすれば、薬を需用費で購入し、アルバイトを雇って、散布すれば賃金が必要となる。

設問の委託料とは地方公共団体の事務事業、調査、研究等を他に委託しその成果を得る場合に支出するものである。一方、負担金は、法令又は契約に基づいて国又は他の地方公共団体に対して負担しなければならない経費であり、補助金は、特定の事業又は研究を助成するために法令に基づいて交付する場合と、特定の事業又は研究が公益上必要がある場合にこれらを助成するために交付する経費であり、交付金は、事務処理の対価として一方的に支出し交付されるものである。これらの使い分けは事務の実施の態様に応じて、ケースバイケースで判断することとなる。

《運転免許取得のための授業料支出の可否とその支出科目》

問　市消防署職員に自動車の運転免許を取得させるため、隣町の私営自動車学校に二か月入校させる場合（授業内容は運転技術、自動車の構造、交通法規等で運転技術修得のための自動車使用料及びその燃料費は授業料に含まれている。）次の点についてどう考えればよいか。

①　授業料支出の可否

②　授業料の支出科目

答　①　市がその行政目的のため、当該職員に運転免許を取得させるものである場合には、それに要する経費は市において負担できるものである。

②　設問の場合、学校に対し、市の職員への授業の委託をしたものと考えて、第一二節「委託料」として措置することが適当である。

《委託事務の予算の執行》

問　町の教育委員会が県教育委員会から委託を受け、女性学級を開設し実施することになり、その費用の全額を県から受領することになるが、

①　町の教育長は、町の教育行政の執行事務をつかさどるものであるから、その委託を受けた金額は、町の予算を通して執行すべきものと思うがどうか。

②　その場合、町予算に計上された金額全額を、町が委託料として町の教育長又は社会教育主事に交付することは、教育行政の執行の責任者であるから不適当と思うがどうか。

③　女性学級に要する費用は、直接債権者である講師、教材の納入者等に個々に支出すべきであると思うがどうか。

答　①　女性学級の開設を委託された町は、受託事務の範囲内において自己の事務として処理する権限を有することになるので、委託を受けた町は、委託事務に要する経費を全て歳入歳出予算に計上して執行することになる。

②及び③　予算を執行する方法については、種々考えられる。本来、教育委員会には予算の執行権はないから、地方自治法第一八〇条の二の規定により、教育委員会又はその補助職員に予算の執行権を委任し、又は補助職員をして補助執行せしめているのであれば、当該予算を配当することにより、支出の手続をとり、債権者（講師、物品の納入者等）に支出することになる。予算の執行権を委任し又は補助執行をさせていない場合には、教育委員会の職員をして、資金前渡の方法により、債権者のために支払をすることになる。

《工事施工に関連するボーリングに要する経費の支出科目》

問　工事を施工する際に、あらかじめ地下ボーリングが必要になったが、工事請負業者がこれを行う場合と、大学の研究室等に依頼する場合とでそれぞれ支出科目は異なるか。なお、支出科目として第一四節「工事請負費」と第一二節「委託料」が考えられるが、いずれが妥当か。

答　ボーリングが当該工事の一部として工事請負業者に一括請け負わせるものである場合には、工事請負費から支出すべきものと考えるが、これを切り離して大学等に依頼するものである場合には、委託料として措置すべきものである。契約の内容如何によって判断すべきである。

《資金前渡職員が私人にその支払を委託することの可否》

問　地方自治法施行令第一六一条第一項第一四号に該当する経費について、資金前渡職員が私人に委託することができるか（国民健康保険の助産費及び葬祭費支給のため、資金前渡の交付を受けたが、その支払事務を金融機関へ更に委任したい。）。

答　資金前渡職員による支出は、地方公共団体の支出の一般原則に対する特例として制度化されているものである。資金前渡職員は、自己の名と責任において資金前渡された目的のために支出をしなければならないので、自ら正当債主に対して支払をする必要がある。資金前渡職員が口座振替、小切手払いをすることは可能であるが、私人に委任することはできない。

《私人に対する公金の収納委託と会計管理者の職務権限との関係》

問　地方自治法第二四三条後段においては、「公金の徴収若しくは収納又は支出の権限を私人に委任し、又は私人をして行なわせてはならない」と規定しているが、「私人をして行なわせてはならない」とは、法律に規定があるものを除くほか、いかなる行為（事実行為を含む。）をも私人に行わせてはならないと解釈すべきであるか。あるいは、「私人をして行なわせてはならない」との規定は、「……私人に委任し」に準じた法律行為を指し、同条の規定は、事実行為を含まないとするものであるか。そのように解釈した場合、「私人をして行なわせてはならない」とは、法律行為の分類としては何に属するものと判断（例えば、委任）したらよいか。

答　委任とは、一般的には一定の事務の処理を他に委託することをいう。地方自治法第二四三条の公金の徴収、収納、支出の権限を私人に委任し、又は私人をして行わせてはならないと規定されているが、この場合の委任は、委任を受けた私人がその委任の限度において委任者を代理し、受任者である私人のする意思表示又はその受領は、直接委任者に対してその効果を生ずるものである。したがって、私人の名と責任において公金の徴収、収納、支出をすることになる。

私人をして行わせてはならないというのは、委任に準ずる行為として、地方公共団体の公金の出納事務を独立した権限として直接取り扱わせてはならない趣旨と解される。これは、会計管理者の直接的な監督なしに独立して一定の資金に限り、当該団体の会計管理者の名義で金を支払ったり、又は受領する行為が禁止されているのであって、会計管理者の補助行為、すなわち金利を数えたり支払をする行為（自動金利、計算利的なもの）は含まれないと解される。

《非常勤の商工名鑑編さん事務協力者への報酬》

問　当市において商工名鑑を作成することになり、T氏へ編さんを委嘱した。T氏は非常勤で一週二、三日出勤して、編さんの事務を担当しているが、この場合、T氏へ支払う報酬は、①報酬、②委託料、③賃金の費目によるべきか。

答　T氏を非常勤の職員として任命し、商工名鑑編さん事務に従事することとしているならば、報酬を支給すべきであるが、商工名鑑編さんに係る事務を私法上の契約に基づき、委託しているのであれば、この場合には第一二節「委託料」として支出することとなる。

《ブロック会議等の一括経費の旅行あっせん業者への支払》

問　各種ブロック会議等の開催のため、会場のあっせん、視察のためのバスの借上げ、宿泊、懇親会等、設営の一切を旅行あっせん業者等に委託してその者に一括経費を支払う場合の支出科目は委託料か、又はそれぞれの該当科目に分割して支出すべきか。

答　それぞれの科目で支払うということは、何らかの対価関係の状態にあるときに行われるべきで、一切の行為を一括して行うことを期待する場合には委託料が適当である。

《害虫防除代金の支払方法》

問　市においてヘリコプターを借り上げ、水田等の病害虫の空中防除を行っているが、この防除代金の支出科目は、次のうちいずれが適当か。

①　第一〇節「需用費」

②　第一八節「負担金、補助及び交付金」

なお、請求の名称は、賦課金となっているが、ヘリコプターの借上げは補助金で充当し、耕作者への請求金額は、プール計算により薬剤代の実費である。

答　市自らが行う場合は、第一三節「使用料及び賃借料」によりヘリコプターを借り上げ、薬剤の購入は第一五節「原材料費」で支出することになる。また、実施主体が別にあるときは、当該主体に補助金を出すこととし、第一八節「負担金、補助及び交付金」から支出することとなる。さらに薬剤散布を請負わせる（委託する）こととすれば、第一二節「委託料」から支出することになる。

《収納事務を委託した場合の領収書の名義》

問　地方自治法施行令第一五八条で、私人に徴収又は収納事務を委託する場合、発行する領収書は会計管理者、指定金融機関、又は受託人のいずれによるべきか。

答　受託人が領収書を交付することになる。

《支出事務を委託した場合の資金の交付》

問　地方自治法施行令第一六五条の三の規定により私人に支出事務を委託し、受託者に資金を交付する場合、受託者より支払資金の請求書を徴して差し支えないか。

答　貴団体の会計手続きの定めるところによることとなる。

《委託契約に伴う料金の支払方法》

問　県が土地の貸借契約や巡視用務等、一定期間継続する業務の委託契約を締結するに当たり、その契約期間を一年間とした場合、賃借料又は委託料を各月ごとに支払っていくことができるか。可能としたら、その各月ごとの支払は、次のどれに該当すると解したらよいか。

①　前金払

②　部分払

③　精算払
④　その他

答　地方公共団体が、支出負担行為をするには、原則として法令又は予算の定めるところに従い、これをしなければならないものとされている（自治法二三二の三）。したがって、予算に基づく限り、一年間にわたる土地の貸借契約、巡視用務等の契約をすることができる。
その支払を年一回とするか、毎月払とするかは、契約の定めるところによる。この場合の支払は、当該契約の定めるところにより、履行が行われた月又は年度ごとに、支払をするので、精算払として処理するのが適当であると解する。

《委託契約と議会の議決の要否》

問　地方自治法第九六条第一項第五号の規定に基づく政令で定める工事又は製造の請負契約には、市町村が災害復旧等に伴う工事を他の普通地方公共団体へ委託（自治法第二五二条の一四による委託を除く。）しようとする場合の契約も含むものと解してよいか。

答　地方自治法施行令別表第一に掲げる「工事又は製造の請負」には、民法上の請負のみならず、工事の完成を目的とする契約も含むと解されており（昭四〇・九・二行実）、また、委託契約であっても、その内容が、工事の完成を目的とするものである限り、「工事又は製造の請負」に該当すると解されている（昭四一・一〇・一行実）。設問については議会の議決対象とされる請負に該当すると考える。

《一般廃棄物処理の一括委託の支出科目》

問　一般廃棄物の収集及び運搬のみに限定されず、具体的にはバキューム車の業者側持込他事務を含めた一括委託の場合の支出科目は何か。

答　一般廃棄物の収集及び運搬を委託する際に、作業に必要な車等を業者側が持ち込むことも含めて一括して委託する場合は第一二節「委託料」が適当と解する。

第一三節　使用料及び賃借料

一般的に、賃貸借契約（当事者の一方が相手方に物の使用収益をさせ、これに対して相手方が賃料を支払うことを内容とする契約）に基づいて、その対価として支払われる金銭である。その目的物は、使用、収益によって消滅しないものであれば何でもよいと解され、一般的には、土地、建物等の不動産、あるいは自動車、機械類の動産の借上げが中心になる。

本節により支出される例としては、会場借上料、船舶借上料、映画フィルム借上料等の各種借上料があるが、有料道路における通行料、駐車場使用料等も本節により支出されることが適当である。また、家屋等の借入れに際しての敷金は、賃借料の一部として本節により支出することが適当で、その返還金は雑入で受け入れることになると考えられる（権利金については第一六節「公有財産購入費（権利購入費）」が適当である。）。

電気、ガス、水道等の使用に伴う料金、いわゆる光熱水費については、その利用の性質上経常経費であり、本節とは別個に第一〇節「需用費（光熱水費）」として区分されることとされている。

〔運用例〕

《宿泊料の支出科目》

問　ホテルの全館を二日間借り上げ、県出身の施設収容者を招へいし、宿泊（食事の提供を含む。）させた場合の経費の支出科目はいずれの科目がよいか。

答　設問の場合は、当該旅館と飲食の提供を条件とする借上げ契約を締結することで目的を達することができ、このような場合であれば支出科目としては第一三節「使用料及び賃借料」で差し支えないと解する。

《商品である乗用自動車の賃貸とその支出科目》

問　1　商品である乗用自動車を賃貸借契約により借用できるか。

2　有償借用した場合、支出科目は次のいずれによるべきか。

①　第七節「報償費」

②　第一三節「使用料及び賃借料」

答　1　道路運送車両法所定のナンバープレートをまだ付けていない未登録の自動車は原則として路上を運転することが禁じられており、その本来の用法に従って使用することができない。それを有償で借用することは考えられないが、これを借用して一定期間展示する等の契約を締結することは可能である。

2　「使用料及び賃借料」が適当である。

《有料道路通行料金の支出科目》

問　公用車での旅行の場合（マイクロバス使用）の有料道路通行料金の支出科目は何か。

答　有料道路通行料、駐車料等は、第一三節「使用料及び賃借料」で支出することが適当である。

《国に対する行政財産の目的外使用許可と使用料の減免の可否》

問　当市においては、行政財産の目的外使用許可をした場合の使用料の徴収について「行政財産使用料条例」に減免の規定が設けられており、これによると、「使用料は、次の各号の一に該当するときは、これを減額し、又は免除することができる。」とし、その第一号において「国又は他の地方公共団体その他の公共的団体に公用、公共用その他の公益上の目的のために使用させるとき」と定めている。

この場合において、市が国に対して行政財産の目的外使用をした場合に減免することは、国と市というその性質上望ましいことではないと考えるが、どうか。

答　国が使用する地方公共団体の財産等に関する使用料について地方財政法第二四条は「国が地方公共団体の財産又は公の施設を使用するときは、当該地方公共団体の定めるところにより、国においてその使用料を負担しなければならない。但し、当該地方公共団体の議会の同意があつたときは、この限りでない。」と規定され、国に対して使用料の支払を義務づけている。

したがって当該団体が「公益上必要がある」と認め、「議会の議決」を経た場合は減免しても差し支えないと解される。また個々の議決に代え、条例で包括的に規定することが直ちに違法とは解されない。

《駐車場を公の施設とし、使用料を徴収することの可否》

問　観光地を有する地方公共団体が当面する問題として駐車場の設置がある。

①　これを都道府県が設置すると無料駐車場であり、市町村が設置すると有料駐車場でなければならないという説があるがどうか。

②　駐車場を設置した場合は、公の施設ではなく普通財産として賃貸借料を駐車料金という名目で徴収する考え方が正しいと思うがどうか。

答　①　都道府県、市町村を問わず駐車場の使用料を有料とするか無料とするかは、当該設置団体の意思で決めるべきであり、どちらかでなければならないものではない。

②　一般的には公の施設として使用料を徴収するのが適当であるが、収容能力等が小規模の場合は私法上の賃貸料を徴収することも可能である。

《著作権料の支出科目》

問　公営住宅標準設計に基づく、建設工事実施に関する著作権料の支出科目は、次の科目のいずれにすべきか。

①　第七節「報償費」

②　第一三節「使用料及び賃借料」

③　第二一節「補償、補塡及び賠償金」

答　著作権料の支出が「公営住宅標準設計書」を使用するためのものである場合には、一般的には第一三節「使用料及び賃借料」から支出すべきものである。なお、契約の内容その他実態の如何によっては、第一四節「工事請負費」に含めて支出する場合もあると考える。

《展覧会の入場券を購入する場合の支出科目》

問　職員福祉厚生費として絵画展覧会の入場券を購入する場合、支出する節はいずれが適当か。

①　借料及び損料
②　手数料

答　第一三節「使用料及び賃借料」によるのが適当である。

《使用料の徴収不納と不納欠損処分》

問　住宅使用料の滞納繰越分が徴収不能となり、不納欠損処分を行うにあたって、時効年数未経過の場合、次のいずれが適当か。

①　権利放棄の議決を要せず、市長決裁でよい。
②　議決を要する。

答　地方自治法第九六条第一項第一〇号の規定による権利放棄としての議会の議決が必要である。

《入場料の支出科目》

問　入場料は、いずれの科目による支出が適当であるか。

①　報償費

②　使用料及び賃借料

答　第一三節「使用料及び賃借料」が適当である。

《自動車借上げに係る経費の支出科目》

問　**1**　失対労務者輸送のため、バス会社との間に、「①バスの必要台数はあらかじめ連絡する、②バスの料金は、事務所所在地から現場までの一往復の料金により単価契約とする（運行距離に応じた貸切りの運賃を基準として定める。）、③運転手、燃料、修繕費その他運行に伴う一切の経費はバス会社の負担とする、④契約期間は一年度間とする」を骨子としたバス借上げ契約を締結している。この場合、旅客運送契約とすべきではないか。したがって支出科目も、第一三節「使用料及び賃借料」ではなく、第一一節「役務費」が適当と考えられるがどうか。

2　ハイヤー等の借上げについては、ハイヤー協会等とチケットによる乗車について契約を締結しており、乗車料金については、第一三節「使用料及び賃借料」をもって支払っているが、この場合も、ハイヤー使用の実態からみて、第一一節「役務費」から支出することが正しいと思われるがどうか。

答　設問は自動車の借上げと考えられるから、1及び2いずれも第一三節「使用料及び賃借料」から支出して差し支えないと解する。

《自動車借上料の支出科目》

問　民間の自家用自動車を物資運搬のため市が借り上げ、その謝礼金を支出する場合の支出科目は第七節「報償費」であると思うが、その金額が営業車借上料と比較して大差がない場合には、借上料として第一三節「使用料及び賃借料」から支出しても差し支えないと考えられる。しかし、金額の多寡によって支出科目が異なることには矛盾があるので、いずれの節から支出することが適当か。

答　自家用自動車を借り上げて、謝礼金を「報償費」から支出しているのは、道路運送法第八〇条第一項の規定により、自家用自動車は、国土交通大臣の許可を受けなければ有償で貸し渡してはならないことになっているからである。したがって、国土交通大臣の許可を受けているものを借り上げるものについては、「使用料及び賃借料」から支出するのが適当である。

《ソフト代の支出費目》

問　ダウンロードして使用するソフト代金は、何費で処理するのが妥当か。

答

ソフトを使用するための経費であることから第一三節「使用料及び賃借料」が適当と考える。

第一四節　工事請負費

本節は、土地、工作物等の造成又は製造及び改造の工事、工作物等の移転及び除却の工事等に要する経費を支出する場合の科目である。

請負という場合、一般には当事者の一方（請負人）が、ある仕事を完成することを約し、相手方がその仕事の結果に対して報酬を支払うことを約することによって成立する契約であるといえる（民法六三二）。

請負工事といわれる態様に該当するものであれば、どのようなものでも本節からその経費を支出し得るものであって、これまで説明されている典型例としては、道路、河川、堤防、溝渠等の築造といった土木工事、工作物、船舶等の建造、その他埋立て、建造物の除却、取り壊しなどがあげられる。

本節において支出される場合は、請負契約でも工事によるものであるから、直営工事に対して支払うものは本節に含まれず、それぞれの経費に計上して、すなわち、第一五節「原材料費」あるいは第一〇節「需用費」により支出される。

工事請負費において支出されるのは、建造物、工作物等の新築、増築、移改築などのように工作物そのものの位置あるいは形状を変更するといった作業を行うような場合を予想しているといえるが、これに対して、いわゆる修繕料は工作物の位置及び形状は原則としてかえずに行われる工作に対して支払う経費であって、たとえその修繕の方法が請負といった形式をとっても、大修繕、改築等を除いては、その経費の支出科目は工事請負費から支出すべきものではないと考えられる。

地方自治法施行規則に示された節の工事請負費の支出科目の説明では「……工事等に要する経費で契約によるもの」とされていることから、契約書を作成するものは全て工事請負費から支出すべきではないかといった考えもあるが、地方公共団体が地方自治法第二三四条の規定により契約を締結した場合においては全て契約書を作成しなければならないものではなく、地方公共団体の実情により、当該団体の財務規則等で契約書の作成を省略することもできる。例えば、

①　契約金額が小額であるとき。
②　せり売りに付すとき。
③　物品の売買契約において、取引が単純に行われるとき。
④　国又は他の地方公共団体と契約を締結するとき。
⑤　その他の随意契約による場合であって、長がその必要がないと認めたとき。

といった要件に該当するときは、契約書の作成を省略することを認めていることが多い。ただし、建設業法第二条に定義される「建設工事」の請負契約については、同法第一九条の規定により契約書の作成を省略することができないことに留意が必要である。これらを踏まえ、節の区分に当たっては、形式にとらわれることなく、その経費の性質によって区分することになる。

地方公共団体が締結する契約については、一般競争入札、指名競争入札、随意契約又はせり売りのいずれかの方法により行われることとされている。この場合、工事（製造）の請負における一般競争入札又は指名競争入札にあっては、競争入札の原則、すなわち、工事の場合であれば最低の価格をもって入札をした者が

落札し、当該地方公共団体と契約を締結するということになっているがその例外として、地方自治法施行令第一六七条の一〇は、一般競争入札において最低価格の入札者以外の者を落札者とすることができる場合を次のとおり規定している（同令第一六七条の一三において指名競争入札の場合に準用）。

①　一般競争入札により工事又は製造その他についての請負の契約を締結しようとする場合において、予定価格の制限の範囲内で最低の価格をもって申込みをした者の当該申込みに係る価格によっては、その者により当該契約の内容に適合した履行がなされないおそれがあると認めたとき、又はその者と契約を締結することが公正な取引の秩序を乱すこととなるおそれがあって著しく不適当であると認めるときは、その者を落札者とせず、予定価格の制限の範囲内の価格をもって申込みをした他の者のうち、最低の価格をもって申込みをした者を落札者とすることができることとなっている。

②　一般競争入札により工事又は製造その他についての請負の契約を締結しようとする場合において、当該契約の内容に適合した履行を確保するため特に必要があると認めるときは、あらかじめ最低制限価格を設けて、予定価格の制限の範囲内で最低の価格をもって申込みをした者を落札者とせず、予定価格の制限の範囲内の価格で最低制限価格以上の価格をもって申込みをした者のうち最低の価格をもって申込みをした者を落札者とすることができる。

工事又は製造その他についての請負については、以上のような契約方式の特例（その他総合評価方式による特例があるが、それについては後に述べる。）が定められており、地方公共団体の経費支出の適正を期すべきことが要求されているのである。特に前述の②の最低制限価格制度は特異なものであり、これは、支出の原因となる競争契約において、地方公共団体があらかじめ最低制限価格を設け、たとえ予定価格以下の入札をした者があっても、それが最低制限価格未満の価格であるときは、これを無条件に排除し、最低制限価格以上の価格で入札した者のうち最低の入札者を落札者として決定することをいうのである。

すなわち、この関係を図で示せば、下図のとおりとなろう。

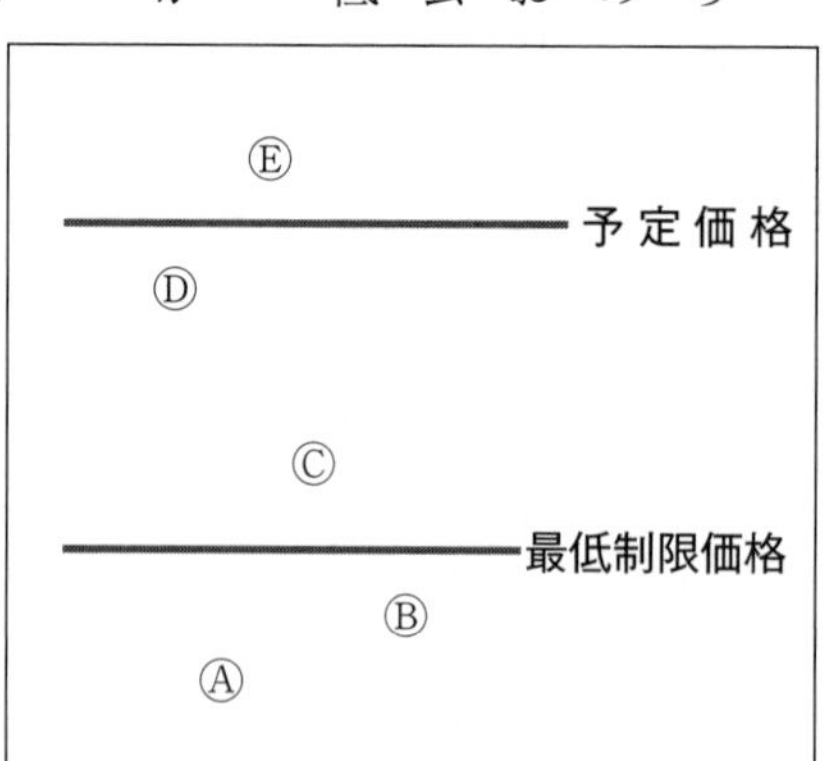

この図で、Ⓔは予定価格を超えて最低制限価格制度の有無にかかわらず、その入札は排除される。次に、Ⓐは予定価格の制限の範囲内で最低の価格をもって申込みをした者であるが、最低制限価格以下で入札しており、Ⓐも排除されることになる。このように考えていくと、結局、地方公共団体が契約の相手方とすることができるのは、予定価格の範囲内で最低制限価格以上の価格で入札をしたⒸが落札者となるのである。

この方法は工事又は製造その他についての請負のみについて行うことができることに注意する必要がある。

さらに、最低価格落札方式の例外として総合評価方式といわれるものがある。

総合評価方式とは、入札における落札者の決定において、価格その他の条件を総合的に判断して、地方公共団体にとって最も有利なものをもって申込みをした者を落札者とする落札者決定方式のことであり、国の調達において採用されていた（会計法第二九条の六第二項）ものを平成一一年二月一七日の政省令の改正（平成一一年政令第二五号、平成一一年自治省令第四号）により新たに導入されたものである。

すなわち、地方公共団体の長は、一般競争入札又は指名競争入札により地方公共団体の支出の原因となる契約を締結しようとする場合において、当該契約がその性質又は目的から地方自治法第二三四条第三項本文又は地方自治法施行令第一六七条の一〇の規定により難いものであるときは、これらの規定にかかわらず、予定価格の制限の範囲内の価格をもって申込みをした者のうち、価格その他の条件が当該地方公共団体にとって最も有利なものをもって申込みをした者を落札者とすることができる（自治令第一六七条の一〇の二第一項、自治令第一六七条の一三）。

なお、この総合評価方式により工事又は製造その他についての請負の契約を締結しようとする場合において、落札者となるべき者の当該申込みに係る価格によってはその者により当該契約の内容に適合した履行がされないおそれがあると認めるとき、又はその者と契約を締結することが公正な取引の秩序を乱すこととなるおそれがあって著しく不適当であると認めるときは、その者を落札者とせず、予定価格の制限の範囲内の価格をもって申込みをした他の者のうち、価格その他の条件が当該地方公共団体にとって最も有利なものをもって申込みをした者を落札者とすることができるものとされている（自治令第一六七条の一〇の二第二項、自治令第一六七条の一三）。

総合評価方式は、「価格その他の条件が当該地方公共団体にとって最も有利なものをもって申込みをした者を落札者とする」方式であるが、価格その他の条件が当該地方公共団体にとって最も有利なものであるか否かの判断が恣意的になっては、競争入札の公正性を損なうことになる。また、価格のみに着目すれば、より高い価格での入札者が落札者となり得る方式であることから、通常の入札以上に客観性の確保が求められる。したがって、客観的に判断できるような基準をあらかじめ設けておくことが必要であり、地方公共団体の長は、総合評価方式による競争入札を行おうとするときは、あらかじめ、当該総合評価競争入札に係る申込みのうち価格その他の条件が当該地方公共団体にとって最も有利なものを決定するための基準、すなわち落札者決定基準をあらかじめ学識経験者の意見を聴いて定めなければならないとされている（自治令第一六七条の一〇の二第三項及び第四項、自治令第一六七条の一三）。

次に、地方自治法上、工事又は製造の請負について契約を締結するに当たっては、議会の議決が必要であることに注意する必要がある。すなわち、予算執行の一態様である契約の締結権限は、地方自治法第一四九条の規定により、地方公共団体の長が保有するものであるが、地方自治法第九六条第一項第五号は、長の事務執行の前提として議会の議決を要するものとして、「その種類及び金額について政令で定める基準に従い、条例で定める契約を締結すること」を定めている。そして、政令で定める基準は、工事又は製造の請負について、都道府県にあっては五億円、指定都市にあっては三億円、指定都市以外の市にあっては一億五、〇〇〇万円、町村にあっては五、〇〇〇万円としている。そして、これらの基準は、最低基準と解し、これらの金額以上の価格で各団体が条例を制定し、これに該当する工事又は製造の請負を締結するときは議会の議決が必要であるので注意を要するものである。すなわち、議会の議決がなければ、当該契約は締結できず、したがって、工事請負費に係る経費の支出はなされないものである。

〔運用例〕

《構内交換機内線電話移転工事代金の支出科目》

問　電話機の移転に際して、電話線、その他の材料及び工事費を含めて支出する場合の支出科目は何が適当か。

答　工事請負費が適当である。

《観光船の機関の取替え等に要する経費の支出科目》

問　市営観光船の機関の取替え又は一部改造をする場合の支出の節は工事請負費でよいか。

答　通常は小規模なものは第一〇節「需用費」の修繕料、大規模なものは第一四節「工事請負費」として予算措置することになる。

《特殊電気器具設置のための工事代の支出科目》

問　特殊電気器具を設置することにより、メーター並びに内線配線の一部取替（小金額）を行った場合の支出科目は何か。

答　電気工事を請負人に請け負わせて工事をさせるものであれば工事請負費が適当であろう。

《当該団体の会計相互間における工事請負とその支出科目》

問　契約の相手方が当市である場合（公営企業に基づく特別会計）の水道工事代の支出科目は何が適当か。

答　契約の内容により判断するほかはないが、一般的には工事請負費として措置すべきである。

《修繕料の支出科目》

問　形を変えない修繕で、例えば一〇万円程度の修理を請負の方法をとって施行した場合の支出科目は第一〇節「需用費（修繕費）」か。

答　設問の内容であれば第一〇節「需用費（修繕費）」で差し支えないと解されるが、修繕が大規模な場合は第一四節「工事請負費」に該当する場合もある。

《修繕料と工事請負費の分け方》

問　町議会議場を四〇万円程度で修繕したが（照明器具の取替え等）、支出に当たっては第一〇節「需用費」と第一四節「工事請負費」のどちらが適当か。

答　一般的にいえば、工事請負費の場合は、当該請負により何らかのものを作り出す場合に、修繕料は、軽微な、補完的ないわゆる修繕に当たって使うもので適宜判断することになろう。設問の場合は、工事請負費が適当である。

《著作権料の支出科目》

問　公営住宅標準設計に基づく、建築工事実施に関する著作権料の支出科目は、何が適当か。

答　著作権料支出が「公営住宅標準設計書」を使用するためのものである場合には、一般的には第一三節「使用料及び賃借料」から支出すべきものである。なお、契約の内容その他実態のいかんによっては工事請負費に含めて支出することもできよう。

《ストーブ煙突の取付・撤去料の支出科目》

問　冬期暖房用ストーブ煙突の取付料（単価一台につき三、〇〇〇円）及び撤去料（取りはずし、煙突掃除・塗油・倉庫格納までを含む。）の支出科目（節）は何が適当か。

答　契約の内容により、第一一節「役務費（手数料）」又は第一四節「工事請負費」から支出することになる。

《工事請負費の範囲》

問　歳出予算科目中、工事請負費として支出すべき経費は、建設業法第二条別表に掲げるものをいうのであるか、他の工事もいうのか。

答　工事請負費として支出される経費は、「工事請負契約」によって支払われることとなる経費がその対象とされるものであって、この場合、請負契約とは、当事者の一方（請負人）が、ある仕事を完成することを約し、相手方（注文者）がその仕事の結果に対して報酬を支払うことを約することによって成立する契約をいう。

設問の建設業法別表記載事項は、右の工事請負契約の対象となる事項が網羅してあるとは考えられず、同工事に要する経費のみが「工事請負費」に該当することとなるものではない。

《物件移転に関する工事費の支出科目》

問　公共事業の物件移転について、市が補償金を支出して所有者に移転させるものであるが、所有者の希望により市が直接移転工事を施工した場合の支出科目は何か。

答　工事請負費が適当である。

《水道事業会計に委託した給水工事の支出科目》

問　水道事業会計（公営企業）に委託した給水工事を水道事業会計の納付書により工事負担金を請求してきた場合、適当な支出科目は何か。

答　工事請負費が適当である。

《土地改良事業費の施工委託の可否》

問　国庫補助事業又は県費補助事業であると市単独事業であるとにかかわらず、土地改良事業、耕地造成事業、耕地災害復旧事業等の事業施工を委託規則を設けて土地改良区、農業協同組合等の受益団体に委託することは、当該事業が市の行政事務である以上、地方自治法第二五二条の一四の規定からできないものと解される。したがってこれらの経費は第一二節「委託料」として計上すべきでなく、直営工事でない限り、第一四節「工事請負費」又は第一八節「負担金、補助及び交付金」のいずれかに計上すべきであると解するがどうか。

答　地方自治法第二五二条の一四の規定は、地方公共団体相互間における事務の委託関係を定めたものであって、同規定があるが故に地方公共団体以外のものに対し一切事務の委託が禁止されるものではない。もちろん、事務の性質によって委託できないものや、不適当なものもある。これらの関係は具体的な問題について関係法令の規定、当該事務の性質等により各々判断する必要があるが、設問の事務については、その実施を委託することは不可能な性質のものではないと考え、したがってその限りにおいては一般的にその委託に要する経費は、第一二節「委託料」として措置すべきものである。

《砂利敷の支出科目》

問　公営住宅建設に伴い、道路を新設し、その道路に砂利を散布した場合、本市では公営住宅建設工事の一部分として、工事請負費より支出しているが、適切な支出科目は何か。

答　工事請負費が適当である。

《建具の取替え、修理費用の支出科目》

問　市役所内の職員休憩室の建具及び畳等が破損したため新品を購入した場合の支出科目は何か。

答　建具、畳等で既製品を購入する場合は第一五節「原材料費」に、既存のものを修理する場合は第一〇節「需用費」の修繕料に、また、建具、畳等の作製を請け負わせ又はこれらの大修理を請け負わせるときは、第一四節「工事請負費」が適当である。

《船舶の製造発注について》

問　港湾における鉄鋼製曳船（八〇トン）を市の設計に基づいて発注製造する場合の支出科目は何か。

答　工事請負費が適当である。

《複合遊具の支出科目》

問　こども園の園庭に設置する複合遊具について、基礎工事を行い遊具の固定をする必要がある。この複合遊具の支出科目は、備品購入費と工事請負費のどちらが適当か。

答　ある程度の規模である遊具の設置と考えられることから、基礎工事から遊具の設置まで含めて発注する場合は、「工事請負費」が適当と考えられる。

第一五節　原材料費

原材料費とは、ある物品を生産するための原料又は材料に要する経費をいう。すなわち、第一〇節「需用費」中の消耗品費でも、工事、生産、工作のため消耗され又は築造物の構成部分となる材料のようなものは本節において支出する。

原料とは、その本質を失って新しいものを生産又は製造するために用いられるものをいい、材料とは、その本質を失わず、新しい属性が付加されて生産物又は製造物の構成部分となるものであるともいえる。そして、節の説明としては、工事材料費と、加工用原材料費があげられる。前者は、直営工事の原材料購入費であり、これに該当するものの例としては石材、鉄骨、砂、砂利、セメント、木材、亜鉛板、鉄板、鉄線、針金、釘、土管等の購入費であり、後者は、加工に使う原材料の購入費であり、木工場における原木等、染色工場における綿糸布等の購入費である。

〈運用例〉

《校舎の破損ガラスの取替え費用の支出科目》

校舎の破損ガラスの取替えをした場合

問

①　ガラス代金に取替え手間賃が含まれている場合の支出科目は何か。

② また、ガラス代金のみの支出科目は何が適当か。

答 ① 第一〇節「需用費（修繕料）」が適当である。
② 「需用費（消耗品費）」が適当である。

《ベニヤ板、クギ等による校舎の補修用経費の支出科目》

問 当市では校舎の補修用のベニヤ板、クギ等の購入費を、補修する者が業者、個人いずれであっても第一五節「原材料費」で支出している。一般にいう原材料費とは、工事に直接つながったものと思われるがどうか。

答 原材料費とは、ある物を生産するための原料又は工作等のために消費される物品を購入するために要する経費をいう。したがって校舎を補修するためにベニヤ板やクギを市で購入するのであれば原材料費となるが、これを業者が調達して修繕する場合は需用費（修繕料）となるものである。

《植木、苗木購入の支出科目》

問 植木、苗木を購入する場合の支出科目は何か。

答 植木、苗木の購入については、一般的には第一〇節「需用費」又は第一五節「原材料費」とされる場合が多い。
購入後の使用目的及び耐用年数等により個々具体的に区分することが適当である。

《公園に植える樹木の購入費の支出科目》

問　公園等に植える樹木あるいは生垣用の植木などの購入費の支出科目は次のうちどの科目で支出したらよいか。

この場合、業者が植えるのでなく植木のみを購入し職員が植えるものである。

①　原材料費
②　備品購入費
③　需用費（消耗品費）

答　歳出予算の節について節及びその説明により明らかでない経費については、当該経費の性質により類似の節により支出することになるので、同じ樹木を購入するものであってもその目的、用途等により節を異にする場合がある。設問の場合、苗木程度のものであれば、第一五節「原材料費」によることが適当である。

《学校の砂場の砂の購入費の支出科目》

問　学校の砂場の砂は、工作物（砂場）の構成部分になるから原材料費となると考えるがどうか。

答　砂場の砂は、常に補充が必要となることから消耗品としてとらえ、「需用費（消耗品費）」とすることが適当である。

《道路補修用の敷砂利の購入費の支出科目》

問　道路補修用の敷砂利の購入費の支出科目は何がよいか。

答　一般的には、第一〇節「需用費」の修繕料は、備品の修繕若しくは備品又は船舶、航空機等の部品の取替えの費用とか、家具等の小修繕と解されている。また第一五節「原材料費」は、物品を生産するための原料又は工事工作等のために消費される物品であり、セメント、鋼材、砂利、木材、その他建築用材等、工事、生産、工作のために消費されたり、構築物の構成部分となる材料のようなものと考えられる。したがって、この場合は、第一五節「原材料費」とするのが適当である。

《有刺鉄線等の購入代金の支出科目》

問　次の支出科目は何がよいか。

①　垣根用有刺鉄線は原材料費と思うがどうか。

②　タイプ用活字を一台として購入した場合は、備品購入費でよいか。

③　戸籍関係用紙類を戸籍事務協議会で共同印刷した場合、当該協議会が債権者となるが、印刷製本費で支出すべきか。

答　①は購入使用の目的により各々判断すべきものであり、したがって、第一〇節「需用費（消耗品費）」又は第一五節「原材料費」ということになる。

②は第一七節「備品購入費」として措置すべきである。

③は協議会に印刷の発注をするものである限り第一〇節「需用費（印刷製本費）」として支出して差し支えない。

《宿直用寝具の材料等の支出科目》

問　小修理のために購入した釘、板ガラス等の材料は消耗品費から支出することになると思われるが、宿直用寝具を造るために購入した諸材料の支出科目は何がよいか。

答　一般的には、前段お見込みのとおり第一〇節「需用費（消耗品費）」であるが、後段は、第一五節「原材料費」が適当である。

第一六節　公有財産購入費

地方公共団体が本来的に当該団体の行政を行う上に直接使用し、あるいは地方公共団体の行うべき事務として公共の福祉増進のために使用すべく購入する、いわゆる公有財産の取得についてその支出のために定められた科目である。

昭和三八年の地方自治法の改正前においては施設費とされていたが、改正の結果、公有財産の範囲が法律上明確にされたことに伴って、公有財産購入費と改められたものである。

(1)　公有財産

公有財産の概念は、地方自治法第二三八条第一項に定められているところと同一のものである。すなわち、地方自治法上「財産」とは、「公有財産、物品及び債権並びに基金」をいうと規定されているが（自治法二三七Ⅰ）、このうち公有財産については第二三八条に規定している。これについて略述すると次のようになる。

①　不動産

土地及び土地の定着物をいう。土地の定着物とは、土地に付着する物であって、かつ、継続的に一定の土地に付着させて使用されることがその物の取引上の性質と認められるものである。

不動産以外の物は全て動産であるが、重要な価値を有する動産あるいはこれらの動産及び不動産の従物は公有財産として扱われるのが例であり、したがって、当該地方公共団体において、動産及び不動産の従物（一般的には備品購入費で支出するのが適当である。）のうち重要であると決定し、公有財産として扱うものは、公有財産購入費により購入することになる。

② 船舶、浮標、浮桟橋及び浮ドック並びに航空機

船舶は、船舶法、商法上の船舶（総トン数二〇トン以上）（船舶法二〇、商法六八六）とすることが適当であるとされている（昭三八・一二・一九通知）。したがって、これ以上の船舶を公有財産とする旨決定した場合は二〇トン未満の船の購入は第一七節「備品購入費」で支出することになる。

③ ①及び②に掲げる不動産及び動産の従物

従物は、①主物の常用に供せられること、②特定の主物に附属すると認められる程度の場所的関係にあると認められること、③主物、従物ともにそれぞれ独立の物と認められること、④主物、従物ともに同一の所有者に属すること（民法八七）といった点から従物が主物の効用を助けていることに着目して両者の経済的結合を尊重して、公有財産に属するものとされている。

④ 地上権、地役権、鉱業権その他これらに準ずる権利

これらに準ずる権利とは法律上確定している用益物権又は用益物権的性格を有する権利をいう。したがって、永小作権、入会権、漁業権、入漁権、租鉱権、採石権といったものはこれに該当するが、占有権、水利権、担保物権、賃借権、借地権、借家権等は入らない。

⑤ 特許権、著作権、商標権、実用新案権その他これらに準ずる権利

これらに準ずる権利とは、いわゆる無体財産権をいい、特許を受ける権利等法律上不確定な権利は含まれ

ない。

⑥　株式、社債（特別の法律により設立された法人の発行する債権に表示されるべき権利を含み、短期社債等を除く。）、地方債及び国債その他これらに準ずる権利

これらに準ずる権利としては、投資信託の受益証券、貸付信託の受益証券等をいう。

⑦　出資による権利

出資とは、地方自治法第二二一条第三項の出資と同意義であり、株式会社等に対する出資、一般社団に対する基金の拠出等も含まれるほか、一般財団に対する財産の拠出等も含む。

⑧　財産の信託の受益権

昭和六一年法律第七五号による地方自治法の改正により加えられたもので、地方公共団体は、普通財産である土地（その土地の定着物を含む。）を対象とし当該地方公共団体を受益者とする場合に限り、議会の議決によって信託することができるものとされた。不動産の信託に関する信託の目的は信託された土地に建物を建設し、又は信託された土地を造成し、かつ、当該土地（その土地の定着物を含む。）の管理又は処分を行うことに限られている。また、その後、平成一八年法律第五三号により、有価証券について、財産の効率的な運用を図る観点から信託を行うことができることとなっている。この場合の信託の受益権である。

公有財産は、以上のような分類がなされている。そしてこの公有財産は行政財産と普通財産とに分類される。すなわち、行政財産とは地方公共団体において公用又は公共用に供し、又は供することと決定した財産をいい、普通財産とは行政財産以外の一切の公有財産をいうものとされている。したがって、前述のいずれかの分類に属する財産を取得した地方公共団体は、これを行政財産あるいは普通財産に決定し、管理するこ

とになる。

(2) 公有財産購入費

公有財産購入費は、次のような内容に分かれることとなる。

① 権利購入費

地方自治法第二三八条第一項第四号及び第五号に規定する権利を取得するために要する経費である。なお、先に述べたような法律上確定していない権利の購入であっても、この節から支出せざるを得ないものもあると考える。

② 土地購入費

地方自治法第二三八条第一項第一号の不動産のうち、土地及びこれに付属する石垣、暗渠、立木等の購入に要する経費である。

③ 家屋購入費

不動産のうち、家屋（家屋の程度に至らないものであっても購入後家屋とする目的があるときは、家屋とする。）及び家屋の付属物（畳、戸など）の購入に要する経費である。

④ 船舶航空機等購入費

地方自治法第二三八条第一項第二号に掲げる船舶、浮標、浮桟橋及び浮ドック並びに航空機等の購入に要する経費である。

なお、地方自治法第九六条第一項第八号は、「その種類及び金額について政令で定める基準に従い条例で定める財産の取得又は処分」について議会の議決を要することを定めている。すなわち、政令の基準をみると（自治令一二一の二Ⅱ、別表第二）、「不動産又は動産の買入れ又は売払い（土地については、その面積が都道府県にあっては一件二万平方メートル以上、指定都市にあっては一件一万平方メートル以上、市町村にあっては一件五、〇〇〇平方メートル以上のものに限る。）又は不動産の信託の受益権の買入れ若しくは売払い」について都道府県にあっては七、〇〇〇万円、指定都市にあっては四、〇〇〇万円、その他の市にあっては二、〇〇〇万円、町村にあっては七〇〇万円とされている。この基準で各地方公共団体は条例を定めることになるが、これらは最低基準を定めているものと解され、これ以上の額で条例で規定することは差し支えないものである。また、土地については面積と金額の両方が条例の基準に合致したときにはじめて議会の議決の対象となるものであると解される。なお、仮に土地と家屋を一括取得するという場合といえども、土地は土地、家屋は家屋のみで条例に定める条件に該当するかどうかを判断するものとされている。

〈運用例〉

《国有林野買受代金の支出科目》

問　国有林野の活用に関する法律（昭和四六年法律第一〇八号）によって、市町村が国有林野の売払いを受けた場合の買受代金についてその支出科目は何が適当か。

答　公有財産購入費が適当である。

《借地権放棄料の支出科目》

問　借地権については地方自治法第二三八条第一項第四号の地上権、地役権、鉱業権その他これらに準ずる権利に含まれないものとされているが、借地権放棄料（借地権購入費）の支出科目は、何が適当か。

答　借地権放棄料も当該借地権が設定されている土地の取得費とともに「公有財産購入費」から支出するのが適当である。

《電話加入権を売買する場合の支出科目》

問　電話加入権は一種の指名債権であるから公有財産に含まれないと解されているが、これが売買される場合の支出科目は何がよいか。

答　電話加入権は、財産分類上は公有財産には含まれないが、公有財産に準じた管理をするのが適当であるとされている。これは電話加入権の内容が電話を架設する請求権（債権）であるにもかかわらず、事実上は物権化しているからである。このことからみて、電話加入権の取得の場合の支出科目も、第一一節「役務費」の中の通信運搬費とするより、第一六節「公有財産購入費」の中の権利購入費とするのが適当である。

《建具等の支出科目》

問　次のものはいずれも建造物の付属品であるが、建物の管理上、個々に購入する必要が生じた場合の支出科目はいずれがよいか。

①　戸、障子

② 座敷の畳
③ 水道用の取付洗面陶器
④ マンホールの蓋

答 いずれも公有財産購入費が適当である。

《畳の購入に係る支出科目》

問 新しい住宅の建築に伴う畳を購入する場合の支出科目は何が適当か。

答 公有財産である住宅の付属物として購入する場合は、公有財産購入費が適当である。

《換気扇の購入に係る支出科目と財産区分》

問 換気扇を購入し、これを市の職員（営繕専門の職員）が既設の市立保育所の調理室にコンクリート壁を打ち抜き固定的に取り付けた。この結果、取付後における当該換気扇は建物と一体をなすものとなったが、この換気扇の購入代金の支出科目（節）は何か。

答 当該換気扇が家屋に固定されたもので当該家屋の従物とみなされるようなものであれば、公有財産購入費（家屋購入費）が適当である。

《物品購入の際の据付け費用の支出科目》

問　物品を購入する場合に、据付け費用がかかることがある。この費用の支出科目は何が適当か。

答　物品を調達する場合、本体にかかる費用のほかに据付けに要する費用がかかる場合があるが、一般的には、軽易な据付け費の場合は物品の購入費（公有財産購入費又は備品購入費、場合によっては需用費）に含めて差し支えない。

《登録免許税の支出科目》

問　地方公共団体の場合は、登録免許税は非課税であるが、土地等の等価交換の際、相手方の登録免許税を市が肩替りする旨を契約内容に明記されている場合、印紙を代納する時の印紙代は第一〇節「需用費」（消耗品費）として支出してよいか。あるいは不動産の取得に係る経費として公有財産購入費より支出して差し支えないか。

答　登記等については、登録免許税法により所定の登録免許税を納めなければならないことになっているが、国及び地方公共団体その他の登録免許税法別表第二に掲げる者が自己のために受ける登記等については登録免許税を課さない旨同法第四条に規定されている。

　したがって通常の購入であれば登録免許税は必要ないが、設問のように等価交換した場合、相手方の行う登記について登録免許税を納付することになる。ただ、相手方との交換をスムーズに行うため、契約で当該登録免許税相当額を地方公共団体において負担する旨特約する場合があるが、当該経費については、公有財産購入費に含ませることが妥当である。

第一七節　備品購入費

これは、地方自治法第二三九条に規定する物品のうち、需用費及び原材料費である物品を除いた物品の購入に要する経費である。

需用費である消耗品と本節でいう備品との区別は、備品はその性質形状を変えることなく、比較的長く使用し、かつ保存できる物品の購入に要する経費が備品購入費であって、性質的には、需用費の消耗品と同様であるが、耐用期間、永続性、同一性の保持、価額等から消耗品と区別される。なお、消耗品は、その性質が使用することによって消耗され又はき損しやすいもの、若しくは長期間の保存に耐えないものの類をいう。具体的にはいずれも当該団体の財務規則等によって明確に規定しておくことになる。

長期間使用の例としては、机、イス、機械器具、書棚等があり、長期間にわたり保存するものの例としては陳列標本の用に供する物品がある。

備品購入費は、「庁用器具費」「機械器具費」「動物購入費」からなる。

①　庁用器具費

一般的な事務用の機械器具の購入に要する経費である。例としては、机、イス、戸棚、複写機、暖房器具、計算器具、体育用器具、医療器具、標本等がある。

② 機械器具費

主として事業の執行に要する機械器具の購入費である。例としては自動車、光学機械、計測機、工作機械、トラクター、印刷製本機械、パーソナルコンピュータ等がある。

③ 動物購入費

消耗品として区分される動物以外の動物であり、たとえその動物が標本又は陳列品として購入される場合にも、動物の区分として整理する。動物のうち、直ちに消耗品として消費される場合においては、その目的に応じて需用費中の賄材料費、飼料費、医薬材料費として区分される。

なお、地方自治法第九六条第一項第八号に規定するように政令で定める基準をもって定めた条例に適合する動産（備品）であれば、その購入あるいは処分については議会の議決が必要である。

〔運用例〕

《消耗品費と備品購入費の考え方》

問　備品購入費について、当市の財務規則では、「一万円以上で機械器具等その性質、形状をかえることなく比較的長期にわたり反復使用に耐える物品」と定められている。以下については、使用回数や現場状況によって異なるため、「備品購入費」とすべきか、「消耗品費」とすべきか。

① 消防職員の制服（救命救急士用や消防吏員用等）

② 防火衣（約二〇万円ヘルメットや靴も含む）

③ 消防分団員用の制服、法被等

答　法令上は、消耗品と備品の区分の基準を明確に示したものはないことから、各地方公共団体がその判断で基準を決めている。その場合、例えば購入金額が○円以上は備品とするなど対象物の対価を基準の基本として、使用形態等を考慮のうえ区分しているものと考えられる。この場合、購入金額のみを基準とすると、例えば車を一円で購入したようなきわめて安価で購入できた場合でも、車は消耗品ではなく仕様形態や本来の価値等を考慮のうえ備品に分類していると考えられる。

設問の場合、市の財務規則で「一万円以上で機械器具等その性質、形状をかえることなく比較的長期にわたり反復使用に耐える物品」と定められていることから、まずはそのものの対価が一万円相当か否かを基準に消耗品か備品かを判断することとなる。その上で、利用形態等を考慮すると、①～③については、価格が一万円以上のものについては財務規則で規定されているとおり備品が適当である。ただし、一万円以上のものでも一回の使用で消費してしまうようなものは消耗品が適当と考えられる。

《庁用自動車購入の支出費目》

問　自動車（庁用）購入に要する経費の支出科目は何が適当か。

答　備品購入費が適当である。

《インターホーン設置のための経費の支出費目》

問　インターホーンを取り付ける場合の経費は、いずれの支出科目から支出するのが適当か。

答　一般には物品として取り扱われると考えられ、備品購入費から支出するのが適当である。

《消耗品と備品との関係》

問　理科実験用ガラス器具は壊れやすく、第一〇節「需用費」中の消耗品費より支出すべきと思われるが、中には水槽、井栓付ガラス鏡等のように相当高価なものもあるので、どのように措置すべきか。

答　通常、物品の分類としての備品と消耗品との分類関係は、消耗品がその性質が使用することによって消費され、原形を失い、又は毀損しやすいもの、あるいは長期間の保存使用に堪えないものをいうのに対し、備品はその性質又は形態を変えることなく長期間継続して使用保存のできるものをいうとされている。

右に従い設問について考えると、一般的には試験管等のガラス器具は消耗品扱いでよいが、水槽等についてはその性質上、備品の取扱いとして措置するのが適当であろう。しかし、具体的には当該団体における物品の分類をどのように定めているかによって決定される。

なお、物品の価格の多寡により、消耗品と備品との性質が異なるものではない。

《池に放流する金魚、鯉の購入代金の支出科目》

問 庁舎敷地内に池を作り金魚及び鯉を入れる場合の購入代金の支出科目は何がよいか。

答 当該団体における消耗品と備品の分類如何によるが、一般的には備品購入費から支出すべきであろう。

《動物の購入及び診療等に要する経費の支出科目》

問 クマ、ライオン、アヒル、金魚等の動物を動物園で飼育するために購入する場合の支出科目及び動物の治療費の支出科目は何が適当か。

答 購入に要する経費は第一七節「備品購入費」として、治療費は第一一節「役務費（手数料）」として措置することになると解される。

《バッテリーの購入に係る支出科目》

問 自動車のバッテリーを交換する場合の支出科目は何が適当か。

答 「バッテリーを交換する」という意味が、バッテリーそのものが故障して充電しても使用できないから、新たに購入するということであるならば、第一七節「備品購入費」より、単なるバッテリーの充電料ならば、第一一節「役務費」から支出することになる。

《物品購入の支出科目》

問　次の物品の購入に要する経費の支出科目は何が適当か。

①　夏期にのみ使用する網戸、よし戸
②　予備のスノータイヤ
③　デスクマット
④　陶器製茶器
⑤　掃除用バケツ
⑥　飾り程度の椅子カバー
⑦　金属製灰皿

答　①は第一七節「備品購入費」、②から⑦までは第一〇節「需用費」が適当である。

《電気時計取付けの支出科目》

問　学校の屋内運動場に防球金網付電気時計を取り付けたいが、支出科目は、第一七節「備品購入費」と第一四節「工事請負費」のどちらが適当か。

答　電気時計の取付けの契約は、電気時計の売買と電気時計取付けの請負の混合契約と解されるが、契約代金の支出科目は、必ずしも契約の性質どおりになるとは限らず、設問の場合は、一般的に、電気時計の購入価額の方が取付料より高いのが普通であり、また、取り付けた電気時計は備品となるものであるから、第一七節「備品購入費」が適当である。

《タコメーター購入の支出科目》

問　自動車の「タコメーター」を新規に取り付ける場合の支出科目は「備品購入費」とすべきか。第一〇節「需用費」中の消耗品費又は修繕費とすべきか。

答　備品購入費が適当と解される。

《有線放送施設の支出科目と備品の範囲》

問　有線放送施設のうち、交換器等は備品であるか。また、備品の範囲についてはどう考えたらよいか。

答　原則として不動産は公有財産（自治法二三八①）に、動産は物品（自治法二三九①）に分類されている。ただ、船舶、航空機等の動産は、その財産的価値が大であることから、また、不動産の従物については、その管理を当該不動産と一体的に管理することが適当であることから、いずれもこれを公有財産として取り扱うこととしている（自治法二三八①）。

設問の有線放送施設は、交換器等の機器と電柱等の施設からなっていると考えられるが、機器の動産であるから物品に該当し、電柱等は土地の定着物で不動産であるから公有財産に該当する。物品は、備品と消耗品に分類できるが、一般的に備品は、その性質形状を変えることなく長期間継続して使用保存することができるものを、消耗品は、その性質が使用することによって、消耗され又はき損しやすいもの、若しくは長期間の保存に堪えないものの類をいう。この分類に従えば、交換器等の機器は備品に該当する。

有線放送施設の購入については、これは備品であることから、その支出科目は第一七節「備品購入費」が適当であるが、電柱等の架設については第一四節「工事請負費」から支出することになる。

備品の範囲については前述のとおりであるが、具体的には、次のようなものを備品とするのが通例である。

卓子類、椅子類、棚類、箱類、その他室内用品類、暖炉火鉢類、桶盥類、什器類、製図器類、文具類、機械類、器具類、器工具類、医療器具類、寝具類、車両類、教育用品類、厨房用具類

《物品の購入に伴う送料の支出科目》

問　1　賄材料（脱脂粉乳）を購入した際、その請求内訳に納品者（債権者）が負担した送料が含まれていたが、この送料を役務費に区分することなく、脱脂粉乳の代金に含めて需用費より支出してよいか。また、備品（ボート）購入の場合も同様に取り扱ってよいか。

2　1のように取り扱ってよい場合、送料の支払証明を徴する必要があると思うがこの点はどうか。

答　契約により送料が代金のなかに含まれているものであれば、1については第一〇節「需用費」、2については第一七節「備品購入費」から支出することになる。

なお、送料の支払証明書を徴するかどうかは、当該団体の財務規則の定めによることになる。

《畜産振興のための貸与和牛の購入費の支出科目》

問　当市では畜産の振興と農家経営の発展に資するため、市が所有する和牛を農家に貸与飼育させ、子牛を生産したら、それを市に一頭納入させた後、親牛は飼育者に譲与することにしているが、この元本となる和牛を購入する場合の支出科目は何が適当か。

答　動物は、地方自治法上、物品と解される。そこで物品の購入科目が何であるかということであるが、これは当該地方公共団体が規則で物品を分類することにより分かれる。設問のような動物は、通常は第一七節「備品購入費」により支出されるものと解される。

第一八節　負担金、補助及び交付金

本節は、細節として負担金、補助金及び交付金の三つに区分されている。

(1)　負担金

法令又は契約等によって地方公共団体が負担することとなるものであるが、これに区分されて支出されるものは多様なものが含まれる。

特定の事業について、地方公共団体が当該事業から特別の利益を受けることに対して、その事業に要する経費の全部又は一部の金額を支出する場合がその一である。また、一定の事業等について財政政策上又はその他の見地からその事業等に要する経費の負担割合が定められているときに、その負担区分により負担する場合がある。国と地方公共団体との間及び地方公共団体相互の間にみられる負担関係である。

なお、法令上に定められて支出する負担金の他に任意に各種団体を地方公共団体が構成している場合に、その団体の必要経費に充てるため構成各団体が取り決められた費用を支出する場合があり、これも本節から支出されることとなる。

典型的な負担金のほかに、負担金と全く同様の意味、内容で用いられているものに分担金があるが、その用語の使い分けは不明確である。この負担金を地方公共団体が支出した場合、監査委員の監査権が及ぶかについては、地方自治法第一九九条第七項（監査委員は、必要があると認めたとき、又は普通地方公共団体の長の要求があるときは、当該普通地方公共団体が補助金、交付金、負担金、貸付金、損失補償、利子補給その他の財政的援助を与えているものの出納その他の事務の執行で当該財政的援助に係るものを監査することができる。当該普通地方公共団体が出資しているもので政令で定めるもの、当該普通地方公共団体が借入金の元金又は利子の支払いを保証しているもの、当該普通地方公共団体が受益権を有する信託で政令で定めるものの受託者及び当該普通地方公共団体が第二四四条の二第三項の規定に基づき公の施設の管理を行わせているものについても、同様とする。）の規定を根拠に次の行政実例がある。

○負担金で監査の対象となるものの範囲（昭三一・九・二八自治行発第八二号）

問　第一九九条第六項（現在の第七項）に規定する負担金とは、法令上の義務の有無にかかわらず実質的に財政援助に属するものであれば含まれるか。

答　財政的援助としてなされるものであればお見込のとおり。ただし、財政的援助の実質を有しない単なる会費的なものは含まれない。

○監査の範囲（昭四一・五・二自治行第五六号）

問一　県監査委員は、地方職員共済組合の事務のうち、地方公務員等共済組合法第一一三条の規定に基づき県が交付した負担金に係る出納その他の事務の執行について監査できるか。

二　法定の負担金以外の負担金を交付している場合はどうか。

答一　できないと解する。

二　法定の負担金以外の負担金があるとすれば、それは財政援助と認められるので、監査の対象となると解する。

なお、いずれにしても、先に述べたように負担金の支出は、当該地方公共団体の予算に少なからぬ影響を与えているのが実情である。すなわち、法令等で負担が義務づけられている経費にあってはいわゆる超過負担の問題があり、任意の負担金の場合は、内容が不明確な団体等の会員として、その維持運営のための負担金という名目で会費を支出している例もみられる。これらについては予算編成の際に十分検討を加えて、整理を図るべきであろう。なお、都道府県においては、知事会の承認のない団体、協議会等については、負担金、分担金を支出しないという合意により運用されているものがある。

(2) 補助金

一般的には特定の事業、研究等を育成、助長するために地方公共団体が公益上必要があると認めた場合に反対給付を求めずに支出するものである。

補助金は本来、地方公共団体が独自の判断によって支出する直接補助が多いが、一方では国の施策に基づき（市町村が都道府県の施策に基づいて行う場合もあるが）国から補助を受けて地方公共団体が間接的に補助をする場合もある。

補助金には法令に基づくものと予算措置によって行われるものの二種類があり、いずれも後述するような制限に反しない限り支出することは可能である。

補助金として支出されるものは、その名称を、例えば奨励金、助成金等といったものでもその実質が補助金と同様のものを計上することになる（寄附金は第二五節「寄附金」による。）。

補助金を地方公共団体が支出するに当たっては規則、要綱、規程等を制定したうえで手続を明確にすることが求められる。参考までに国における補助金に関する規定について見ると、国においては「補助金等に係る予算の執行の適正化に関する法律」が制定されている。この法律を適用することとしているのは「補助金等」と総称しているが、具体的には次のようになっており、地方公共団体も同様の範囲を補助金の節から支出することになると解される。

①　補助金

国が相手方の行う事業や事務に対して、これを助成するためあるいは奨励するために、財政的な援助として国が相当する反対給付を受けないで相手方に対して給付する給付金

②　負担金

相手方が行う事務や事業につき国も一定の義務あるいは責任があるので、その程度に応じて国が相当の反対給付を受けないで相手方に対して給付する給付金

③　利子補給金

資金の融通を受けて行う事務や事業の助成、育成のために資金の融通を行う者に対して当該融通資金に係る利息の全部又は一部に相当する額を、国が相当の反対給付を受けないで給付する給付金

④　その他政令で定めるもの

補助金、負担金又は利子補給金という法律の規定あるいは予算科目の名称の経費である限り補助金に係る予算の執行の適正化に関する法律が適用されるが、これらの名称によらない経費で相当の反対給付を受けない給付金という性格のものも多く、その性格から、このような経費も同法を適用すべきであるため、その経費が具体的に同法の施行令で指定されている（激甚災害に対処するための特別の財政援助等に関する法律第三条第一項及び第四条第五項の規定による交付金、科学技術試験研究委託費等）。

補助金の支出において留意すべき点の一にその支出の所属年度区分とこれに関連した履行確認あるいは額の確定がある。

補助金の支出は、まず、被補助者の申請に基づいて交付決定を行い、その補助事業の完成を待ってその額を確定し、実際の現金が支出されることになるのが通常である。その場合、支出の特例（前金払、概算払）によるときは歳出の所属年度区分は地方自治法施行令第一四三条第一項第五号により行われることとなるが、通常の場合は、同令同項第四号、すなわち「補助費の類で相手方の行為の完了があった後支出するものは、当該行為の履行があった日の属する年度」によって区分されることとなる。

すなわち、補助金の支出に当たっては、事業の完了後被補助者に実績報告書の提出を義務づけているのが通常であり、これを求めて当該補助金の額の決定を行って補助金を支出することになるが、この場合、当該事業が履行されたか否かは三月三一日までにその履行が確認されれば実績報告が四月、五月に提出されても、当該年度の予算から支出できるということである。したがって、履行の確認は慎重に行う必要がある。

次に補助金の支出に当たって注意すべき点に、憲法第八九条あるいは地方自治法第二三二条の二（寄附又は補助）により支出が制限されるということがある。

まず、憲法第八九条は、「公金その他の公の財産は、宗教上の組織若しくは団体の使用、便益若しくは維持のため、又は公の支配に属しない慈善、教育若しくは博愛の事業に対し、これを支出し、又はその利用に供してはならない。」と規定している。昭和三八年の地方自治法の改正前は第二三〇条に憲法第八九条と同様の規定をおいていたが、憲法に同様の規定があることから改めて地方自治法で規定するまでもないということで削除されたものであり、憲法第八九条の「公金その他の公の財産」とは、国又は地方公共団体のそれをいうものと解し、地方公共団体についても憲法のこの規定が適用されるものである。

公金の支出に係る行政実例をみると、まず「宗教上の組織若しくは団体の使用、便益若しくは維持のため」に支出することは禁止されていることから、「護国神社に対して供物料の贈呈若しくは祭祀料として公金を支出すること、護国神社奉斎会に対して護国神社供物料の支出若しくは奉斎会分担金として公金を支出することはできない」（昭三九・五・四）、「社団法人自転車振興会連合会内宝輪観世音建立事務所からの寄進申入れに応ずることは憲法第八九条に抵触する」（昭二八・七・二）、「市長名で神饌幣帛料を支出することは憲法第八九条に抵触する」（昭和二八・一一・九）等が見受けられる。

ただ、「耐火建築促進法第四条の規定に基づき指定された防火建築帯内における宗教団体の建築物に対する補助が他の一般建築物と同様の基準又は取扱いによってされる限り抵触しない」（昭三〇・一・六）、「観光施設として観音像を建立することは、宗教的行為が伴わない限り抵触しない」（昭三二・一二・二三）等の行政実例から推察すると、宗教行事としての性格を考える余地のない行為、あるいは、その団体に対する公金の支出は憲法第八九条の問題は生じないと解される。

次に、憲法第八九条は、「公金その他の公の財産は、……公の支配に属しない慈善、教育若しくは博愛の事業に対し、これを支出し、又はその利用に供してはならない。」と規定している。ここで問題になるのは、「公の支配」の概念である。これについて行政実例としては、「私立学校法第三条の規定によって学校法人が設置する幼稚園は公の支配に属し、補助金を支出することができる」（昭二七・一一・一三）、「理容師、美容師養成所について、理容師法、美容師法上は、国又は地方公共団体の特別な監督に服しているものでないので、公の支配に属しているものとは解されない」（昭三四・五・二八）等がある。これらの考え方の基本ともなるのは、昭和二四年に出された法務調査意見長官の回答で、これを抜粋すると次のように述べている。

「憲法第八九条の趣旨を考察すると、……公金がこれらの事業を援助するという美名の下に濫費されること、公の機関がこれらの事業に不当な干渉を行なう動機を与えること……がそれである。こうした事態は回避せねばならないので憲法はこれらの事業に対する公金その他の公の財産の支出、利用を禁止しているのである、これに反して、これらの事業のうちには、官公立のものも存在しているように公の機関がこれらの事業を行うことは何等差し支えなく……、右に述べた趣旨からすれば、憲法第八九条にいう『公の支配』に属しない事業とは、国又は地方公共団体の機関がこれに対して決定的な支配力を持たない事業を意味するのであると解する。換言すれば『公の支配』に属しない事業とは、その構成、人事、内容及び財産等について公の機関から具体的に発言、指導又は干渉されることなく事業者が自らこれを行うものをいうのである。」

この趣旨をさらに具体的に行政実例からみると、次のものがある。

○日赤募金への公金の支出（昭二八・六・八）

問　日赤募金の割当額を、次の場合に、日本赤十字社法第三九条の補助金として市町村の公金中から支出できるか。

一　日赤募金の使途が包括的な日赤業務である場合

二　日赤募金の使途が特定の施設又は設備の整備である場合

答　日赤に対する市町村の補助は、日本赤十字社法第三九条の規定によるべきものと解する。なお、日赤の一般募金は、必ずしも同条の規定に該当するものとは認め難く、募金の性質及び地方財政法第四条の二の趣旨にかんがみても、町村費をもって支出することは適当とは認め難い。

○遺族会に対する補助（昭二七・三・一三）

問　戦没遺家族の相互扶助を目的とし遺族をもって組織された遺族会が、平和国家の再建に寄与しようとする趣旨の下に平和塔の建設を計画し、町においてもこの種施設の必要を感じているので、建設後はこれを町に寄附し町の管理に属させる意図で、町有公園内に建設を許可するとともに、補助金を支出することは、旧第二一二条、旧第二三〇条の規定に抵触するか。

答　抵触しないものと解する。

これらの行政実例等から判断するに、仮に、慈善、博愛、教育等の事業を行う団体等に補助金を支出しようとして、それらに係る法律も特に存しない場合に、当該地方公共団体の条例、規則に先の法務調査意見長官回答で述べているような監督規定をおいた場合、それらの団体は公の支配に属していることになるかという点については、条理上無理があり、たとえそのような条例、規則ができても当該地方公共団体は補助金を支出することができないものと解される。

次に地方自治法第二三二条の二の要件についてみるならば、同条は、公益上必要がある場合に限って補助することができると規定している。ここで「公益」とは、社会的見地からケースバイケースで判断せざるを得ないものであるが、補助金を支出するに当たってその認定は誰がするのかについては、「公益上必要かどうかを一応認定するのは長及び議会であるが、公益上必要であるかどうかの認定は全く自由裁量行為ではないから、客観的にも、公益上必要であると認められなければならない。」（昭二八・六・二九）とする行政実例がある。

なお、本条に係る行政実例のうち主なものを掲記すると次のものがある。

○地方自治法第二三二条の二の規定に基づく「公益上必要か」どうかの認定（昭四五・九・二五）

問一　予備費を充用して、予算に計上されていない事業に対し補助金を交付した場合、これが客観的に公益上必要と認められるものでも、「公益上必要があるかどうか」につき議会の認定を受けていないものとして、行政実例（昭二八・六・二九）に照らし適切を欠くものと解してよいか。また、このような場合、事前に議会の認定を受けるべきものとすれば具体的にどのような手続によるべきか。

二　予算計上の範囲内において、執行の際に補助対象事業、補助金額等が具体的に決定されて交付される補助金（多数の団体を対象とし、申請に基づき必要性を勘案して交付決定するもの）は、その具体的決定の際に議会の認定を受けるべきものとなるのか。

答一　前段　予備費の充用により補助金を支出することについての議会の適否の認定は、決算認定等に当たり行われるべきものと解する。

後段　前段により承知されたい。

二　予算審議の段階において包括的になされるべきものと解する。

○予算の執行と事項別明細書（昭四三・一・二〇）

問　同一節内において、事項別明細書に記載されている団体以外の団体に補助金を支出することは適法か。

答　当該補助金の目的や支給条件に適合している場合においては、事項別明細書に記載されていない団体に補助金を支出しても差し支えない。

(3)　交付金

法令又は条例、規則等により、団体あるいは組合等に対して地方公共団体の事務を委託している場合において当該事務処理の報償として支出するものであり、委託金が法令の規定又は私法上の契約による行政事務執行上の委託であるのに対し、本節はもっぱら報償として一方的に交付される点において異なるものである。例えば、都道府県が市町村に対して交付する外国人登録市町村交付金、自衛官募集市町村交付金、特別徴収義務者関係交付金等がある。なお、都道府県から市町村に対して交付される地方消費税交付金、ゴルフ場利用税交付金、利子割交付金等は、この課目により処理される。

次に本節に係る運用例を見てみよう。

〔運用例〕

《消防団運営のための交付金の支出費目》

問　非常勤消防団員の運営の円滑を図るため、消防団に左記の支出費目による交付金を支出することはどうか。

（款）消防費（項）消防団費（目）負担金及び補助金（節）負担金、補助及び交付金

答　消防団は、消防組織法により市町村の機関である（同法第九条、第一五条）ので、その運営に関する必要経費については、交付金等によることなく、その団体の機関の経費として、予算に計上して執行すべきものである。

《職員互助会等に対する負担金》

問　地方公共団体で任意に設置している職員互助会等に対する負担金の支出科目は何がよいか。

答　毎年一定額を支出するなど補助的色彩の濃いものについては、負担金、補助及び交付金として支出することになるが、その支出の当否は十分検討する必要がある。

《主務課長会議等の分担金の支出費目》

問　都市職員の主務課長（又は主任者）会議等の分担金の支出科目は何がよいか。

答　負担金、補助及び交付金が適当である。

《町内会費の支出の可否》

問　**1**　町内会費（庁舎所在地の町内会費）を支出することの可否。

2　支出できるとすればどの支出科目が適当か。

答　**1**　市が一法人として当該町内会の構成員となっている限り、その会費を支出することは禁止されるものではないが、一般的に市が当該団体の住民と同様に町内会の会員になるということは想定されない。

2　仮に会費を支出するとなれば、その費目は「負担金、補助及び交付金」から支出することになる。

《未入居市営住宅の電気料の自治会長への支払い》

問　当市の市営住宅の一部が未入居となっている。このたび市営住宅の居住者の組織の代表である自治会長から「共用設備の電気料に係る経費負担に関する協定」に基づいて、未入居部分に係る電気料相当額の支払請求が出された。この場合の支出科目は何が適当か。

答　設問の協定の内容が明らかではないが、「共用設備の電気料に係る経費負担に関する協定」を、市長と当該市営住宅の居住者の代表者との間で、市が当該住宅に保有している未入居住宅に係る共用設備の電気料の経費負担について締結したものと考えると、支出科目は負担金、補助及び交付金が適当である。

《花火大会への分担金の支出》

問　盛大な花火大会が多くの機関の共催により当市で実施されることになった。実行委員会のメンバーは規約等により年会費を支出するが、当市ではこの年会費とは別に分担金の支出を考えている。この場合の支出科目は何が適当か。

答　年会費については「負担金、補助及び交付金」が適当である。また、設問の分担金については一種の補助金の支出となるので、地方自治法第二三二条の二の規定により、公益上の必要があれば行うことができる。この場合は補助金交付要綱等によることとなるので実行委員会から市に対して申請の手続を行う必要がある。

なお、この分担金についても、「負担金、補助及び交付金」が適当である。

《全国的な協議会の会費の支出科目》

問 全国的な協議会である○○会に参加しているが、会費の支払の支出科目は何が適当か。またその際、注意することはあるか。

答 地方公共団体は、必要があると判断される場合に全国的な協議会である○○会等に加入することができるが、この場合、会員は規約等に基づいて「会費」を支払う義務を負うことになる。会費は、単に請求があったから支払うというものではない。所要の予算措置がなされたうえ、支出負担行為を行う際には、①規約又は会則、②事業計画書、③役員名簿、④予算書、⑤決算書などにより、確認が必要である。なお、会費の支出科目は「負担金、補助及び交付金」が適当である。

《講習会の資料代、テキスト代等の参加費用の支出科目》

問 **1** 講習会、研究会などに出席参加する場合の資料代、テキスト代としての参加費を徴収される場合の支出科目は、次のいずれか。

① 第一八節「負担金、補助及び交付金」

② 第一〇節「需用費」

2 また資料代、昼食代、見学費等を含めて参加費を徴収される場合は、

① 「負担金、補助及び交付金」で支出すべきか。

②　それぞれの金額が分かっていれば、それぞれの支出科目を考えなければならないか。

答　1　②の需用費が妥当である。

2　費用の内訳が示されず、参加費として一括して徴収される場合は、①によることとなる。昼食代、見学費は、開催趣旨や、その内容にもよるが、一般的には参加者において負担することが適当である。

《国有資産等所在市町村交付金の歳出科目》

問　国有資産等所在市町村交付金法第二条第一項の規定に基づき、国有資産等所在市町村交付金を支出する場合の歳出科目は何が適当か。

答　「負担金、補助及び交付金」から支出するのが適当である。

《国直轄事業の負担金の支出科目》

問　国土交通省が行う河川改修事業に伴う補償工事としての橋りょう架け替え事業に対する町の負担分は橋りょう新設改良費の「委託料」として計上すべきか。又は「負担金、補助及び交付金」として計上すべきか。町の負担分は総事業費の一〇パーセントないし二〇パーセント程度である。

答　委託料は、各種事務事業の委託に対する対価として支払われる経費である。設問の場合は、河川改修事業に伴う補償工事として橋りょうの架け替えが行われるのであって、貴町が行うべき事業を他の者に委託して行うのとは異なる。したがって、国が行う河川改修事業についての受益者負担金として、当該事業に要する経費の一部を町が負担するものと考えるので、「負担金、補助及び交付金」として計上することが適当である。

《小・中学校の教職員の研修旅費の支出科目》

問　地方教育行政の組織及び運営に関する法律第四五条の規定によって、町の教育委員会が自主的に小・中学校教職員の研修を行う場合、町費で負担する旅費は、教育総務費の事務局の「旅費」から研修旅費として支出すべきか。

それとも市町村立学校職員給与負担法の関係からして事務局費の「負担金、補助及び交付金」から支出すべきか。

答　設問の旅費は市町村立学校職員給与負担法により、都道府県の負担とされている。したがって市町村立学校職員給与負担法の関係から市町村が旅費として支出することはできない。しかし、町主催の研修に参加するのを奨励する趣旨で、当該教職員に助成するものであれば、予算計上は「負担金、補助及び交付金」となる。

《研修旅費の支出科目》

問　農村青少年活動促進費補助金の交付を受けて実施している事業において、これに参加している研修生を引率して先進他団体の施設を見学研修させる場合、この研修生に支給する旅費はどの節に計上するのがよいか。

答　当該研修生の旅行に要する経費を全額支給するものであれば第八節「旅費」に計上すべきであり、また、旅行に要する経費の一部を定額又は定率で支給するものであれば、第一八節「負担金、補助及び交付金」に計上することになる。

《シンポジウムの参加費（意見交換会費）の支出》

問　シンポジウムの開催通知に「参加費（意見交換会費として）」とあり、納付するよう記載されている。この場合の支出科目は何が適当か。

答　シンポジウムへの参加費は、「負担金、補助及び交付金」が適当だが、シンポジウム終了後に開かれる意見交換会への公費支出は、公務との関係性を十分検討する必要がある。

《学会のシンポジウムへの非会員としての参加経費の支出科目》

問　日本学術会議の会員学会である○○学会のシンポジウムが他市で開催される。当市の職員の中には○○学会員はいないが、公務上の必要性から職員を参加させたいと考えている。この場合の支出科目は何が適当か。

答　学会への参加のための旅行に要する経費は「旅費」となるが、シンポジウム参加費用を参加費又は分担金等として徴収されるものであれば、「負担金、補助及び交付金」で支出することになる。

《中高年齢等失業者の職業訓練期間中に支給する生活保障のための経費の支出科目》

問　中高年齢等失業者の就職促進のため、職場適応訓練を目的として、六か月以内を限り、民間事業主に委託し、その期間中当該失業者に対し、生活保障のため、基本手当、扶養手当、技能習得手当等を支給しているが、この支出科目（節）は、第七節「報償費」、第一九節「扶助費」、第一八節「負担金、補助及び交付金」のいずれが正しいか。

答　第一八節「負担金、補助及び交付金（補助）」が適当である。

《講習会受講料の支出科目》

問　庁舎暖房用ボイラーの取扱職員を日本ボイラー協会が主催する取扱者講習会に出席させることとしたところが、受講料及びテキスト代として、一万円を要することになった。この支出科目は何がよいか。

答　第一八節「負担金、補助及び交付金（負担金）」が適当である。

《心身障害者保険扶養制度の被保険者が障害の状態となった場合の給付金の支出科目》

問　心身障害者保険扶養制度を市で実施する場合、被保険者が死亡又は障害の状態になったとき、月額二万円程度の額を年金として支給する場合の支出科目は第一九節「扶助費」か、第七節「報償費」、又は第一八節「負担金、補助及び交付金」のうち、いずれによるべきか。

答　「負担金、補助及び交付金（交付金）」が適当である。

《農業後継者に対する結婚祝金等の支出科目》

問　次の歳出予算の節区分は何がよいか。

①　農業後継者の結婚難を解消するため事業の一環として婚姻した者に対し祝金を贈る場合の支出科目

②　学校の工作実習の際のセメント、木材、釘等の材料購入費

答　①については、結婚を奨励する意味で祝金を支出するのであれば第七節「報償費」が適当であるが、結婚生活の財政的援助を目的とする場合は、第一八節「負担金、補助及び交付金（補助金）」とすることも考えられる。②については、第一〇節「需用費（消耗品費）」が適当と考える。

《受講料の支出科目》

問　講習会の受講料の支出科目の分類について。

①　廃棄物の処理及び清掃に関する法律第二一条による技術管理者の資格取得のための認定講習に対する受講料

②　環境衛生関係営業指導職員講習会に対する受講料

答　①②いずれも第一八節「負担金、補助及び交付金（負担金）」が適当である。

《保険会社へ納入する保険料の支出科目》

問　「心身障害者保険扶養制度」を市で実施する場合、市が市長名で保険会社と団体契約を締結し、心身障害者の保護者が同保険に加入、毎月掛金を市に納入、生活保護家庭については掛金の全部又は一部を市が負担し、掛金（保険料）を一括取りまとめ、保険会社に納入する場合は、第一一節「役務費（保険料）」か、第一八節「負担金、補助及び交付金」とすべきか。

答　心身障害者保険扶養制度は、当該地方公共団体の事務として実施されているものである。その歳出予算に係る節の区分は第一八節「負担金、補助及び交付金」（説明は心身障害者保険扶養負担金）とすることが適当と思われる。

《国民健康保険事業直営診療勘定への保険給付費の支出科目》

問　国保事業直営診療所で本市の国保被保険者が診療を受けた場合の歳出科目は、第一八節「負担金、補助及び交付金」が適当か。

答　お見込みのとおりである。

《遊戯講習会受講料の支出科目》

問　保育園の保育士が舞踊研究所等の指導による保育遊戯講習会に参加し、講習を受けた場合の受講料の支出科目は何がよいか。

答　遊戯講習会の実施を主催者がどういう形で行うかが問題であるが、一般的には何らかの金を徴して指導がなされれば第一一節「役務費」で、保育士達が集まって、講習会を開くこととし、ここに講師を招くといったものであれば、第一八節「負担金、補助及び交付金」から支出することが適当である。

《報償費は資金前渡できるか》

問　本市では国民体育大会の出場選手に旅費の一部を謝礼として報償費（節）から支出しているが、地方自治法施行令第一六一条第一項第七号の規定を適用してよいか。

　また、市民体育大会が催され、それに参加する団体には参加費として一団体〇〇〇円として諸経費を要する意味で報償費（節）から支出して差し支えないか。

答　一般に、報償費は資金前渡しても差し支えないものであるかということならば、地方自治法施行令第一六一条第一項第七号の規定に該当する経費として可能である。

　しかし、設問の経費について謝金として、あるいは参加に要する諸経費の一部として報償費から支出することについては、例えば講演等の謝金や人命救助に対する謝礼、あるいは奨励的性質を有する市町村民税等の納期の到来前に納付した者に交付する報奨金のようなものとは、その支出目的等から考えて本質的に異なっていると思われる。

したがって、これらの経費について、市で負担しなければならないものであるならば、むしろ補助金として予算措置したうえで、支出すべきものと考えられる。

《病害虫防除代金の支払方法》

問　市町村において水田に空中からヘリコプターによる病害虫防除のため薬剤散布を行っているが、この防除代金の支出科目は、次のうちいずれが適当か。

①　第一〇節「需用費」

②　第一八節「負担金、補助及び交付金」

なお、請求名称は、賦課金となっている。ヘリコプターの借上げは補助金で充当し、耕作者への請求金額は、プール計算により薬剤代の実費である。

答　実施方法で異なるが、市町村自らが行う場合は、第一三節「使用料及び賃借料」によりヘリコプターを借り上げ、薬剤を第一五節「原材料費」で支出することになる。また、実施主体が別にあるときは、当該主体に補助金を出すこととし、第一八節「負担金、補助及び交付金」から支出する。さらに薬剤散布を請け負わせる（委託）こととすれば、第一二節「委託料」から支出することになる。

《予防接種事故に対する医療費等の支出科目》

問　予防接種事故に対する緊急の行政措置として医療費、後遺症の一時金、弔慰金の支給が実施されたが、これらの支出科目について説明されたい。

答　予防接種法第二条第二項では、予防接種を行う対象疾病をあげており、市町村長の行うべき予防接種としては、

①　保健所長の指示に基づき行う定期の予防接種

②　都道府県知事が市町村長に行わせる臨時の予防接種

の二点を規定し、これらの予防接種については、国民に接種を受けることが義務づけられ、そしてその義務違反については罰則が適用されることになっている。一方、予防接種法に基づく強制的予防接種のほか、日本脳炎、破傷風等については、随時、市町村が実施主体となり予防接種を行っているが、これは一般の医師によっても行われる任意的な予防接種である。

ところで、予防接種により生ずる人身事故の措置については、予防接種法上なんらの規定がなく、もっぱら、国家賠償法又は民法の問題とされている。すなわち、義務的予防接種における事故については国家賠償法が適用されることは明らかであり、他の場合は、原則として民法上の問題となる。

さらに、その事故が、何人かの故意過失に基づく不法行為により生ずる事故というより現在の医学の水準の下では相当の注意を払っても発生したといえるものがあり、これについては何らかの見舞金を支出すべく、国の方針に基づき、国、県及び市町村がそれぞれ負担して一定の金額を支出する措置がとられることになった。この場合、市町村が当該被事故者に対し支出することになるが、この場合の支出科目は、純粋な損害賠償であるとはいいきれず、したがって、第一八節「負担金、補助及び交付金」に計上支出することで差し支えないと考えられる。

《運転免許自主返納者へのバス回数券交付費の支出費目》

問　本市では、運転免許を自主返納した高齢者にバス回数券を交付している。この回数券の支出科目は何が適当か。

答　高齢者に運転免許の自主返納を奨励する意味でバス回数券を交付する場合は、第七節「報償費（報奨金）」とすることが適当である、運転免許を自主返納した高齢者の交通手段に対して助成する意味であれば、第一八節「負担金、補助及び交付金（補助金）」が適当であると考えられる。

第一九節　扶助費

本節は、社会保障制度の一環として生活困窮者の最低限の生活維持を図る目的で支出される経費である。

生活保護法に基づく扶助の種類としては、①生活扶助、②住宅扶助、③教育扶助、④医療扶助、⑤介護扶助、⑥出産扶助、⑦生業扶助、⑧葬祭扶助がある。

このほか、身体障害者福祉法、老人福祉法、知的障害者福祉法、児童福祉法等各種の法律により措置される経費あるいは、地方公共団体が単独の施策として行う場合に必要な経費を本節に計上することになる。

生活保護法では金銭給付を建前としているが、保護目的のため必要があるときは、現物給付によっても行うことができることとされているので、生活扶助等において生活必需品等の現物を購入して支給する場合も本節から支出することになる。

また児童福祉施設における給食費、被服費、修学費、就職支度金、連戻費等も本節から支出される。

〈運用例〉

《報償費、扶助費を現物で支出する場合の支出科目》

問　報償費、扶助費を現物で支給する場合の支出科目はいずれか。

答　報償費、扶助費を現物で支給する場合も、それぞれ第七節「報償費」、第一九節「扶助費」が適当である。

《就学困難な児童への給付金の支出科目》

問　市が経済的理由によって就学困難な児童生徒について学用品、修学旅行費を給与する等、就学奨励を行う場合、当該児童生徒の保護者に給与する金銭について、市における支出科目はいずれが適当か。

答　生活保護法、児童福祉法等に基づいて生活困窮者その他社会福祉関係法の救助対象者を救助するための交付金、あるいは地方公共団体が任意に行う生活困窮者、被災者等に対し交付する金銭は、扶助費の科目から支出する扱いにしており、設問の場合も扶助費で支出することが適当である。

なお、支給の方法として資金前渡（自治令一六一Ⅰ⑩）によることは可能であり、一般にこの方法が適当であると考える。

第二〇節　貸付金

金銭の消費貸借契約によって、他人に金銭が貸し付けられるが、このことは、地方公共団体も行い得るところである。

すなわち、地方公共団体は、直接あるいは間接に地域住民の福祉増進を図るため現金の貸付けを行うことがある。

そして、通常、法令又は条例等にその具体的な要件を定めて貸付けが行われているが、この貸付けに当たっては、行政目的の見地から、無利子か又は市中金利に比べて低利のものであり、またその償還期間も長期としている例が多い。

法令に根拠をおく貸付金の例としては、農業近代化資金融通法による農業近代化資金、母子及び父子並びに寡婦福祉法による母子家庭等に対する資金の貸付け等、土地区画整理法に基づく土地区画整理組合に対する資金の貸付け等があり、また、地方公共団体も独自に育英資金、交通事故被害者に対する一時貸付金の制度を創設している。

これらの貸付金は、補助金が地方自治法第二三二条の二の規定により、公益上必要がある場合に補助をすることができるという制限があるのに対し、特にそのような制限はないが、地方公共団体の存在意義から考えて条理上の限度はあるところである。

貸付金は契約によってその具体的な事務が進められるもので、条件に従って返還された金は諸収入に計上されることになる。

地方公共団体が財政的援助として貸付けを行っているものに対しては、監査委員は、その出納その他の事務の執行状況を監査することができるものである（自治法一九九Ⅶ）。また、地方公共団体が貸付金を貸し付ける場合、市中金利より低いものではあっても利息を附する例があるが、規定において特別の事情があるときは利子を附さないことができる旨を定めているときに、具体的な契約で利子を附さないと約定することが、地方自治法第九六条第一項第一〇号にいうところの議会の議決を要する「権利の放棄」に当たるかという問題があるが、そのような約定をすること自体、具体的に生じた権利を放棄する以前の行為であって、これには該当しないものと解する。ただ、利子を附する旨を約定し、具体的に利子を附して償還させる時点において、当該利子を地方公共団体が放棄するという場合には、同条同号の「権利の放棄」の問題として各々議会の議決を経なければできないものである。

なお、定期預金と貸付金はその性質、目的が異なるものであるから、それらは明確に区別される必要がある。すなわち、預金であれば、通常、歳計現金の保管の一形態であるから、予算措置をする必要はない。しかし、政策目的のために、金融措置を講ずるには、歳入歳出予算に貸付金、償還金として計上する必要がある（昭三三・三・一四通知）。

これらの貸付金の運用に当たっては、地方自治法第二四一条の規定に基づく、定額の資金を運用するための基金の活用が考えられる。

○地方公共団体における公金の取扱（昭三三・三・一四通知）（抄）

八　従来一部の地方団体において、例えば中小企業、農林水産業に対する対策として金融の円滑を図る目的をもって、出納長（現行法では会計管理者）等の責任において、その保管に属する現金の預託を行う例がみられたが、公金保管の重要性に鑑み、別紙第三「地方公共団体における公金の取扱いについて」により、この種政策目的のために金融措置を講ずるには、歳入歳出予算に貸付金、償還金として計上することを建前とせられたいこと。

別紙第三

二　出納長（現行法では会計管理者）等の権限と責任の下になされる公金の保管は、安全確実を絶対的条件とし、かつ、当該地方公共団体の支払に即応できるような形において行われるべきものであるから、出納長（現行法では会計管理者）等が行う保管の形式のうち最も適当と認められるのは確実な金融機関に対する預金の方法によることである。この場合、金庫銀行（現行法では指定金融機関）以外の金融機関に預金しようとするときは、さきの通知（昭和二五年八月五日発連第四二七号都道府県知事あて地方自治庁次長）に示すところに従い長の承認を得なければならないが、預金先は、資本金、職員構成、支店、出張所の組織、業務内容、業務運営適否、信用度等を基礎として慎重に決定することとし、公金保管に係る事務を厳正に行うようにすべきものであること。

三　二に述べたように、公金の保管はもっぱら安全確実を期すべきものであって、特定の政策目的を達成することとなるもの例えば中小企業、農林水産業等に対する対策として金融の円滑を図るためにする預託等は、出納長（現行法では会計管理者）等の権限としての現金の保管とは、その性質上明らかに区分して取り扱われるべきものであるから、歳入歳出予算に貸付金として計上支出するようにすべきであるように、出納長（現行法では会計管理者）等の責任において特定の政策目的を達成する保管金品を運用することは、法の趣旨に鑑み適当でないので、厳に留意すること。

第二一節　補償、補塡及び賠償金

この節は内容的に三つの細節に分かれる。

(1)　補償金

これは、一般的には、地方公共団体の適法な行政活動により生ずる損失の補償が考えられるが、適法行為に基づく損失補償の原因行為には、財産権に対する侵害を直接の目的とするものと、人の行為に対する規制の結果として、経済的な価値剥奪を生ずる場合の二つに分けることができる。例えば、特定の公共性のある事業を遂行するための準備段階等において、測量、検査、工事などを行うため、一時的に他人の土地への立入り使用（土地収用法一一、道路法六六、河川法八九、土地改良法一一八等）、非常災害時の応急的負担としての他人の土地への立入り使用（災害対策基本法七一、道路法六八等）及び警察緊急権の行使による第三者の土地、物件への立入り使用（消防法二九）の場合につき、損失補償の定めがある。

また、地方公共団体が公益上必要がある場合に、特定人に対して債務を補償（保証）する場合が考えられるが、これについては、次に述べるように法律により制限がある。

すなわち、法人に対する政府の財政援助の制限に関する法律（昭和二一年法律第二四号）第三条は、「政府又は地方公共団体は、会社その他の法人の債務については、保証契約をすることができない。ただし、財務大臣（地方公共団体のする保証契約にあつては、総務大臣）の指定する会社その他の法人の債務については、この限りでない。」と規定している。

すなわち、この法律で制限しているのは法人に対する債務保証であるから、個人に対する債務保証あるいは法人に対しても損失補償をすることは別段の制限を設けていない。また、債務保証に係る総務大臣の指定は、法人についての特定の債務ごとに行われるものである。

ここで損失補償契約と債務保証契約との相違点を略述すれば、次の諸点になるものと思われる。

① 債務保証、損失補償ともに主たる債務とは別個の債務であるという点では共通しているが、債務保証にあってはその債務の内容が主たる債務と同一であるのに対し、損失補償は主たる債務とは直接の関係のない別個の債務であること

② 保証債務に補充性（催告及び検索の抗弁権）があるのに対し、補償債務には補充性がないこと

③ 保証債務は主たる債務の履行遅滞になると直ちに従たる債務としてこれを履行する責を負うことになるのに対し、補償債務はそれが「損失」として認識されるに至ったときに現実の債務となること

④ 保証債務は主たる債務と同一性を有するので、債務者が履行しなかった債務の全て（利息、違約金、損害賠償等を含む。）について責任を負うことになるのに対して損失補償は全く別の債務であるので「損失」の一定割合又はその一部（元金及び利子）とすることができること

⑤ 保証債務の場合には債務の履行により求償権を生ずるが、損失補償の場合にはそれが債務の弁済とならないため、求償権を生じない

この債務保証契約あるいは損失補償契約あるいは補償契約の締結に当たっては予算の存することが必要であり、当該契約の締結権は長の予算執行権に属するものである。これらに係る予算としては歳入歳出予算に

期後の繰上充用は時期を失し違法であり（昭二八・五・二五）、繰上充用は少なくとも会計年度経過後、一般的には出納整理期間中に行うのが原則である（昭二八・六・二四）としている。

翌年度歳入の繰上充用の予算措置は、翌年度の予算に補正予算として計上されることになるが、この場合の予算科目は、歳出は（款）繰上充用金、（項）繰上充用金、（目）繰上充用金、（節）補償、補塡及び賠償金（昭四一・六・二行実）、歳入は前年度の未収金をまず充て、なお不足するときは、地方税その他の一般収入により充てることとなる。

繰上充用した場合には、当該年度の決算書の欄外に歳入不足額を繰上充用金をもって充てた金額を記載することとなる。

(3) 賠償金

主に違法な行為により、他人の権利を侵害して損害を与えた場合に、その損害を補塡するために支払う金額をいう。

公法上の賠償金と私法上の賠償金の二つがあり、前者は地方公共団体の公権力の行使に当たる職員が、その職務を行うについて、故意又は過失により違法に他人に損害を与えたとき、あるいは公の施設の設置又は管理に瑕疵があったことにより他人に損害を与えたとき、地方公共団体がその責任を負って賠償金を支払い、後者は地方公共団体が私人と対等の立場において、違法に他人の権利を侵害した損害を補塡するために地方公共団体が賠償金を支払う場合である。

地方公共団体がある契約を締結し、当該契約の不履行のために相手方に損害を与えた場合、あるいは職員が自動車の運転を誤り交通事故を起こし、被害者に地方公共団体が損害賠償金を支払うこと等が考えられる。

地方公共団体が被告となった裁判の判決によって賠償額が確定した場合は別として、地方公共団体が当事者となって損害賠償の額を決定するときは地方自治法第九六条第一項第一三号の規定により議会の議決を必要とする。

特に問題なのは、交通事故等で地方公共団体が加害者の場合、損害賠償の交渉が長びくことによる被害者の生活への影響が考えられる。そこで何らかの方法がないかということであるが、昭和四二年八月七日の行政実例によれば、法律上賠償責任のあることが明らかであるならば、地方自治法施行令第一六二条第六号の規定に基づき、規則で定めて損害賠償金の概算払をすることができるとしている。

そして、概算払をするに当たっては、地方自治法第九六条第一項第一三号の議決を経ずに相手方との話合いがまとまり損害賠償額が決定できる段階で議決を得ればよいとした。さらに概算払の精算は、地方自治法施行令第一四三条第二項の旅費に係る場合を除いて、当該年度において行わなければならないところ、交通事故による賠償金の概算払の場合、損害賠償額が決定してから精算を行うこともやむを得ないと解されている。

〔運用例〕

《証人訊問のため裁判所に納入する予納金の支出費目》

問　選挙無効取消事件係争中の証人訊問の裁判所に納入する予納金はどの支出科目で支出すべきか。

答　「補償、補填及び賠償金」の節に計上するのが妥当と考える。

《修理に要した経費の支出科目》

問　市の消防車が火災現場に向かう途中、過失により他人の塀に衝突し損害を与えた場合、示談により塀を元どおり復旧することで双方解決し、市は業者に修理を依頼し、塀を元どおりに復旧した。この修理に要した経費はいずれの科目から支出したらよいか。

答　性質上、第二一節「補償、補塡及び賠償金」から支出すべきである。

《違約金の支出科目》

問　村費の償還金の払込みを失念し、期日経過後払い込んだため、違約金を徴せられたが、この違約金の支出科目はなにか。

答　第二一節「補償、補塡及び賠償金」から支出すべきものである。

《予定した意見交換会会場の取消料の支払》

問　当市では○○委員会の意見交換会を予定していたが、都合により中止することにした。その際、予約先会場から取消料の支払を請求された。この場合の支出科目は何が適当か。

答　「補償、補塡及び賠償金」から支出すべきである。なお、契約内容に「取消料」についての約定がある場合は別として、取消料の内容、つまりどの範囲までが含まれるかということについては疑義の生じることのないように十分協議する必要がある。

《契約保証金の支出科目》

問　地方公共団体が請負をする場合に契約の相手方から契約保証金の納付を要求された。契約不履行が予想されない地方公共団体において契約保証金を納付することは差し支えないか。また、この場合の支出科目は何が適当か。

答　請負契約の相手方が地方公共団体であれば、当該地方公共団体は、契約保証金の納付を免除することが適当であるが、相手方が私人であれば、契約により契約保証金を納めることとする取扱いをすれば納めなければならない。地方公共団体が契約保証金を納める場合の支出科目については、（款）諸支出金、（項）○○○保証金、（目）○○○保証金、（節）補償、補填及び賠償金が適当である。

《火災により電話施設を破損した場合の支出科目》

問　火災等の事故により日本電信電話株式会社より借り受けていた電話器並びに附属する設備関係を破損した。このため損害賠償の名目で請求を受けた時の支出科目は修繕料もしくは賠償金か。

答　第二一節「補償、補填及び賠償金」が適当である。

《ガス管等の移設費の支出科目》

問　市が公共下水道を敷設するに当たり、道路の地下に埋設されているガス管、電話線、水道管等を移設させる必要が生じた場合、その経費は、次のうちいずれの費目から支出されるのが適当か。なお、移設工事はガス会社、日本電信電話株式会社、水道局等で施工し、その経費は市が負担する。

①　第一八節「負担金、補助及び交付金」
②　第二一節「補償、補塡及び賠償金」
③　第一四節「工事請負費」

答　②の「補償、補塡及び賠償金」が適当である。
　なお、仮払費用の予納金は本節から支出するのが適当である。

《源泉徴収ミスに伴う延滞税及び不納加算税の支出科目》

問　市が委託料や役務費を支払う場合において、源泉徴収が必要であったが誤認して行わなかった。この源泉所得税の徴収漏れに伴い、市は国に対して、源泉所得税と、国税通則法に基づく延滞税及び不納付加算税を支払うこととなるが、この際の歳出科目は、第二二節「償還金、利子及び割引料」、第二一節「補償、補塡及び賠償金」のいずれとすべきか。

答　市の過失により本来源泉徴収すべき所得税を源泉徴収しなかった場合、結果として国に損害を与えたことになる。そのペナルティとして源泉所得税に加えて延滞税及び不納付加算税を支払う場合は、国の損害を補塡するという趣旨になると考えられるので第二一節「補償、補塡及び賠償金」が適当と解する。

第二二節　償還金、利子及び割引料

本節は内容的に五つに分かれる。

(1)　償還金

地方公共団体は、予算の定めるところにより、地方債を起こすことができるものとされているが、地方債の元金償還金及び税収入等の還付金は本節に計上される。

税収入及び税外収入の還付金とは、誤納又は過納によって生じた払戻金をいうのであるが、誤納は、錯誤によって納税（入）義務者でない者から収入したものをいい、過納は、正当な納税（入）義務者から納付（入）すべき金額以上の金額の納付（入）があったものをいうものである。

これらの誤納又は過納となった金額を払い戻すときは、支出の手続の例により、これを当該収入した歳入から戻出しなければならない（自治令一六五の七）とされているが、これができる期間は出納閉鎖期日の五月三一日までであり、出納閉鎖後に係る戻出金については現年度の歳出としなければならない（自治令一六五の八）ものであり、したがって、本節に計上されるこれらの払戻金は、当該年度中に発生した過誤納となったものを当該年度に戻出するものでなく、出納閉鎖期日をすぎて戻出する当該年度以前の過誤納となった戻出金である。

地方税の過誤納金については、地方税法第一七条の二に特別の規定があり、過誤納金を還付する場合、その還付を受ける者の未納に係る地方公共団体の徴収金があるときは、過誤納金をその地方公共団体の徴収金に充当しなければならないとされている。出納閉鎖後において過誤納金を充当する場合には、償還金として歳出予算に計上し、支出の手続をとったのち当該納入者の未納に係る地方公共団体の徴収金に充当する手続をとることになる。

(2)　小切手支払済償還金

地方公共団体における支払は、公金振替書を交付する場合を除き、原則として現金の交付に代え指定金融機関等を支払人とする小切手を振り出して行う。したがって、地方公共団体から振り出された小切手の所持人は、小切手の振出し日付から一年を経過しない場合は、いつでもその支払を受けることができる。そして、小切手の振出し日付から一年を経過し、まだ支払を終わらない金額に相当するものは、これを当該一年を経過した日の属する年度の歳入に組み入れなければならないとされている。

この歳入の組み入れた時点については、小切手振出し日付から一年を経過した日において小切手ごとに個々にこの日の属する歳入とするものである。歳入に組み入れる手続としては、調定をした後に（款）諸収入、（項）雑入、（目）小切手未払資金に組み入れることとなる。

また、会計管理者の振り出した小切手の所持人は、その振り出した日から一年を経過して、なお、その支払を受けていない場合は、地方公共団体に対して利得償還請求をすることができることとされ、この請求を受けたときは会計管理者はその内容を調査して償還しなければならない（自治令一六五の五）ものとされており、当該償還金が本節に計上されるのである。

(3) 利子割精算金

利子割額の控除又は還付若しくは充当は、法人の本店所在地の都道府県で一括して行われるため、他の都道府県において当該控除又は還付若しくは充当に係る利子割を徴収している場合には、控除又は還付若しくは充当を行った都道府県が当該地の都道府県が課した利子割額に相当する金額を請求することにより精算するものであり、また、他の都道府県に請求した金額の算定に錯誤があったときは、当該錯誤に係る額を精算することとなっているが、この場合の歳出科目は本節の償還金によることとなっている。

(4) 利子及び割引料

利子として計上されるのは、地方債の利子及び一時借入金の利子等である。割引料は、手形の割引に用いる用語で、満期未到来の手形を手形金額から満期までの利息その他の費用を控除した金額を対価として、通常裏書の方法により授受する行為をいう。地方公共団体において割引料として計上する例は少ないものと考えられるが、地方債を割引発行する場合、地方税法第一六条の二の規定により納付又は納入の委託があった手形の決裁において割引料を計上する必要がある。

(5) 還付加算金

過誤納金を還付する際に延滞金の徴収と同様の趣旨により、還付加算金をその還付すべき金額に加算する取扱いがなされる（地方税の還付加算金）（地税法一七の四）。

〔運用例〕

《過誤納税金還付の処理手続》

問　既に徴収した個人の固定資産税が誤納であることが判明し、還付することとなった場合、具体的方法はどうするか。

①　地方自治法施行令第一六五条の七には「これを当該収入した歳入から戻出」とあり、現年度であれば処理は容易であるが、過年度の場合は同令第一六五条の八に「出納閉鎖後の支出は、これを現年度の歳出としなければならない。前条の規定による戻出金で出納閉鎖後に係るものについても、また同様とする。」と規定されているが、過年度において収入した分を現年度の歳入より戻出する具体的方法はどうか。

なお、当該年度本税の滞納分、本年度における収入済額がゼロの場合と還付金額以上に収入となっている場合において処理が異なればその各々についてはどうか。

②　還付加算金は歳入よりの戻出ではなく歳出費目で処理するものと考えられるが、第二二節「償還金、利子及び割引料」を適用するのか。

答　①について、地方自治法施行令第一六五条の八後段の「前条の規定による戻出金で出納閉鎖後に係るものについても、また同様とする。」とは、同令第一六五条の七の規定により、本来、戻出はそれを歳出としない取扱いであるけれども、この戻出が出納閉鎖期日後に行われる場合には、戻出の取扱いにより措置することができないので、これを現年度の歳出として取り扱うということであって、過年度の戻入金を現年度の歳出に入れ、あるいは過年度の戻出金を現年度の歳入から戻出するということではない。したがって、過年度において収入した分を現年度の歳入から戻出することはあり得ない。

設問の場合には、現年度の歳出予算に償還金の費目、すなわち、第二二節「償還金、利子及び割引料」を立て、現年度の歳出として支出することになる。また、過年度に属する戻入金がある場合には、当該戻入金は、現年度の歳入として措置することになる。

②はお見込みのとおり。

第二三節　投資及び出資金

地方公共団体が歳計現金を運用し利子収入を得る目的で投資することがある。すなわち、通常は預金として所有すべきところを、資金又は積立金の運用の目的のために証券化することが考えられる。また、公益上の必要性から共同して事業を行う場合（分担金、負担金として支出されるものを除く。）その他財政援助の目的で、投資及び出資する場合にも「○○出資金」として計上される。また、当該地方公共団体の地域の発展と住民の利便に供するための鉄道債券を購入する場合や電力債購入の経費を支出するときは本節に計上されることとなる。

また、一般財団法人又は公益財団法人へ出えん金を支出する場合、あるいは地元放送局、観光公社等への出資も本節に計上される。

〈運用例〉

《信用保証協会に対し県が資金を出えんする場合の支出費目》

問　信用保証協会法（昭和二八年法律第一九六号）により、県が協会設立者として資金を出えんするに際し、予算を計上する場合、歳出科目の節は、次のいずれが適当か。

①　投資及び出資金

② 寄附金

答 ①の「投資及び出資金」が適当と考える。

《市社会福祉協議会に対する支出科目》

問 1 市社会福祉協議会に対する支出は補助金か、負担金又は委託料か。

2 財団法人の設立行為である寄附行為をする場合の支出は寄附金か、出資金か。

答 1 支出の原因によって、第一八節「負担金、補助及び交付金」の場合もあり、第一二節「委託料」の場合もある。

2 第二三節「投資及び出資金」である。

《出えん金の支出科目》

問 信用保証協会による出えん金は、投資及び出資金より支出すべきだと思うが、それでよいか。

答 お見込みのとおり。一般的には出えんとは、当事者の一方が、その意思に基づいて財産上の損失をすることにより、他方を利得させることをいう。これに対し出資は、出えん的性格を持つものもあり、何らかの権利を取得する、つまり純然たる出えんといえないものがある。しかし地方自治法上は両者をあわせて出資としてとらえ、これを公有財産としている。

第二四節　積立金

地方自治法第二四一条の規定に基づき特定の目的のために設けられた基金等に対する経費の支出科目である。

法令により基金の設置を義務づけられているものには、災害救助法第二二条の規定があり、都道府県は必ず災害救助基金を設置することを義務づけられている。また、地方財政法第七条では決算上剰余金を生じた場合には、当該剰余金の二分の一を下らない額を翌々年度までに積み立てるか又は償還期限を繰り上げて行う地方債の償還の財源にすることが規定されている。

〈運用例〉

《定額資金の運用基金への支出科目》

問　基金の設置について一定額を一般会計より支出する場合の支出科目は次のいずれの節によるべきか。

① 第二四節「積立金」
② 第二七節「繰出金」

答

第二七節「繰出金」が適当である。

なお、同じ基金への支出であっても、特定の目的のために財産を維持し又は資金を積み立てるために設けられる基金の場合については、第二四節「積立金」の科目から支出することになる。

第二五節　寄附金

これは、地方公共団体が公益上の必要から相当の反対給付を受けることなく支出する経費であって、財産の無償譲与である。この公益上の必要性については一般的には当該地方公共団体の認定にまかされているが、当該経費の性質上全くの自由裁量とはいえず、個々の事例に当たって判断されるべきである。

なお、憲法第八九条の規定により、公益上の必要がある場合においても、宗教等の事業に対する公金の支出は禁じられている。また地方財政法第四条の五の規定により、国、他の地方公共団体等の強制割当的寄附は禁止されているので、これらの寄附について応ずる義務はない。また、他の地方公共団体に天災等が発生した場合に支出する見舞金については、その性質上から本節によって経理されることが適当である。

第二六節　公課費

地方公共団体が、一般私人と同様な立場に立って公租公課を受ける場合に要する経費であって、これには各種試験場等における生産物に対する各種の登録税等が含まれる。

また自動車重量税に係る公課も本節から支出することとなる。

〈運用例〉

《汚染負荷量賦課金の支出科目》

問 公害健康被害補償法第五二条の規定により市が納付する汚染負荷量賦課金の支出科目は次のいずれの節が適当か。

① 第一八節「負担金、補助及び交付金」

② 第二六節「公課費」

答 地方公共団体が一般私人と同様な立場にたって公租公課を受ける場合に要する経費であると考えられ、第二六節の「公課費」が適当である。

第二七節　繰出金

繰出しとは、一般会計と特別会計又は特別会計相互間の予算の相互充用の方法である。例えば特別会計の歳入の不足を補うための一般会計からの繰出金又は特別会計である収益事業等に剰余を生じた場合にそれを一般会計に繰り出す場合である。特別会計は地方自治法第二〇九条第二項の規定により、特定の事業を行う等で一般の歳入・歳出と区分して経理する必要がある場合とその設置条件が限定されているが、これらの会計間で相互充用が行われる場合、団体にとって当該部分に関しては二重予算的性格を有することになる。

なお、地方公営企業法が適用される事業の特別会計に対する繰出しについては、独立採算の原則から、地方公営企業法第一八条の規定による出資、同法第一七条の三の規定による補助又は同法第一八条の二の規定による貸付けを行う場合に限られているので、それぞれ該当の科目によって予算計上されることとなる点に注意する必要がある。

また、基金に対する支出のうち、物品集中購買のために設置されるもの、定額の資金で貸付事業を行うための基金に対するものはこの節から支出されることとなる。

〔運用例〕

《定額運用基金の欠損処理のための一般会計からの支出科目》

問　定額運用基金に対し、当該基金の欠損を処理するため、一般会計から資金を繰り入れるが、この場合の支出科目は、第二七節「繰出金」か、又は第二一節の「補償、補塡及び賠償金」か。

答　第二一節の補償、補塡及び賠償金のうち「補塡金」とは、欠損を補うために支出する経費をいい、地方自治法第九六条第一項第一〇号の規定により地方公共団体が権利を放棄したとき等、地方公共団体がこうむった欠損につき補塡する場合が含まれるが、他会計又は定額運用基金の欠損を補塡するための繰出は、第二七節「繰出金」から支出すべきものとされている。

九訂 地方公共団体 歳入歳出科目解説

令和２年10月15日　第１刷発行
令和６年７月29日　第７刷発行

編　集　月刊「地方財務」編集局
発　行　株式会社　ぎょうせい
〒136-8575　東京都江東区新木場１-18-11
URL：https://gyosei.jp

フリーコール　0120-953-431
ぎょうせい お問い合わせ　検索　https://gyosei.jp/inquiry/

〈検印省略〉

印刷　ぎょうせいデジタル株式会社

ISBN978-4-324-10896-3
(5108651-00-000)
〔略号：歳入歳出(九訂)〕